ロシア・ソビエト文学教育史研究

浜 本 純 逸

溪水社

まえがき

　本書は、広島大学に提出した学位請求論文『ロシア・ソビエトにおける文学教育の成立と発展に関する研究』(1984〈昭和59〉年)を公刊するものである。その後のロシアにおける研究の進展を踏まえて修正すべきは修正して版に付すべきだという思いもあって出版が遅れたのであるが、結局、修正のことは果たせなかった。誤植を訂正し、訳語の変更をする程度の修正にとどめ、題名を『ロシア・ソビエト学教育史研究』に改め、「参考文献一覧」をつけ加えた。

　本論文の目的は、1870年頃から1970年頃までのロシア・ソビエトにおける文学教育の教育課程への位置づけとその内容及び方法を歴史的に解明しようとするものである。とくに、1917年の社会主義革命と文学教育はどのような関わりにあるか、その関係を明らかにしようとした。

　本論文の方法は、拙著『戦後文学教育方法論史』(1978年)を書くことによって身につけた、1)近代市民社会の形成と文学教育、2)教育課程における文学教育の位置、3)文学鑑賞観、4)文学の指導過程論、5)文学教育教材論、6)文学教育実践、という6観点で、ロシア・ソビエトの文学教育の実態を捉えようとすることであった。とりわけ、それぞれの時代や地域でなされた実践記録を探し、実践を拠り所に研究を進めようとした。その意味では、本書は、『戦後文学教育方法論史』の姉妹編である。

　本論文の内容は、帝政ロシアから社会主義ソ連邦への変貌とその時期における文学教育を、ベリンスキー、ブスラエフの文学論・文学教育論を探究し、ソビエトの文学教育の特色の創出過程を、スタユーニンの対話法、ブォドブォーゾフの課外読書教育、オストロゴルスキーの表現読み、ブナコーフの解明読み、レーニン及びクループスカヤの社会革命のための文学論・文学教育論、社会主義国家におけるルイブニコワ及びゴループコフの文学教育理論などに焦点を合わせて考察した。それらの理論と実践の蓄積

i

と継承・発展によってロシア・ソビエトの文学教育の内実が制度的にも方法的にも1930年代に成立したのである。

　ヨーロッパ・日本の教育史を概観すると、20世紀の前半は、初等教育の思想・制度・施設が普及する時代であった。20世紀半ばの数十年間は、「セカンダリースクール　フォア　オール」のかけ声の下に中等教育の思想・制度・施設が充実していく時代であった。そのようなヨーロッパ・日本の教育史の中で、ロシア・ソビエトの学校教育と「ことばと文学の教育」がどのように位置づけられるか。今後の研究課題である。

　本書は、若い研究者の踏み台にしていただくことと多くの方の批判を仰ぐことが論文提出者の義務であると考えて公刊する次第である。厳しいご批判をお願いしたい。

　恩師・野地潤家先生からは、論文提出の直後から出版のおすすめをいただいてきた。その後長い時間が経過していること、にもかかわらず何ら修正することなく出版すること、は汗顔の至りである。

　このたびも、溪水社の木村逸司氏には、ひとかたならぬご配慮をいただいた。記して、厚く御礼申し上げる。

2008年3月1日　早稲田大学国語教育研究室にて
浜　本　純　逸

ロシア・ソビエト文学教育史研究

目　次

まえがき

序　章　ロシア・ソビエトにおける文学教育の成立と発展に関する研究の課題と方法

第一節　課題意識……………………………………………………3
第二節　ソビエトにおける文学教育の内容と方法……………………4
　一　教育課程と国語教育　4
　二　文学教育の目的　6
　三　文学教育の特色　7
第三節　本研究の課題………………………………………………9
　一　文学教育重視の論理　9
　二　特色の生成過程　11
　三　一貫しているもの　11
第四節　研究の視点と方法…………………………………………12
　一　視点　12
　　1．教師の社会意識　2．文学の機能
　　3．文学教育の目標　4．文学教育の内容
　　5．文学教育の教材　6．文学教育の方法
　二　対象　14
　三　文学教育研究史　15
　四　方法　16
　　1．時代状況　2．教育観・教育制度
　　3．教育実践　4．学習者の反応

第一章　革命前の文学教育（その１）
　　　　　――目標論とその試行――

第一節　文学教育論の基盤としての文学論 …………………………19
　　　　――ベリンスキーの文学論――
　　一　芸術論――形象による思考――　19
　　二　文学の機能――感情に働きかけて人間・社会に目ざめさせる――　23
　　三　歴史主義　26
　　四　児童文学観　27

第二節　文学教育の試行 ……………………………………………32
　　　　――ブスラエフによる国民意識涵養のための文学教育――
　　一　文学教育観　33
　　二　授業計画と教材研究の例　38
　　三　ブスラエフ文学教育論の位置　48

第三節　ギムナジア（中等学校）制度の歴史と教育課程の変遷 …49
　　一　1804年「大学管下の諸教育機関に関する規定」とギムナジア　49
　　二　1833年「教授要目規定」と当時の学校　51
　　三　1864年「中学校及び準中学校に関する規定」　54
　　四　1871年「中学校及び準中学校に関する規定」　59

第二章　革命前の文学教育（その２）
　　　　　――方法論とその展開――

第一節　文学教育方法の探究（１）……………………………………63
　　　　――スタユーニンによる対話法――
　　一　スタユーニンの教育観と文学教育観　63
　　二　作品解釈作業における知育・徳育・美育の統一　64
　　三　作品分析法の探究　66
　　四　批判的対話による学習　70
　　五　スタユーニンの授業とオストロゴルスキーへの影響　71

第二節　文学教材の拡大 …………………………………75
——ヴォドヴォーゾフによる「読本」の作成と「課外読書の指導」——

- 一　初等教育のための「読本」の作成　76
- 二　古典語教育の否定　80
- 三　ロシア語・ロシア文学の必要性　82
- 四　文学理論の学習　83
- 五　作品解釈の方法　87
- 六　作文学習で終わる　94
- 七　課外読書への発展　96

第三節　文学教育方法の探究（2）………………………98
——オストロゴルスキーによる「表現読み」——

- 一　美育としての文学教育　99
- 二　世界に開かれた教材観　101
- 三　美的感受性を育てるために——文学教育の内容——　102
- 四　表現読み　104
- 五　授業の実際　108

第四節　民衆に開かれた文学教育 ………………………114
——ブナコーフによる初等教育における文学教育——

- 一　ロシア初等教育と文学教育　114
- 二　ブナコーフの教育観と文学教育　116
- 三　解明読みの論　119
- 四　ものの見方・感じ方を育てる文学教育　121

第五節　社会主義思想と文学教育 ………………………128
——レーニンの思想と文学教育——

- 一　レーニンの自己形成と文学　129
- 二　文学の党派性についての論　130
- 三　文学の歴史的・社会的理解　132
- 四　文学史の時代区分　134
- 五　文化遺産の継承　136

第六節　革命直前の文学教育……………………………………138
　　　　──第一回ロシア語・文学教師全ロシア大会──
　　一　まれに見る大集会　138
　　二　決議事項　139
　　三　社会派と唯美派の対立　141

第三章　革命直後の文学教育

第一節　混乱期における旧課程の継承………………………………145
　　　　──否定されるものと継承されるもの──
　　一　新しい教育制度　145
　　二　革命直後の文学教育の実際　146
　　三　文学科樹立の試み──1921年「教授要目」──　148
第二節　労働教育論と文学教育………………………………………152
　　　　──ルナチャルスキーによる文学教育の構想──
　　一　労働教育論と文学教育の位置　152
　　二　文学教育観　156
第三節　総合科教育の試行と文学科の消滅…………………………162
　　　　──1923年「コンプレックス・プログラム」──
　　一　クループスカヤのコンプレックス「教授要目」案　162
　　二　1923年コンプレックス「教授要目」　165
　　三　1927年「教授要目」　170
第四節　社会主義社会における文学教育の構想……………………172
　　一　クループスカヤ講演「共産主義教育と文学」　172
　　二　ルナチャルスキー講演「文学とマルクス主義」　174
　　三　ゴループコフ講演「学校におけるマルクス主義学習の実際」　176
　　四　1929年プロジェクト「教授要目」　177

第四章　社会主義体制確立期の文学教育

第一節　文学科の確立…………………………………………………179

　　　　――1931年党決定「小学校と中学校について」、1932年党決定「小学校及び
　　　　　中学校の教授要目と学校の生活規則について」――
　　一　1932年決定「小学校及び中学校の教授要目と学校の生活規則について」　179
　　二　1933年「教授要目」と文学科　180
　　三　1934年教育課程　181
第二節　人間理解の文学教育……………………………………………183
　　　　――クループスカヤにおける教育課程観の形成と文学教育目標論――
　　一　文学教育観の源泉　183
　　二　全面的発達論と文学教育　186
　　三　歴史認識のための文学教育から人間認識のための文学教育へ　186
　　四　文学教育の内容と方法　191
第三節　文学読みの提唱と深化……………………………………………203
　　　　――ルイブニコワの文学教育論――
　　一　文学教育の構想　203
　　二　文学理論の教育　208
　　三　文学読みの授業　216
第四節　文学教育方法論の体系化…………………………………………233
　　　　――ゴループコフの文学教育論――
　　一　文学教育論の内容と構造　233
　　二　文学読みの内容と指導方法　235
第五節　感情教育としての文学教育………………………………………255
　　　　――スホムリンスキーの文学教育実践――
　　一　言葉による世界への参入　255
　　二　文学教育の目的――自己を尊ぶ心を育てる――　258
　　三　幼年期の文学教育――空想を媒介にして世界を認識させる――　259
　　四　少年期の文学教育――世界と人間を認識させる――　262
第六節　文学教育方法の多様化……………………………………………268
　　　　――「問題的教授＝学習」論争――

一　「文学の授業の有効性について」の要旨　269
　　二　クドリャーシェフ提案に対する意見と実践　271
　　三　クドリャーシェフ提案の再確認と研究課題の確認　278
　　四　1970年代の文学教育論としての「問題的教授＝学習」論争　281

結語 ……………………………………………………………285

付録　「八年制学校と中学校の教授要目抄」1976／77学年度用　文学科　291

少し長い「あとがき」　317

初出誌一覧　330
参考文献　331
事項索引　333
人名索引　336
書名（作者・筆者）索引　337

ロシア・ソビエト文学教育史研究

序　章
ロシア・ソビエトにおける文学教育の成立と発展に関する研究の課題と方法

第一節　課題意識

　社会主義社会の国語教育はどのような内容を持っているか、という素朴な問いを掲げてソビエトの国語教育を調べていた。その構造と内容とが明らかになってきたとき、ソビエトの学校教育においては、母国語（ロシア語）の教育と文学の教育とがとくに重視されている事実が判明してきた。近代社会において、それぞれの国家が母国語の教育を重視するのは当然として、文学教育をとくに重視する事実を不思議に思うようになった。
　我が国においては、文学教育は1950年ころ①までは、あまり関心を示されていなかった。むしろ、「文学青年」ということばに象徴されるように、「文学は人間を軟弱にする」という考え方が社会の常識になっていた。したがって、それが教育の内容を構成すると考えられるまでには至らなかったのである。その後、教育の現場においては文学教材を用いての実践は盛んであるが、国語教育の構造を公的に表示している「指導要領」には、文学教育は概念としても事実としても位置づけられていない。現場において文学教育が実践されているにもかかわらず、公的には位置づけられていないこの現実については、『戦後日本文学教育方法論史』②を著して、やや詳細にその経過をたどった。
　日本とソビエトのこの事実を前にして、私は、ソビエトにおいては、なぜ、文学教育が一教科として位置づけられているのか、それはどのような内容をもっているのであろうか、という課題を意識するようになった。比較国語教育研究の一環として、ひとまず、ソビエトの文学教育について、

序　章

その構造と指導内容と指導方法を調べることに努めてみた。

第二節　ソビエトの文学教育の内容と方法

一　教育課程と国語教育

1960年代後半に作成され、部分的に修正されながら1983年現在まで実施されているソビエトの教科課程はつぎのように構成されている。

教科目＼学年	1	2	3	4	5	6	7	8	9	10
1　ロシア語	12	11	10	6	6	4	3	2	－	1
2　文　　学	－	－	－	2	2	2	2	3	4	3
3　数　　学	6	6	6	6	6	6	6	6	6	6
4　歴　　史	－	－	－	2	2	2	2	3	4	3
5　一般社会	－	－	－	－	－	－	－	－	－	2
6　自　　然	－	1	2	2	－	－	－	－	－	－
7　地　　理	－	－	－	－	2	3	2	2	2	－
8　生　　物	－	－	－	－	2	2	2	2	1	2
9　物　　理	－	－	－	－	－	－	2	2	3	4	5
10　天　　文	－	－	－	－	－	－	－	－	－	1
11　製　　図	－	－	－	－	－	－	1	1	－	－
12　化　　学	－	－	－	－	－	－	－	2	2	3	3
13　外 国 語	－	－	－	－	4	3	3	2	2	2
14　美　　術	1	1	1	1	1	1	－	－	－	－
15　唱　　歌	1	1	1	1	1	1	－	－	－	－
16　体　　育	2	2	2	2	2	2	2	2	2	2
17　労働教育	2	2	2	2	2	2	2	2	2	2
18　基礎教練	－	－	－	－	－	－	－	－	2	2
計	24	24	24	24	30	30	30	30	32	34
19　実習(日数)	－	－	－	－	5	5	5	－	22	－
20　選択学習	－	－	－	－	－	－	－	2	4	4	4

③-741

第二節　ソビエトの文学教育の内容と方法

　1983年現在のソビエトは十年制義務教育を行っている。7歳で入学し16歳で義務教育を修了する。
　ソビエトでは、この十年制学校を一般に「スレードナヤ・シコーラ」（直訳すれば「中学校」となる）と呼んでいるが、子どもたちの発達を考慮して、それを3段階に区分している。つまり、最初の三年間を小学校、4学年〜8学年の五年間を前期中等学校（狭い意味の「中学校」）、9・10学年の二年間を後期中等学校（わが国では「高等学校」にあたる）としているのである。子どもたちは同一のスレードナヤ・シコーラ内においてこの三段階を経て卒業していく。義務教育の上に大学（4年制）や高等教育施設（2〜6年制）がある。
　小学校のカリキュラムは、週時数の二分の一が国語であり、四分の一が算数である。あとの四分の一は、美術・唱歌・体育・労働教育となっている。母国語学習の12時間は、読本による学習とロシア語文法の学習とに分かれる。
　中学校段階すなわち4〜8学年では「ロシア語」と「文学」の学習に分かれる。
　高等学校段階すなわち9・10学年では、国語学習のほとんどの時間が「文学」の学習にあてられる。
　義務教育の10年間をとおして、文学と読みの学習の関連学習及び発展学習として「言語表現力の育成（Развитие речи）」がなされている。つまり、ソビエトの国語教育は形式的には2領域に分かれているが、その実質は左図のように、(1) ロシア語教育、(2) 読み・文学の教育、(3) 言語表現力の育成、の3領域に分けられる。

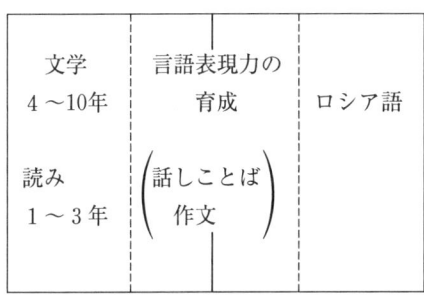

　本研究は、いわゆる前期中等学校段階の「文学の授業」を対象とする。

序　章

二　文学教育の目的

　ソビエトの1980年『教授要目』④は、冒頭に「課題」として、目的と内容をつぎのように記している。
（1）教科としての文学の基礎にあるもの、とくに思想的な意義をもち、この芸術の形式を貫いている一つのもの——それは言葉の芸術である。
（2）学校における文学課程の内容は、ロシア文学・ソ連邦民族文学・および外国文学のうち、その価値が優れていて生徒に理解されうる作品の学習であり、文学の理論と歴史に関する一連の重要な概念と知識の習得であり、さらにロシア語の豊かな表現方法の習得である。
（3）学校における文学学習の重要な目的は、マルクス・レーニン主義的世界観の形成、思想的・政治的・道徳的並びに美的訓育である。
（4）文学の授業は、ソビエト人民に提起されている新しい時代の人間性——ソビエトの諸民族に共通の誇り、ソビエト的愛国心と社会主義的インターナショナリズム、世界の諸国民とソ連邦の諸民族の友情並びに兄弟愛——を生徒に育てることを援助しなければならない。
（5）文学の授業において、思想的・政治的教育および道徳教育は美育と相互に結びつけられなければならない。生徒は、文学作品の思想的・芸術的な豊かさを意識的に感動的に教えられなければならず、生徒の芸術的趣向が発達させられなければならない。文学は人間の精神的世界と感情とを豊かにする。文学作品の読みと解釈の過程において生徒は、作家の生活と創作について、言葉の芸術としての文学の特質について、社会生活における文学の意義についての知識を得る。
（6）ソビエト文学の学習にあたっては、すべての社会主義文化と同じように、それらが新しい社会主義体制によって生み出されたこと、ソビエト作家のすぐれた作品に反映している大きな思想的・芸術的な勢力の勝利であることを、生徒たちに確信を持って示すことが重要である。ソビエト文学の偉大な功績は、新しい人間の形象——社会変革の闘士、社会主義と共産主義の建設者、祖国の英雄的な防衛者、インターナショナリスト——を世界の人びとに示したことにある。

（7）教師の重要な課題の一つは、ソビエト文学が古典文学のよき伝統を継承し発展させたことを生徒に理解させることである。また、人類を芸術面で前進させた社会主義リアリズム文学の質的新しさ、全人類の共産主義理想の階級的基盤、ソビエト文学の多様性と美的豊かさを生徒に理解させることである。
（8）われわれのすべての連邦においては、数十の言語でしかも多様な民族的形式で文学と芸術の実り豊かな発展がなされている。思想・政治・愛国心、そしてインターナショナリズムの教育において生徒にソ連邦諸国の重要な文学作品を知らせることは、特別の意義をもっている。
（9）教師の重要な課題は、В.И.レーニンの作品の根本的な思想と概念を、文学と芸術の諸問題に関する党のドキュメントを、分かりやすく深く説明することにある。(④－3～5)

文学教育を、共産主義的世界観を形成するための手段として把握していることが知られる。文学は、人間の感情と思想を育てるものとして、肯定的に位置づけられている。

三　文学教育の特色

わが国の文学教育と較べて現代ソビエト文学教育の特色をあげると、次の11項目を指摘できる。
（1）**文学観**　文学を「言葉の芸術」として把握し、芸術性を高く評価している。芸術性が深ければ深いほど人間を感動させ、感情と思想を育てると考えている。
（2）**教育の目的**　文学教育を包み込んでいる教育全体の目的は、共産主義的世界観を育てることであると考えている。
（3）**文学教育の目的**　文学の授業において、感情を豊かにし、想像力と思考力を豊かにしようとしている。
（4）**レーニンの文学観**　文学の授業においてレーニンの文学観を教えている。そして、その立場で作品・作家・文学事象を理解できるようにさせている。

序章

（5）**読み方**　文学作品の読みの過程をとおして、作品理解の方法を習得させようとしている。

（6）**教材の構造化**　大きく2段階になっている。第一段階は、4～7学年で、ロシア・ソビエトの名作を教材化している。作品の難易度と学習者の興味の発達に留意している。第2段階は、8～10学年で、教材配列の原理は文学史である。文学史の時代区分を、大きく3期にわけ、第2段階の3カ年と対応させている。

　　①古代～1825年まで ───────────── 8学年
　　②1825年～1917年十月社会主義革命まで ───── 9学年
　　③1917年十月革命以後のソビエト文学 ─────10学年

（7）**世界文学の教材化**　視野をロシア・ソビエトの文学に限定せず、世界の文学（ホメロス、シェイクスピア、アンデルセン、バイロンなど）を学習の対象としている。

（8）**文学理論**　文学理論は作品に即して学ばれるが、第一段階の終わりと第二段階の終わりに、それぞれの段階のまとめがなされる。

（9）**表現読み**（Выразительное чтение）　文学作品の読みの過程において、読みとったものを音声によって表現させる表現読みをとり入れている。

（10）**作文**　文学作品の学習の中間段階や終わりの段階において必ず文章表現をさせている。それが深く読ませるための文学学習の方法となっている。また文章表現力を育てる作文指導の方法ともなっている。

（11）**課外読書**（Внеклассное чтение）　文学の授業を教室外の読書へと発展させている。つまり、教材と同一主題の作品や同一作家の作品の読書へと授業を発展させているのである。また、時には今日的な話題を選んでそれに関連した新しい作品を読ませている。

第三節　本研究の課題

　ソビエトの文学教育の内容と方法を知った上でわが国のそれと比較しようと考えていたのであるが、それは予想していたほどたやすくはなかった。事実としての文学教育の構造や方法にひそむ真実（法則的なものと言ってもいい）をとらえなければ、比較できないことが分かってきたからである。事実を把握しただけでは、日本の事実とソ連の事実とを並記できるだけで、それは、教育学的な意味での比較にはならないのである。
　ところが、真実と思われるものはそれぞれの事象や特色が生まれ育った原因や経過をとおしてしか明らかにならないように思われてきた。歴史的な状況において、個人や集団が試みた文学教育の充実と発展の歩みをつぶさにとらえることによって、そこに貫いている真実が見えてくるのではないか、と考えるようになったのである。
　そこで、日本の文学教育と比較できる高みにまで抜け出ることを念頭に置きつつ、ソビエト文学教育の歴史に深くはいっていくことにした。
　その時、私が究めたいと考えた課題は三つあった。

一　文学教育重視の論理

　教育課程の中でなぜ文学教育が<u>重視</u>されるようになったか。1967に、当時、教育科学アカデミーの一般教育学研究所長であったA.アルセニエフ（1906～）は、1970年からの新教育課程実施をめざしての「教授要目」案の解説において、文学科への時間配当の増加を、比較対照表を添えてつぎのように述べている。
　　教養があり、読み書きが十分にでき、ロシア語を立派に使える人々、民族学校においては母語とロシア標準語を立派に使える人々を養成することが、学校の最も重要な課題の一つである。特に文学教育の教育的意義は大きい。A.M.ゴーリキーの表現によれば、文学は思考と感情に対して、同時

序　章

に同じように力強い影響を与える。標準教科課程におけるロシア語と文学の地位は、つぎのような比較対照表によって特徴づけられよう。

「ロシア語と文学」の教科課程の年間時間数

1920年	1927年	1955年	1959年	本案
5－9学年	5－9学年	5－10学年	5－11学年	4－10学年
882	748	1.108	1.316	1.430

⑤

　このように時間数増加という目に見える形で文学教育は重視されてきたのであるが、私は、それはなぜかという問いをもっていたのである。
　この課題をつきつめていくと、つぎのような問題に行きあたる。
　まず文学は学校で教えるだけの価値があるかという問題である。文学には日常的な意味での有用性はない。それなのに、なぜ学校で教えるのであろうか。
　また、文学は芸術であるが、芸術の常識批判の機能は、社会に対して恒常的に批判体として働くはずである。その批判的機能は、過去の文化遺産の中から安定した常識を伝承していくことを本旨とする教育とは相容れない側面をもっている。文学の批判的機能をどのように把握してきたのであろうか。つぎに、文学は、人間の肯定的な面や積極的な面だけを描くわけではない。いわゆる「文学の毒」なるものをどのように処理してきたのだろうか。わが国では、この毒を飲んだものは長い間「文学青年」という呼び名で嘲笑されてきた。
　さらには、「言葉の芸術」として文学を定義した時、言葉に重点を置いて理解すれば、言葉による形象的な表現が文学であるということになる。文学は言葉の一つの表現形態に過ぎないものとなる。そうすると、論理的にすぐれた表現の学習とあわせて、いわゆる「国語科」で学習すればよいことになり、文学科を独立させる必要はなくなる。なぜ文学科を独立教科として認めなければならないか。しかもなぜ重視して多くの時間を配当しなければならないか。わが国では文学科は独立していない。

第三節　本研究の課題

　二　特色の生成過程

　先に指摘したソビエトの文学教育の特色は、どのようにして生まれ、どのように発展してきたのであろうか。
　11項目は、それぞれの時代状況の中で文学教育における真実を追究した結果生まれたと考えられる。どのような状況で、どのような教育学者や教師が、何をめざして努力した結果生み出されていったか。教育学者や教師の個体に即してその過程を明らかにしていきたいと考えた。

　三　一貫しているもの

　ロシア時代とソビエト時代の文学教育史をとおして一貫しているものは何か、また変化しているものは何か。
　ある歴史状況において生まれた文学事象は、その時代限りのものとしての価値を見極めていく必要があろう。また、ある状況を超えて継承されてきたものには普遍的な価値があるであろう。そのような時代状況の中で精一杯に花開いたものや現在にまで継承されているものを、歴史の流れの中に位置づけて把握したいと考えた。その作業をとおして、文学教育における真実を見出したいと願ったのである。
　また、ロシア・ソビエトの文学教育を研究対象とした時からすでに面前にすえられていたのは、1917年の十月革命は文学教育をどのように変えたかという問いであった。社会体制の変化は、教育をどのように変えたか。また、文学教育をどのように変えたか。「社会の革命は教育の革命をもたらす」といわれるが、ソビエトの場合、文学教育においてはどのような革命をもたらしたのであろうか。社会状況にもっとも敏感に反応する文学を素材とする文学教育において、教師たちはどのように反応したのであろうか。
　社会体制の相違ということに焦点をあてれば、二国間の比較教育研究で

序章

はなく、一国における帝政国家と社会主義国家との二つの体制の比較文学教育研究が可能になるのではないか、という課題意識もあった。

第四節　研究の視点と方法

一　視点

　文学教育を支え、発展させていく要因は何であろうか、と絶えず問いつづけた。要因が明らかになると、それを研究の視点とすることができるのではないかと考えたからである。
　私は、まず現代ソビエトの文学教育の内容と方法を知ることをめざして調査を進めたが、その大体を知り得た時点で、文学教育史研究へと焦点を合わせていった。文学教育史研究では、入手し得た資料の関係で、まずスタユーニンおよびブスラエフの文学教育論とその実践について報告し、その段階で研究の視点をひとまず定めようとした。研究対象であるロシア・ソビエトの文学教育の実態に合わせてその真実をとらえる視点を求めるための予備作業として、戦後日本文学教育史においてよりどころとした視点を、スタユーニンとブスラエフおよびソビエト文学教育研究に適用してみた。
　私の「日本の戦後文学教育史」研究の視点は、四つであった。
　（1）文学の機能はどのようにとらえられてきたか。
　（2）文学教育の内容はどのように考えられたか。
　（3）文学の指導過程はどのように定式化されたか。
　（4）教師の社会意識は文学教育をどのように方向づけたか。
　この視点で、スタユーニン、ブスラエフ、ソビエトの文学教育を眺めたとき、社会状況と密接な関連をもっていたロシア・ソビエトの文学教育には、目的論、教材論、作品分析論に重点があることが分かってきた。指導過程論にはやや関心が薄いことも見えてきた。いわゆる授業を構成する三

要素である、子ども・教材・教師に関連づけて考えると、子どもの側からの発想にあまり力が注がれていないことが分かってきた。①教師が、②何を教材として、③どのように分析していくか、に力が注がれていたのである。それは、19世紀後半から20世紀前半の文学教育事象を研究の対象にしていたことにもよるであろう。わが国においても、子どもからの発想が大事にされるのは戦後のことであった。

そこで、本研究の視点をつぎの六つにした。

1．教育研究者や教師の社会意識は、文学教育をどのように方向づけたか

ロシア社会では、民衆は、歴代の皇帝の政策によって絶えず蒙昧な状態に置かれてきた。少数のインテリがその蒙を啓くために苦闘してきたのであった。そのインテリの多くは教職によって生活を支えていた。学校が社会変革の場になる可能性があると認識して、為政者は青少年の社会意識を抑える場として学校を利用しようとし、目ざめた教師たちは青少年の社会意識を育てる場として生かそうとした。そのような教師の社会意識が文学教育の場でどのように働いていたか。

2．文学の機能をどのようにとらえてきたか

文学は読み手（子ども・学習者）にどのように働きかけるか、ということを考えるのが機能論である。文学は読み手の感情に働きかけて感受性を育てると考えるか、文学は読み手の思考に働きかけて思考力を育てると考えるか。文学の機能をどのように考えるかによって、文学教育が有用になったり無用になったりする。また、目標の立て方も変わり、教育課程への位置づけも左右される。

3．文学教育の目標をどのように設定してきたか

文学の本質を芸術至上主義的にとらえるか、社会認識の方法としてとらえるかによって、目標の設定の仕方が変わる。また、授業の三要素である子ども・教材・教師の3者の関係の認識の仕方によっても、目標は変わる。目標論は、そもそも文学教育の意義はどこにあるのであろうかという根本

序章

的な問いに答えていくことである。

　4．文学教育の内容はどのように考えられたか
　ロシア・ソビエトでは、読むこと自体を楽しむというより、作品分析を行うこと、文学理論を習得すること、文学史を学ぶこと、などを文学教育の内容として重視する傾向の強い時代があった。日本では、鑑賞を文学教育の内容と考える傾向が強い。読むこと自体を鑑賞ととらえて読みの授業を行っているのである。ロシア・ソビエト文学教育においては、どのような理由でどのような教育内容が考えられたのであろうか。

　5．文学教育の教材はどのように選ばれたか
　どのような文学作品を教えるかということに教師の学習者理解と社会認識が反映する。教材の選択の仕方によって、文学教育は時には抵抗の教育としても機能したし、また弾圧の教育としても機能した。どのような教材が選ばれ、教科書が作られたか。

　6．文学教育の方法はどのようになされ、どのように研究されてきたか
　指導方法が確立されると、文学教育は広く普及する。文学教育研究者や教師たちは、望ましい教育方法の究明に努力しており、いくつかのすぐれた提案をしている。しかし、それは、子どもの文学享受の過程を考慮しているものが少なく、もっぱら教師中心、教材（作品）中心のものであった。日本ではパターン化した指導過程を求める傾向が強いのであるが、ロシアにはその傾向はあまり見られない。

　だが、ソビエト時代になって、唯物思想の影響もあり、授業そのものが事実に基づいて研究されるようになり、最近では学習者への関心も高まっている。

二　対象

　研究の対象を1830年から1980年までのロシア・ソビエトの文学教育事象とした。

第四節　研究の視点と方法

三　文学教育研究史

ソビエトにおけるこれまでの文学教育研究史には、管見にはいった限りでは、つぎのようなものがある。

（1）ゴループコフ『革命前の中学校における文学教育』
　　В. В. Голубков, Преподавание литературы в дореволюционной средней школе. М. Л. 1946《АПН》
（2）クラスノウーソフ「ソビエト文学教育の40年によせて」
　　А. М. Красноусов, К сорокалетию советской методики преподавания литературы. ＜Литература в школе＞ 1975.5. М. УЧПЕДГИЗ.
（3）ゴループコフ『文学教育方法論』
　　В. В. Голубков, Методика преподавания литературы М. 1962《УЧПЕДГИЗ》
（4）ロトコビッチ『ソビエト学校の文学教育史概観』
　　Я. А. Роткович, Очерки по истории преподавания литературы в советской школ М. 1965《Просвещение》
（5）ロトコビッチ『ソビエトの文学教育50年』
　　Я. А. Роткович, 50 лет советской методики преподавания литературы ＜Литература в школе＞1967.5. М.《УЧПЕДГИЗ》
（6）ロトコビッチ『ソビエト学校の文学教育方法論＜資料集＞』
　　Я. А. Роткович, Методика преподавания литературы в советской школе. Хрестоматия. М. 1969.《Просвещение》

以上六点であるが、いずれも文学教育思想史である。

15

序章

　たとえば、（3）でゴループコフは、19世紀後半の文学教育者たちをつぎのように3つの思潮に分けて記述している。

　　第一の思潮の代表者たちは、芸術文学の中に、主として思想と形象の富および力を評価し、文学作品の中に社会的─政治的訓育の手段を見出した。この見解の支持者の理解する文学読みは条件つきで教化的─訓育的読みと呼びうる。

　　第二の思潮は、文学テキストの美的本質を第一プランに引き上げた。この見解の代表者たちの視点からの文学読みは、何よりもまず芸術的─美的読みである。

　　教授法学者の第三のグループは、文学読みの基礎として、プラン（諸部分の論理的結びつき）と作品の言語の分析をとりあげ、テキスト学習の基礎的課題を生徒の思考と話すことの技能の発達に見出した。第一第二とは異なって、この第三の思潮は論理的─文体論的読みと呼び得る。(⑥−13)

　ゴループコフによれば、第一の「教化的─訓育的読み」のグループは、ウシンスキー、スタユーニン、ヴォドヴォーゾフたちである。第二の「芸術的─美的読み」にはオストロゴルスキーが属する。第三の「論理的─文体論的読み」は、ポリヴァノフに代表される当時の一般の教師たちである。

　ロトコビッチの研究は、人物ごとの文学教育思想史である。

四　方法

　私は、これらの先行研究に学びながらも、今少し広く社会状況や教育制度とかかわらせて歴史をとらえたい。本研究ではつぎの四つのことを心がけた。

1．文学教育事象をその時代状況との関係においてとらえる

　文学はとりわけ社会状況との関わりが深い。19世紀後半から20世紀前半のロシア社会においては、1861年に農奴解放、1917年に十月社会主義革命があった。大きく社会を変えたこの二つの歴史上の大事件と関わらせて文学教育を研究しようとした。

第四節　研究の視点と方法

2．文学教育事象をその時代の教育観ならびに教育制度と関係づけてとらえる

　為政者は青少年の政治的目ざめを抑えようとし、資本家は有能な労働力を確保しようとし、教育者は理想的人間像の実現を求める。このような諸要求のぶつかり合いの結果として教育制度は存在した。その制度の中で文学教育は営まれたのである。とくに文学教育に深い影響を与えた1864年「規程」、1923年プログラム、1931年党決定には一節をあてて考察した。

3．教師の具体的実践をとりあげて考察する

　文学教育の実の場は学校での授業である。その実践には、時代の教育思想も教師の人間観もすべて反映される。つとめて実践報告を掘り起こして光をあて、そこにその時代の文学教育の実質を見ようとした。

4．学習者の反応をとおして、それぞれの時代の文学教育の実質を見極める

　文学教育は、学習者の心や生活に生きてはじめて、その価値が定まる。「学習者をとおしてみた文学教育史」の構想も可能である。だが今は資料不足で語れない。ともあれ、できる限り、学習者の反応を確かめていきたい。

　以上のような視点と方法によって、ロシア・ソビエトの文学教育の実質に迫り、その発展の軌跡を明らかにしたい。

───────────────

注
① 金子書房編集部編『言語教育と文学教育──実践と資料』1952.9　金子書房
② 拙著『戦後文学教育方法論史』1978.9　明治図書出版
③ 柴田義松・川野辺敏編『資料ソビエト教育学理論と制度』1976.4　新読書社
④ ソ連邦ロシア共和国文部省『8年制学校と中学校の教授要目』
　　Министерство просвещения РСФСР, Программы восьмилетней и средней школы 1980/81 учебный год. Литература Ⅳ─Ⅹклассы, М. 1980.《Просвещение》
⑤ А. М. Арсеньев, Осндвные направления совершенствования со-

序　章

держания образования в средней школе —— о проектах нового учебного план и программ. 「中学校の教育内容改善の基本方針——新教育課程と教授要目案について」Советская Педагогика. 1967.6.М《АПН》
⑥ В. В. Голубков, Преподавания литературы в дореволюционной средней школе. М. 1946.《АПН》.

第一章　革命前の文学教育（その1）
――目標論とその試行――

第一節　文学教育論の基盤としての文学論
――ベリンスキーの文学論――

　ベリンスキー Виссарион Григорьевич Белинский（1811.5.30～1848.5.26）①は、1840年代に文学批評活動をとおしてロシアの近代文学を方向づける役割をし、グリボエードフ、プーシキン、レールモントフ、ゴーゴリたちの文学史的意義を明らかにするとともに、ドストエフスキー、ネクラーソフ、ツルゲーネフなどの新しい作家の育成に大きな功績を残した。文学作品の思想的内容および社会的意義をその芸術的価値と結びつけた進歩的な批評にベリンスキーの特質があった。

　その批評活動は、文学教育の面にも文学教育観、作品分析の方法、教材選択の基準、教材配列の観点などに多くの基本的な原則を示唆していた。そのことによって、ベリンスキーは、ロシア・ソビエトの文学教育の発展を方向づけたのであった。

　　一　芸術論――形象による思考――

　ベリンスキーは、ヘーゲルの美学に学んで、まずその方法としての形象 образ に芸術 искусство（ベリンスキーにとって多くの場合、文学と同義）の特質を見いだした。1840年の『知恵の悲しみ（グリボエードフ）論』において、つぎのように把握している。

　　　詩は直観形式による真実である。その作品は思想を対象化したものであり、目に見える、直観される思想である。したがって、詩は哲学と同じものであり、思惟と同じものである。なぜなら、詩は、自己の思想自体から

第一章　革命前の文学教育（その1）

　　　の思想の弁証法的発展の形式ではなく、思想の形象による直接具現の形式での絶対的真理（абсолютная истина）を内容とするものであるから。詩人は形象によって思考する。詩人は真実を証明するのでなく、真実を示すのである。（②—192）

　科学的に芸術論を構築しようとしていたベリンスキーは、哲学・思惟の方法と詩の方法とを対比して考察している。「詩人は形象によって思考する」は鋭く芸術の本質をついている。

　この芸術観をいっそう簡潔に定義したのが、1841年の手稿『芸術の理念』である。

　　　芸術は真実の直観であり、形象（образ）による思考である。
　　　芸術のこの定義の広がりの中にすべての芸術理論（すなわち、その本質、ジャンルの差異、おなじく各ジャンルの条件や本質）は包含される。（③—278）

　この手稿は彼の生前には発表されなかったのであるが、この定義によってベリンスキーの芸術本質観は確立した。この定義のあと、ベリンスキーは、内容と形式の関係について、つぎのように述べている。

　　　精神は神意にして生活の源泉である。物質は、それなくしては思想が現れることのできない形（форм）である。もちろんこれらの二要素は互いに必要としあう関係にある。思想なくしてはすべての形は死するのであり、形なくしても思想は存在しそうであるが存在できないのである。（③—291）

　これは、ヘーゲルの芸術論を吸収して、ベリンスキーの芸術観としたものである（④—88）。この両論文には、芸術の目的を「絶対的真理」の探求であるとしたり、精神を「神意」と見なしたりしているところに観念論の片鱗を残している。この『芸術の理念』は、二葉亭四迷によって『美術の本義』と邦訳され（1886〈明治19〉年）、それをもとに四迷が『小説総論』（1886年）を著わして、日本の近代文学に大きな影響を与えたことはよく知られている。

　ベリンスキーは『芸術の理念』において3つのことをなしとげている。つまり、

　1　芸術を感情の領域だけにとどめないで思考と結びつけたこと

2　その思考を「形象による思考」としたこと
　3　芸術における内容（思想）と形式は統一されるとしたこと
である。
　この芸術観は、以後のベリンスキーの批評活動において一貫して中核となっている。彼はこの芸術観を中核として、文学の内容と文学の目的についての考えを発展させていった。ベリンスキーは、1840年頃を境にして、しだいに「絶対的真理」なるものから離れ、ロシアの社会的現実に目を向けていった。その現実を追求することをとおして、彼はロシアの民衆を自覚ある人間にまで高めることの急務を痛感し、一人ひとりの幸福を実現するための社会変革を見とおす地点にまで至った。
　ベリンスキー文学論のもっとも高い到達点を示した『1947年のロシア文学概観』において、これまで詩は「装飾された自然」と定義されてきたが、ゴーゴリの作品に対してはもはやそういう定義はできないとして、ゴーゴリを藉りて、芸術に対する新しい定義を述べている。

　　（新しい作品に対しては）別の定義、その全真実における現実の再現としての芸術（Искусство —— как воспроизведеие деиствительность во всей ее истине）

そこでは問題はすべて典型 тип にある。理想は、そこでは装飾として（したがって虚偽として）ではなく、自分の作品によって発展させようと欲する思想に応じて、作者によって創造された典型のそれぞれに対してとっている関係の仕方にあるのである。⑤—352）
　ここに至って、ベリンスキーは、芸術の内容を「現実の再現」と規定し、その再現のしかた（現実との関係のしかた）に作者の理想が働くということを明らかにしたのである。この内容論は、1917年以後に理論的に整理された「批判的リアリズム」の原型であると評価してもよいであろう。
　文学の目的に関しても、やはり社会的現実に目を向けることによって追求している。
　ベリンスキーは、当時、ロシアの下層階級の運命に関心を持つ人々が増え、その生活を改善しようという運動が組織されつつある事実を述べたあ

第一章　革命前の文学教育（その１）

と、
> この点において文学のなしたことは少なくない。社会におけるこのような傾向を自己の中に反映したというより、むしろ社会におけるこのような傾向の喚起を援助したのである。たんにその方向から立ち遅れなかったというより、むしろそれに先んじたのである。このような役割が、価値の高いものであるかどうか、感謝されるべきものであるかどうか、言うまでもないであろう。(⑤—359)

と問いかけている。このように、ベリンスキーは、文学の目的を、社会問題の所在を明らかにし、その解決の方向を示すことに見いだしたのである。

ベリンスキーは社会問題の解決の方向を示す文学者を、「理想生活の代表者」、「予言者」と言い、民衆はそのような役割を期待している、と言うのである。

> 感覚や感情の遊びはいらない。そのかわりに、韻を踏むか踏まないかにかかわらず、――どっちみち同じことだが――芸術の形に表現された深い感情と思想(イデー)が要求されている。詩の成功のためには、才能は一つの小さな要素にすぎない。それに加えて時代精神を発展させるものが必要である。もはや、詩人は空想の世界に住むことはできない。詩人は彼の時代の現実の国の市民である。すべての過ぎ去ったものが彼の中に生きていなければならない。社会は、いまや、彼の中に気ばらしの提供者ではなく、精神的な理想の生活の代表者представительを見たいと期待している。もっとも問題に対して賢明な解答を与える予言者оракулを求めている。だれよりも先んじて自分自身の中に共通の苦痛と悲しみを発見し、詩的再現によってそれを治す医者を求めている。(⑥—342)

さらにベリンスキーは、この考えを晩年の『ゴーゴリへの手紙』（1847年）の中でも表明している。

> ロシアの民衆の性格は、ロシア社会の状態に規定されているのですが、この社会では新興の勢力が沸き立ってほとばしり出ようとしていながら、重い圧力に押しつぶされて出口が見いだせないために、失意・憂愁・無気力だけを生み出しています。ただひとつ文学の中にだけ、タタール的な検閲にもかかわらず、まだ生命と前進運動とがあります。それゆえにわが国では作家という身分は高く尊敬されているのです。（中略）

第一節　文学教育論の基盤としての文学論

　　民衆はロシアの作家を自分たちの唯一の指導者（вождь）・ロシアの専制政
　　治と正教と農奴制の闇からの擁護者（защитник）・救済者（спаситель）
　　とみなしており、したがって、つねに作家に対して拙劣な著作を許す用意は
　　あっても、けっして有害な著作を許すことはないのであります。(7)—286)

　ベリンスキーは、検閲をくぐり抜けて生きのびていく文学の生命力と国
民の「擁護者・救済者」としての文学者の使命とを高く評価した。このよ
うな文学と文学者の位置づけは、その後の文学者たちの使命感をかき立て、
ロシア文学の発展の道筋を大きく方向づけたのであった。

　国民の大多数を占める民衆が農奴的な隷従と貧困にあえいでいた19世紀
半ばのロシアの現実を前にして、ベリンスキーは、文学の有効性について、
あえてつぎのようにも述べている。

　　芸術固有のインタレスト（利益）が、他の人類にとってより重要な諸イ
　　ンタレスト（利益）に場所を譲らざるを得なかった。そして芸術は高貴に
　　もそれらの機関としてインタレスト（利益）に奉仕することにとりかかっ
　　たのである。しかしこのことのためにそれは少しも芸術たることをやめず、
　　ただ新しい性質を加えただけなのである。芸術から社会的インタレスト
　　（利益）に奉仕する権利を奪うことは、これを高めることではなくて、低め
　　ることを意味する。(8)—367)

　これからの芸術は、純粋芸術（芸術固有のインタレストを追求する芸術）
たりえず、社会問題の解決に参加するところに新しい芸術の使命があると
して、社会的利益に奉仕する意義を強調している。このように考えて、ベ
リンスキーは、1840年以前の「絶対的真理」の探求を目指すことから方向
を転じて、現実の社会問題に解決の方向を示すことが文学の目的であると
見さだめたのである。

　二　文学の機能——感情に働きかけて人間・社会に目ざめさせる——

　ベリンスキーは、読者に働きかける文学の機能をつぎの三点に見いだし
ていた。
　　1　感情に働きかけ、感情を育てる

第一章　革命前の文学教育（その1）

　　2　人間への認識を深める
　　3　社会の問題に目ざめさせる

　ベリンスキーはプーシキンを高く評価しており、その意義をつぎのようにも述べている。

　　プーシキンの感情の中には、つねに、高尚な・柔和な・優しい・かぐわしい・優雅な何かがある。この点において、彼の作品は、読者の心に人間らしい感情を育む上にきわめて多くの寄与をする。このような彼の作品を読むことは青年男女にとってとくに有益である。ロシア詩人のうち一人として、プーシキンほどの教育者、若い感情を育てる者はいない。(⑧—282)

　彼は、プーシキンの作品に「感情を育む」力を認め、プーシキンに「教育者、若い感情を育てる者」を認めている。すぐれた作品には人間の感情に働きかけ感情を育てる力があると考えていたのである。ここにベリンスキーの文学機能観の広さを見ることができよう。

　　「酒で身をもちくずしたどこかの不幸せ者が描かれている本から何を学ぶことができるか」と貴族たちは言う。何をどのように？もちろん、社交術でも良い気分でもないが、ある状況における人間への認識（знание）を得るのである。ある人は怠惰のために、別の人は彼がもしかするとそのことに少しも罪がないかもしれないところの不幸な生活の状況のために飲んだくれる。ともに、これは教訓的であり、観察のために興味深い例である。(⑤—357)

　現実の再現をする文学は、現実の社会生活の中の人間も再現する。文学は、人間の再現において単に外貌をなぞるだけでなく、なぜそのような生き方をしているかという内面や状況とのかかわりをも深く描く。表面的には否定的に見える人間でも深く追求していくことによって人間の真実を認識させるのが文学である、と主張したのである。

　さらに、彼は、文学と社会認識との関係について、こうも述べている。

　　ディッケンズは自分の小説によってイギリスにおいて学校の改善に強く貢献したという話である。それらの学校ではすべての基礎が、容赦のない鞭打ちや子どもに対する野蛮な取扱に置かれていたのであった。われわれは尋ねよう、ディッケンズがこの場合詩人として行動したにしても、そこ

に何の悪いことがあろうか。はたしてそのことのために彼の小説が美的な意味において悪くなるのであろうか。ここには明らかに誤解がある。人びとは芸術と科学が同じではないのを見て、両者の相違がその内容にあるのではなく、内容を処理する方法にあることを見ないのである。哲学者は三段論法で語り、詩人は形象および情景描写で語るが、両者は同じものを語るのである。経済学者は、統計の数字によって武装して自分の読者または聞き手の知力に働きかけつつ、社会におけるある階級の状態は、これこれかくかくの原因の結果としていちじるしく良くなったことまたは悪くなったことを証明する。詩人は生き生きした鮮明な描出によって武装して、自分の読者の想像に働きかけつつ、社会におけるある階級の状態はこれこれかくかくの原因のためにいちじるしく良くなったこと、または悪くなったことを正確な情景によって示す。一方は証明し、他方は示す。両方とも確信を与えるのであるが、ただ一方は論拠によって、他方は情景描写によってこれをなすのである。前者の言うことを聞いて理解するのは少しの人びとであるが、後者を聞いて理解するのはあらゆる人びとである。社会の、最高の、そしてもっとも神聖なインタレストは、その社会の成員の一人ひとりに対して均等にさしのべられたところの、その社会自身の幸福である。この幸福への道は自覚であり、自覚に対して芸術は科学に劣らず貢献しうるのである。そこでは科学も芸術も等しく必要であり、科学が芸術のかわりになることも、芸術が科学のかわりになることもない。(⑤―367)

引用が長くなったが、これを四点にまとめることができようか。
1　文学は社会改革のための告発の機能を持っている
2　文学は社会の現実を描くことによって、読者に人間を不幸にしている社会の現実に目ざめさせることができる
3　科学と文学を比較して、内容は社会のインタレストのための営みという点では共通し、方法が論証と情景描写というように異なる。
4　科学を理解するのは少数者であるが、文学を理解するのは多数の人びとである。

これを要するに、社会の問題点に目ざめさせるところに文学の機能を見いだしていると言えよう。

第一章　革命前の文学教育（その１）

　それまでの「装飾された自然」という文学観を否定するあまりに、ベリンスキーは、功利的な面にも文学の有効性を求めている。この考え方をおしすすめると、プロパガンダの手段としての文学へ至りつくおそれもあるのであるが、ここに1940年代に生きたベリンスキーの文学機能観の特質を見ることができよう。

　いかにも啓蒙的な文学機能観であるが、この機能観は、西欧に対してロシアは遅れていると考えていた当時のインテリゲンチャに共通していた機能観を明示的に語ったのであり、そのことによって多くの共鳴を得たのであった。

三　歴史主義

　ベリンスキーは、1840年から亡くなる1847年まで、毎年末にその文学現象を主題にして時評形式でロシア文学を批評し、その年の成果を分析してその後の課題を示した。それは、「○○年のロシア文学概観」という表題で書かれ、各篇ともにＡ５版の全集で70～80ページにおよぶ長いものである。このような時評形式の評論への意欲的な取り組み方にも、現在を歴史の一過程と捉える歴史主義とも言える世界観を見ることができる。

　時評を書く方法意識について、彼は、つぎのように述べている。

　　　現在は過去の結果であり、将来を示唆するものである。それゆえ、1846年のロシア文学について語ることは、ロシア文学の現状一般について語ることを意味し、そのことはロシア文学が過去においていかなるものであったか、将来においていかなるものになるべきであるかに触れることなしには為すことができない。（⑧―182）

　過去の結果として現在を捉え、現在は未来を示唆すると考えている。このような歴史意識に立って、彼は、各年の『概観』において、長い評論の前半をその年までのロシア文学史の記述にあてている。ベリンスキーの18世紀から19世紀前半のロシア文学史の見方は、ヨーロッパの文学に学びつつロシアの独自なものを発見し確立していく過程と見なし、それは観念

的・修辞的なものからロシア国民の実生活に接近していく過程であると把握する国民文学史観である。

ベリンスキーは、『1946年概観』では、プーシキンならびにグリボエードフについて、その先行文学との関係を、こう述べている。

> ロモノーソフがわが国の文学に与えた、書物主義的・修辞学的方法からの漸次的蝉脱および文学の社会との、実生活との、現実との漸次的接近が後の社会に見られることを指摘しておこう。プーシキンのリツェイ時代の詩を、彼が出版した作品集の最初の部分の小詩だけでものぞいてみよ、——そうすれば、諸君は、それらの中にロモノーソフからはじまってジュコフスキーおよびバーチュシコフまでをふくむ彼に先行したほとんどすべての詩人たちの影響を見ることができるであろう。ヘムニーツェルおよびドミトーリエフを先行者とする寓意詩人クルイローフはグリボエードフの不滅の喜劇のために、いわば言語および詩句を準備したのである。つまり、わが文学においてはいたるところに生きた歴史的関連があり、新しいものは古いものから出発し、後に続くものは先行するものによって説明せられ、何者も偶然には現れないのである。(⑨—186〜187)

すぐれた作家たちの創作の営みをすべて歴史的必然としてとらえて、古きものを継承しつつ発展させていくという発達史観で文学史を捉えている。いわば弁証法的な歴史観の原型である。

ベリンスキーによる文学諸現象の把握は、このような歴史主義的な方法と史観でなされたのであるが、この歴史主義は以後のロシア・ソビエトの文学研究や文学教育を方向づけ、大きな指針となった。ロシア・ソビエトの文学科の教科書作成や教材配列においては文学史的な観点が貫かれている。この源流をベリンスキーの歴史主義に見ることができると私は考えている。

四　児童文学観

ベリンスキーは、当時の児童文学に対しても時評形式で多くの発言をしている。ここでは、それらの中で比較的まとまっている1840年初出の『新

年の贈り物——幼年と少年のためのゴフマンの二つの物語——』をとりあげて、彼の児童文学論を見てみたい。

1　子どもの特質

彼は、まず、青年でもなく大人でもない子どもの特質を認識することの必要性を説いている。

> 子ども時代には、最も小さい年齢の時から人間性の最も重要な要素の一つとしての美の感情を発達させなければなりません。だが、このことから彼らの手に長編小説や長詩などを与えることができるといった結論が引き出せるわけではありません。不自然な、時機を失した精神の育成ほど有害で危険なものはありません。子どもは子どもらしくあるべきであり、青年でも成人でもありません。(⑩—55)

子どもの本について論じるにあたって、大人の側からでなく子どもの側から考えることを出発点としているのは、ベリンスキーの児童文学把握の確かさを保証している。彼は、このような子どもの側からの発想に立って、感情に働きかけることの必要性、物語の必要性、ファンタジーの方法の必要性を説いている。

2　子どもの本の目的

ベリンスキーは、子どもの本は感情を育てるためのものであって、勉強させるためのものでも道徳教育のためのものでもないと言っている。

> 子どもの本の目的は、何かのことについて勉強させることでもなく、自然から与えられている人間的な精神の諸要素を発達させること——愛の感情と無限の感情とを発達させることでなければなりません。そのような本の直接的で自然な働きかけは子どもの理性へではなく、感情へ向けなければならない。感情は知識に先行します。真理を感受できないものは、それを理解することも認識することもできません。子ども時代には感情と理性は決定的に拮抗しており、決定的ににらみあっています。一方が他方をだめにするほどです。理性の先行した発達は、心の中の感情の花の開花をだめにし、無味乾燥な屁理屈屋を育てます。(⑩—58)

第一節　文学教育論の基盤としての文学論

　1840年の時評なので、ここにはまだ、究極的な価値を「無限（神）の感情」に求めている観念性を残している。したがって、ここで用いられている「真理」も神の意味である。その観念性を理解した上でもなお子ども時代には「感情」を発達させることを最優先させている考え方に注目したい。
　ベリンスキーは、子どもの本は勉強させるものでもなく、道徳教育のためのものでもないと言っている。子ども時代は感情と理性が拮抗している時代であるとして、理性よりも感情の発達を先行させるべきであり、発達した感情の上に理性を育てるべきだと考えている。したがって、子どもの本は、「理性へではなく、感情へ向けられなければならない」と強調している。そして、彼は、当時の子どもの本の書き手に、感情を育てる作品を要請し、子どもたちを楽しくさせる物語を要請するのである。

3　方法としてのファンタジー

　ベリンスキーは、ファンタジー（фантажия）の世界に遊ぶ心性を子どもの特質としていた。したがって、子どもの本の作家は、このファンタジーの世界に子どもとともに遊ぶ能力が必要であると考えていた。

> 　子どものための作家の教養としては、その必要な条件の一つとして、生き生きした詩的空想力（живая поэтическая фантажия）が必要である、と言いました。これによって、これを通じて、彼は子どもに働きかけなければならないからであります。幼年時代には、ファンタジーは魂の中心的な能力であり、力であり、その主要な活動であります。そして、子どもの精神と外にある現実の世界との最初の媒介者であります。子どもたちは、弁証法的な結論や論証や論理的一貫性を求めません。彼らに必要なのは形象と色彩と音なのです。子どもは抽象的なイデーを好みません。彼らに必要なのは小話、物語、おとぎばなしなのです。(⑩―62)

　ベリンスキーは、ファンタジー（想像力）を「子どもの精神」と「現実の世界」との媒介者であると言っている。この考え方を延長すると、子どもの本はファンタジーによって子どもの精神と外界とを媒介するものである。したがって、子どもの本を書く作家は、子どもの精神と現実の世界とを媒介する人なのである。作家の使命は重い、と言える。

第一章　革命前の文学教育（その１）

ファンタジーを子どもの心性として把握し、そこに児童文学の方法の本質を見いだしていたことは、ベリンスキーの先見性を示している。このファンタジー論は、20世紀になってソビエトの児童文学作家マルシャーク、チュコフスキーらによって継承され、創作に生かされた。

4　推奨された作品

ベリンスキーは、子どもに読ませたい作品として、ロシアの作家ではクルイーロフの『寓話』（1809年）とプーシキンのつぎのような作品をあげている。

> たとえば、『漁師と魚の物語』のような、高い詩情、深い国民性、すべての年齢の人に理解できる、道徳的なイデーを育てる、プーシキンの民話のいくつかを与えなさい。プーシキンの、たとえば『コーカサスの虜』、『リュスランとリュドミーラ』、『ポルタワ』、さらにはプーシキンの詩『オレーグ公の歌』、『花むこ』、『ピョートル大帝の酒宴』、『冬の夕べ』、『水死人』、『悪魔』、等を与えなさい。(⑩—57)

クルイロフの『寓話』も、ここにあげられたプーシキンの諸作品も、ともにロシア・ソビエトにおいて古典的教材となった作品である。早い時期の評価として、ベリンスキーの鑑賞力の深さを知ることができる。

ベリンスキーは、19世紀後半のロシアにおいて、奴隷的な生活から民衆を解放するための啓蒙活動をおこなった。現代では、その思想家の面に光をあてて革命的民主主義者と呼ばれている。厳しい検閲体制のもとで、民衆にも理解されやすい文学をとおして人間尊厳への自覚を促すことができると考えた彼は、文学評論によって作家に訴え、人びとに訴えた。ベリンスキーは、文学と社会生活との関係について、文学史を手がかりに原理的に追究していった。その追求の成果によってロシア・ソビエトの文学教育の諸問題を発展させる確かな指針を与えた。実際に、ベリンスキーの「プーシキン論」、「レールモントフ論」、「ゴーゴリ論」は、現代の教科書にも採録され、教室で読まれている。

ベリンスキーの仕事を大きくまとめると、つぎの四つのことが指摘でき

第一節　文学教育論の基盤としての文学論

よう。
① 　現実の再現をとおして現実を批判的に乗りこえていく、という写実主義の文学理論を築いた。
② 　文学は、人間への認識を深めることをとおして、人間の尊厳に目ざめさせ、社会の現実に目ざめさせるという文学機能論を展開した。
③ 　作品ならびに作家を歴史社会の発展との関係において捉える文学研究や作品分析のモデルを提供した。そのことで、学校における文学の授業方法に豊かな示唆を与えた。
④ 　革命的民主主義者の立場からの作家論および作品論は、何が豊かな文学であるかということをロシアの教師たちに示した。それは後の教師たちに教材選択の基準を示したことになった。評論における歴史主義的な立場は、文学史的な教材配列を示唆していた。
それぞれに教材論を大きく方向づけたのである。

―――――――――――――――

注
①ベリンスキーの略歴
　1811年5月30日　バルト海にのぞむスヴェアボルグ要塞の中で生まれた。父は軍医であった。
　1825年　ペンザ・ギムナジア入学（4年制、総生徒数は約50名、1年生は20名）
　1829年　同上中退、モスクワ大学の文学部に入学
　1832年　戯曲『ドミトリー・カリーニン』を書いたために大学から放校処分を受ける。
　1834年　『文学的空想』
　1840年　『現代の英雄、レールモントフの作品』
　1841年　『1840年のロシア文学』
　1843年11月　マリア・オルローワと結婚。
　1846年　『プーシキンの作品』
　1847年　『ゴーゴリへの手紙』
　1848年　『1847年のロシア文学概観』
　1848年5月6日　極貧のうちに没(37歳)。夫人は喪服を買う金もなかったといわれる。
②В.Г.Велинский, Горе от ума「〈知恵の悲しみ〉論」, Собрание Сочинение. Том2, М.1977.《Художественная Литература》.
③В.Г.Велинский, Идея искусства.「芸術のイデー」, Собр. соч. том3. 1978.

第一章　革命前の文学教育（その1）

④ Б.Ф.Егоров, Литературно критическая деятельность В.Г.Велинского.「ベリンスキーの文学批評活動」, М.《Просвещение》, 1982.
⑤ В.Г.Велинский, Взгляд на русскую литературу 1847 года.「1847年のロシア文学概観」, Собр. соч. том8. 1982.
⑥ В.Г.Велинский, Стихотворения Апо- лонна Майкова.「マイコフの詩」, Собр. соч. том4. М. 1979.
⑦ В.Г.Велинский, Письмо к Н.В.Гоголю「ゴーゴリへの手紙」Собр. соч. том4. 1978.
⑧ В.Г.Велинский, Сочинения Александра Пушкина.「プーシキンの作品」, Собр. соч. том6. 1981.
⑨ В.Г.Велинский. Взгляд на русскую литературу 1846 года.「1846年のロシア文学概観」, Собр. соч. том6. 1981.
⑩ В.Г.Велинский. Подарок на новый год. Две сказки Гофмана, для Больших и маленьких детей.「新年の贈り物——少年と幼年のためのゴフマン氏の二つの話」, Собр. соч. том3. 1978.

第二節　文学教育の試行
——ブスラエフによる国民意識涵養のための文学教育——

　ブスラエフ（Федор Иванович Буслаев　1818.4.13～1897.7.31）①は、1847年にモスクワ大学の教授となったロシア語研究者である。彼は、ロシア語とインド・ヨーロッパ語や他のスラブ諸語との比較研究をとおして、ロシア語にロシア人の精神の結晶を見るようになった。彼が生きた時代は、中世的社会から近代的国民国家への移行過程であった。彼は国家を形成する中心となるもの、国民を形成するもの、国民文化の基盤としての母国語の重要性を認識して、母国の言語と文学の教育の必要性を訴えた。文学は母国語を学ぶための素材であり、国民意識を自覚させるための教材であると考えたのである。このような考えに立って、ブスラエフは、1884年に『祖国の言語の教授について』（О преподаваний отечественного языка）を著わした。

第二節　文学教育の試行

一　文学教育観

ブスラエフは、その著『祖国の言語の教授について』において、

> それら（現代文学——引用者注）は、閑人には非常におもしろく描かれているが、暇は何ら学校を拘束するものではない。偏愛や個性は永久に学校の読みから追放されるべきである。それ故にロシア文学史においてその記述の位置も定められていない新しい現代の作品をギムナジウムの生徒に知らせるほど馬鹿げたことはない。(②—50)

と言って、当時の現代文学を学校の教材に取り入れることに反対している。

その理由は、教師や生徒を論壇や文壇の論争にまきこむからよくないということと、

> 詩人や批評家は生徒一般の中で例外であり、われわれはそれら一般大衆、つまり文学的な要求を持たない兵役についたり、あるいは平穏な市民にとどまるようなあらゆる世代を文学科で育てるのである。(②—51)

と言う。教室では詩人や批評家を育てるのではなく、平凡な社会人を育てるのであるから当代の文学は必要としないということである。当代のものはすべて流行の不安定な思想に依っていると考えているのである。当代の作品のうちどれが教材として適切かと選別しようとする態度は示さない。

こう考える根拠には、教室の文学享受においては、作品の美に感動したり、作品の思想内容を個性的に享受したりする必要はない、という考えがある。

> 作家の考え、ことばの意味は生徒とともに討究すること、作品の基本的な思想を教示すること、とくに主として文法的観点から思想と内的表現との論理的結びつきの考究で十分である。センチメンタルな喚声は低俗であり、しかも美の考察は生きた形象の代わりに何らかの哲学的な体系の抽象的な偏見によって美を歪めるにすぎない。(②—51)

作品を文学的な観点から正確に読みとらせ、作家の考え、作品の思想を

33

第一章　革命前の文学教育（その1）

ことばどおりに理解してゆけばよいと考えるのである。
　ブスラエフは、正しいものは美しいと考えている。

　　　言語の正しさだけでなく、その美もまた文献学の支配するところである。けだし美しい顔が健康で生きいきした力を前提としているように、優美は正しさを前提としている。ちょうどギリシアの優美なプロフィールを正しいと呼ぶように、まことに優美な表現は正しきが故に優美なのである。それ故、古代の作品の簡潔な飾りのないことばがとくに美の形象の中にあり、それ故に人民の口から捉えられた的確で正確な表現がただ正しく、しかもあらゆる飾りなしにそれがどのようであったかというイメージを伝えるだけにもかかわらず、われわれに美的な感情を喚起するのである。(②—52)

表現の文法的な正しさ、言語の正確さが美を生み、美的な感情を喚起すると考える。そしてその表現の文法的な正しさ、言語の正確さを判断するのは文献学であるとブスラエフは考えていた。
　文学においては美もまた文法の範疇であるということを、彼は、正しいものは美しい、とする立場から説明している。

　　　文学的な美の主要な長所の一つである音の調和は母音と子音の組み合わせに、したがって、文法に、いいかえると速さと生動性は短い描写に、省略は動詞の体の使用に……などに依拠しているのである。装飾についての修辞の頂点に位する比喩はその起源が辞書にある。なぜなら名称の一つの概念から他のそれへの転移は修辞学的研究の必須の道である。ことばによる表現において外的な表現と関係しているものすべては文法の所管である。(②—52)

修辞も比喩も表現の外的なこと、つまり形式面に関してはすべて文法の支配するところであると考えるのである。この考えからは文学の授業においても文法的・論理的な追求が中心をなすことになる。
　内容に関しては、他の科学の範疇にはいるので、その考察は文学科の外であると考えるのである。

　　　内面的な内容の面では真実・道徳性、優美の面では——それらは特別の科学、たとえば哲学・法学・歴史・美学などに近づく。(②—52)

ブスラエフはこのように考えて、文学科の対象を形に現れたもののみに

限定しようとするのである。美的な感情も形に現れたものが喚起するところに重点をおく。あるいは形から受け取ることのできる範囲に限定しようとする。客観的な正しさを文学解釈の目的とする立場から必然の結果として言語表現の形が重視されるのである。この考えで文学作品を享受する場合、なによりもまず、一語一語を大切にしようとする方法が生まれる。

ブスラエフは、文献学者の立場から作品解釈にあたっても、その正しさを文献学的な正しさに求め、その理由を２つあげている。

> 第一にロシアの作品における社会的内容といわゆる人道的思想の貧弱さのもとで言語の富は無尽蔵であり、新鮮であり、強力であり、深い。第二に美的ならびに批評的な基準の不安定性と多弁なあいまいさのもとで、文献学のそれは確固たる法則である。(②—53)

第一の理由は、『イーゴリ遠征物語』以来プーシキンにいたるまでのロシア文学が社会思想の先駆的な役割を果たしていった事実を過小評価していると思われるが、それはさておくとして、言語の富は豊かであるので言語の富を享受してゆくべきである、とする考えである。第二は、美的ならびに批評的な基準が、およそあいまいなものにすぎないとする考えである。読む者に一回的絶対的な感動を与えたり、作品それぞれに独自の価値を持っているという文学固有の側面を考慮せず、文献学は諸文献を駆使して客観的に正確な読みを可能にすると言う。

現代文学を否定し、文献学的正しさを求める立場から、ブスラエフは、偉大な作家のすぐれた作品を教材とすべきであり、それらはまた文献学的追求にも耐えうるから教材としてふさわしいと考えている。

> 退屈のあまり、何かを読む猟人は、ただ面白い内容にだけ夢中になり、音と思想との間の調和的な関係を少しも感じない。つまり、ことばの美、表現の簡潔さ、正確さ、思想との正しい結びつきは彼らを夢中にさせないのであり、彼らは読んでいるものの表面だけを滑るのである。なぜなら作品を読む際に作品において何が本質的であるかということに注意を向けるのに習熟していないからである。まさにこのような無意味な読みを絶やすためには、典型的なロシアの諸作家を読み、それらを解釈することで十分である。主要な課題はその中の解釈が必然のものであり、偶然のものでな

第一章　革命前の文学教育（その１）

いように位置づけることである。したがって教師はその意見を作家が教示しているとおりに資料によって根拠づけるべきであり、いわゆる主観を文献学的な聖書注解学に従わせるべきである。つまり作家は作家自体が解釈するというようにすべきである。たとえばカラムジンの読みに際しては『国史』の文章を古代資料と照合すべきであり、ロモノーソフの頌詩や演説は彼の《修辞学》を説明すべきであり、デルジャービンの小詩は彼自身によって付されているもので説明すべきであり、ジュコフスキーの詩の翻訳は原典と照合されるべきであり……などすべきである。(②—54)

「音と思想との間の調和的な関係」「つまり、ことばの美、表現の簡潔さ、正確さ、思想との正しい結びつき」などが作品の本質的なものであるとブスラエフは考えているようである。その本質的なことに注意を向けることに習熟させるのが文学の教授でなすべきことであると言っているようである。

偉大な作家のすぐれた作品、つまり古典的作品の解釈の方法は「作家は作家自体が解釈するというようにすべきである」という典型的な文献学の方法である。ある語や文を解釈する際に、同一作品内に用例を求めたり、または同一作家の作品に用例を求めて、それらによって解釈をせよというのである。同じ事実についての記述ならば、なるべく原資料にあたって確かめるのであり、翻訳ならば原典にあたって正しい解釈をしようとするのである。これは、主観や個性的判断や感情的追体験などを極度におさえて対象である作品（言語）をできるだけ正確に受けとろうとする方法である。科学主義といわばいえるが、それは自然科学的な意味での科学主義である。読者の一人ひとりに一回限りの体験を与える文学作品を文学的に享受する立場からはいくぶん離れている。

このような立場からブスラエフは中等学校の教材としてカラムジンの『国史』、ロモノーソフの作品、プーシキンの作品をあげ、原典を重視する考えに立って作品を断片でなく全部与えよと言っている。さらに、あわせて文体論と文学史をともなう文学理論を学習させることを奨めている。

価値の高い吟味するに足る作品を教材として与えることは教育効果が大である、と主張している。

第二節　文学教育の試行

　いわゆる思考の工夫のためにも、語句の配列のためにも、表現のためにも、教材として作家を読むことは非常に確実な成果をもたらす。益は生徒にも、教師にも、学習科目自体にもはかりしれない。それによって生徒はまったく意味のない教師の個人的な意見を聞くことから免れる。作家をよく識るということはまったくはかりしれないほどの収穫なのであり、生徒はその生涯にわたって教師が彼に（たとえば、カラムジンの『国史』では──引用者注）「ロシア国家の歴史」を好きにさせ、学ばせたことを感謝の気持ちをこめて思い出すであろう。教師の側には、作家を読むことで文学理論の当てにならぬ組織、文章の正確さや美、配置の規則正しさについてのつまらぬありきたりの考え方などを避けるという益がある。彼の主要な技術は彼が自ら教えている作家について語り、そのことにとって子どもたちを文体論と修辞学に導くことにある。それらが、くだらない雑談をしたり、空想にとらえられてむだ口をたたいている生徒の興味をひくとき、文学教師への嘲弄は沈黙する。文法と修辞学の進歩についてはさらに大きな益がある。教師はあらゆる教授用参考書を避けて、自主的に作家に向かい、そこから言語と文学作品の法則を引き出すべきである。このようにして学校の参考書への信頼は古典的作家の下に崩れていく。そして、文学にたずさわるすべての者は科学に寄与する。なぜなら原典をめぐって苦心するのであるから。(②—54)

　作品の具体に即することにより、それをとおして作品自体の思想や文学理論の組織や文章の美や語句の配置の規則正しさが明らかになると言う。そして、文体論や修辞学や文法などにも作品に導かれて気づき、学んで行くであろうと考えていた。

　作品自体を大切にし、作品に密着して解釈を進めていこうとする文献学者の立場が、文学作品に深く沈潜する味読へと道を開くと考えているのである。

　ブスラエフは、教材としては現代文学を否定し、古典作品の価値の高いものをとりあげるべきであると言う。教授方法・解釈の方法としては、文法的な正しさを期し、文献学的な解釈・客観的普遍的な解釈を重視する。

　ブスラエフの文献学者としての原典を重視しようとする立場は、教材と

しての作品を大切にさせ、外部からのあて推量的な解釈をしりぞけ、作品自体の持つ思想・文法・修辞的な美を明らかにし会得することへと導く。彼の解釈法は形をよりどころとする解釈ではあるが、形に即して解釈していくことによって深く作品内部へも到りつく方法であるとしたのである。

二　授業計画と教材研究の例

　ブスラエフによる、プーシキンの『漁師と魚の物語』を扱った授業計画例とカラムジンの『国史』の教材研究について考察する。
　『漁師と魚の物語』の授業計画は「文法学習との結びつきにおける基本的な読み」と副題が添えられており、つぎのようになされている。

　　　　Жил старик с своею старухой
　　　　у самого синего моря.
　　　　　おじいさんとおばあさんが住んでいました
　　　　　あおい海のすぐそばに。

　だれについてわたしたちは読みましたか。だれが住んでいましたか。おじいさんはだれと住んでいましたか。だれのおばあさんでしたか。どこでおじいさんはおばあさんと住んでいましたか。どんな海でしたか。美しいですか、それとも暗いですか。海とは何ですか。

　　　　Они жили в ветхой землянке
　　　　Ровно тридцать лет и три года.
　　　　　彼らは古ぼけた泥小屋に住んでいました
　　　　　三十年と三年もの間。

　彼らということばはどんな意味に使われていますか。どこに彼らは住んでいましたか。そこに彼らは長く住んでいましたか。泥小屋とは何ですか。木小屋と泥小屋とはどんな違いがありますか。年（год）と夏（ле-то）

第二節　文学教育の試行

はどちらも同じことですか。

　　Старик ловил неводом рыбу
　　　おじいさんは網でさかなをとり

だれについて話していますか。おじいさんは何をとっていましたか。何でおじいさんはさかなをとっていましたか。網の他にどんなものでさかなをとりますか。さかなをとる人を何と呼びますか。おじいさんは漁師、魚とりでした。

　　Старуха пряла свою пряжу.
　　　おばあさんは糸をつむいでいました。

ふたたびおじいさんについて話していますか、それともそうではありませんか。おばあさんは何をしていましたか。彼女は何をつむいでいましたか。あま、あさ、羊毛はつむげますか。つむいでいる女の人を何と呼びますか。それでおばあさんはつむぎ女（пряха）と織工（ткачиха）のどちらですか。

　　Раз он в море закинул невод,
　　　あるとき、おじいさんが海に網を投げこむと、

だれが海に網を投げ入れましたか。何を海に投げ入れましたか、どこへ投げ入れましたか。何のために河や湖に網を入れましたか。

　　Пришел невод с одною тиной.
　　　網にうみごけを引っかけました。

だれが引っかけましたか。網は動かせますか。何が網にかかってきましたか。うみごけ、泥、砂、粘土とは何ですか。

39

第一章　革命前の文学教育（その1）

　　　　Он в　другой раз закинул невод.
　　　　　彼はもう一度網を投げこみました。

　だれが網を投げこみましたか。1回目ですか3回目ですか。

　　　　Пришел невод с　травою морской.
　　　　　海の藻といっしょに網を引きあげました。

　第一回目は何を引きあげましたか。なぜ草（трава）は「海の」（морскою）と呼ばれていますか。草、花、木は同じものですか。
　（中略）

　　上述の例は、はっきりとした体系はないが、子どもたちが科学としての文法の学習を組織的に行えるようにしているということを見るのに十分であると思われる。このように1年ないし3年の間に、生徒たちは、実際に読み書きにおいて言語を知り、断片的な知識を組織的に集成することによって表現することができるようになる。厳しい教師でも、私がきわめて重要な文法的命題を落としていることを欠点とはみなさない。私の目的は方法を示すことであり、完全な教科書を示すことではない。私が初歩的な文法学説と読みおよび児童の道徳的な資質とを結合することができたということを教師がもし認めるなら、目的は十分達成されるであろう。（②—133～135）

この授業計画例からつぎのことが帰納できる。
1　語句について問答しつつ文法学習を配慮している。
ロシア語の場合、何かについてセンテンスで答えようとすると、すべて格変化させなければならない。主格で答えるか造格で答えるかは、その語をセンテンスの中に位置づけてからでないと決められないのである。「だれかについて（о ком）わたしたちは読みましたか」に答えるには、物語のセンテンスどおり「おじいさん（старик）」と答えると誤りで「おじいさんについて（о старике）……」と変化させて答えなければならないの

である。センテンスの中に位置づけるということは文法的な規則を知っておかなければできない。「だれについて」「だれが」「だれと」「だれのおばあさん」というように語をとりあげてはいるが、同時に初学年における文法の学習をねらっていることが分かる。場面の中の文法学習であるから、ブスラエフも言うように、「完全な教科書」による体系的な学習とは異なるのである。

　2　人物、場面をとくにとりあげている。

　第一行に関して「おじいさん」と「おばあさん」について徹底的に検討しているのは主要人物を明瞭に児童の頭に位置づけようとしているようであり、つづいて「海」や「泥小屋」について発問しているのは、作品の場面を児童の脳裏にかたちづくらせようとしているようである。これはプーシキンがそういう取り上げ方をさせる語順で作品を創っているからこうなったというものではないであろう。作品の中で文学的に重要な語の理解を徹底させようとしているのであろう。もっとも以下の発問において作品に使用されている語を逐次的に検討している事実と考えあわせると文学的に重要な語とそうでない語との区別にどれだけの配慮が払われていたかは判断しがたいのではあるが。

　3　語句中心の学習に傾いている。

　「海とは何ですか」「泥小屋とは何ですか」「さかなをとる人を何と呼びますか」「つむいでいる女の人を何と呼びますか」という「Aは……です」とある語を既知の語で置きかえて答えさせる問いが多い。これは既知の語をたしかめさせる問いであり、未知のばあいは既知語に取り入れさせる問いである。このような形で語彙教育をめざしているとも言える。しかし、ある語はその語でないと表現し得ない意味内容をもっていて、他の語で置きかえるだけでは新しい語の習得にはなり得ないという点からは不十分な語彙教育であるとも言える。語彙教育としては初期的な形態と言えようか。

　作品の中から1語1語をとりだして、作品とは切り離してその語の理解をたしかにし、深めていくという点で分析主義でもある。作品を一つの完成された全体として味わうという視点はまだ持たれていない。

第一章　革命前の文学教育（その1）

　4　合科教授的な傾向がある。

　語を語として理解し、記憶し、使用できるようにするのではなく、語に関連する雑多な知識をあわせ質問している。「網の他にどんなもので魚をとりますか」「あま、あさ、羊毛はつむげますか」「つむぎ女と織工はまったく同じものですか」「何のために河や湖に網を入れますか」「うみごけ、泥、砂、粘土とは何ですか」「草、花、木は同じものですか」前四つの問いは社会科的な発問であり、あと二つは理科的な発問である。ことばの学習、文学作品の学習としては不用意な問い、あるいはなくもがなの問いであるとも考えられる。海の草（海藻）として草という語が出てきたから、すぐ「草、花、木は同じものですか」と海から離れて植物一般についての問いへと拡がっていくのは、この作品を解釈していくばあい、やはり逸脱していると言えよう。しかし、この作品をとおして生徒の総合的な知識を増やしていこうとする意図を汲みとるならば、合科教授的な意図もあったと解釈できる。

　5　言語主義の教授法である。

　「草、花、木」を実際に見てその違いをたしかめてから言葉にして説明するという直観教授ではない。「うみごけ、泥、砂、粘土とは何ですか」にしても言葉と言葉の操作である。言葉による語句の説明が要求されている。実物との対応において言葉を考えているのではない。

　6　一問一答の問答法である。

　細かな各部分についての問いを一つ一つ教師が投げかけて生徒が答えるのである。学級教授の原型だと考えられる。そう考えれば、この方法は、学級教授が整っていく過程の初期的形態であると言える。生徒の答え方によってさらに問いが発展したり深められたりしていく授業法ではない。あらかじめ定められた発問の順に生徒が答えていく単線的で静的な授業である。文学作品を読むダイナミックな授業展開ではない。もちろん、まだ、学級という集団で読むことへの配慮はない。

　7　教師が必要と考える問いを投げかけていく規範主義である。

　生徒から問いが投げかけられることはない。教師の問いが作品解釈の着

第二節　文学教育の試行

眼点を示し、同時に解釈の規範を示している。教師の読みの高さまで生徒を高めようとして発せられる問いは作品解釈の仕方の規範を教授している。児童や生徒の読み、心情、疑問などを考慮することはあまりないようである。その意味で、児童中心の考え方が現れる以前の教授法である。

　カラムジンの『国史』についての教材研究では、ブスラエフは、『イーゴリ遠征物語』に立脚して書かれた『国史』の文章を『イーゴリ遠征物語』のそれと比較検討して考察している。
　教材としての『国史』（第三巻7章）はつぎのようなものである。

　１） Игорь, князь Северскийб желая
　　　 воинской славы, убеждает дружину
　　　 итти половцев и говорит:《хочу…
　　　　　セーヴェルスキー公イーゴリは兵士らの誉れを望み、
　　　　　兵士らにポーロヴェッツに征くことを説き、
　　　　　語れり。《希望する……
　２） преломить копие свое на их
　　　 дальнейших степях, положить там
　　　 свою голову или шлемо испить.
　　　　　おのれの槍をかの遠き草原にて折り、
　　　　　その上におのれの頭を横たえたり。あるいは兜にて水を飲めり。
　３） ドンへ！》大軍集い、馬いななけり。
　４） スーロイを越え、名声はキーエフに響きわたれり。ラッパはノヴゴロードに鳴りわたり、旗はプチーブリにはためきたり。イーゴリは愛しき弟フセヴォロードを待てり。
　５） フセヴォロードはその剛毅にして勇士なるを表せり。
　６）《彼らはラッパの響きの下で輪になり、槍先はみがきあげられ、すでに道は探られ、谷間は知りつくされたり。弓はぴんと張られ、矢筒は開かれ、軍刀はとぎすまされたり。灰色狼のごとく疾駆せん。おのがじし名誉を求めんとて。

43

第一章　革命前の文学教育（その1）

　　7）されど公には名誉なり。》イーゴリは黄金なる鐙に足をかけ、おのが
　　前方の大軍を望めり。空には雷雨の気配漂い、猛獣は荒野で吼え、猛禽
　　ども群れなして軍勢の上に舞い、鷲の声は彼の破滅を告げいたり。(②—
　　136　拙訳)

　つぎに『国史』の2、4、6の拠り所となっている『イーゴリ遠征物語』
の原典を引いて両者の差異を指摘している。

　　2）わが槍をポーロヴェッツの曠野に／折るも砕くも天意のままぞ！／一
　　命を、かしこの野辺に落とすも、／ロシアびとよ、汝らとともに、――
　　――／ドンの水をば兜に汲んで／喉うるほすも、汝らとともに！／
　　4）駒ははや、スーラの彼岸に嘶き、／公が名は、キーエフの都にとどろ
　　く。／（鳴りわたる〈гремит〉よりは新しくより詩的であり、名声の
　　響き〈звон славы〉は鐘の音〈звон коло-кольный〉を想起させ
　　る）角笛はノヴゴロードの空に勝利を告げ、／王師は、プチーブリの町
　　にあり！……／イーゴリはいとしの弟 フセヴォロードを待つ。／
　　　カラムジンの文と原文とは語順および構成が同じである。これは、われ
　　われのことばに原典《イーゴリ遠征物語》がいかに近いかの証拠である。
　　　カラムジンの文においても原典においても各文の末尾のリズムのある
　　揚抑抑格に注意せよ（Сулою, Киеве, Нове-городе〈нове граде〉。
　　6）ラッパの音(ね)につれて襁褓(むつき)を着け、
　　甲冑の鳴るもとに乳を飲み、（カラムジンの文章ではこのすばらしい表現
　　が落ちている。）
　　槍の穂先もて物食はされし強者どもぞ！
　　道の案内は知らぬ隈なく、谷の小径もよく知ったり。
　　弓はすでに新月と張られ、
　　太刀は研がれて氷のごとし！
　　荒野を馳する灰いろ狼さながら、
　　者みな、おのがじし競いたって、
　　われこそ戦陣の功名たてて、
　　公が名を揚げんと逸りに逸る！　　（神西　清　訳）

第二節　文学教育の試行

カラムジンの文章はわれらが『イーゴリ遠征物語』の言語に似ている。文末の抑揚抑格も同じである　повиты、вскормлены、знаемы、натянуты、творены、наточены、серые、сам себе。
　　終わりの２つの抑揚抑格に対してカラムジンは意図的に原典の語順を変えていることが目立っている。(②―136　拙訳)

そして、とくに古い時代の軍人の習慣に根ざしていて当時では理解しにくくなっていた語に注解をつけている。

　われわれの古い軍人の習慣をつぎのような通例の表現のように解する。
　１）槍 копье：「そして槍で都市を占領し」（нест. по Лавр. 40）
　「槍でリャザン市をおとしいれ」（Ипат. лет. 175）
　「余はその頃槍となって彼に仕えた。」（Воскр. сп. 11.23）：古い時代には死せる戦士の墓に槍を立てるのがふつうであった。
　Ипат. лет. 73にもあるようにヤロスラフはつぎのように語っている。「わたしの父なる神はわたしを理解している。しかしわたしには神はその位置を残している。彼の連帯と彼の親兵がわたしの本質となっている。しかして、１本の槍だけが彼の墓に立てられるのである。しかもわたしの腕にある槍が。」
　　槍の投擲は合戦開始のあいずであった。この当時には、われわれの異教徒にも関係しているこの習慣はかなり長い間保たれていた。たとえばВоскр сп 11.17に「アンドレイ　ユーリエヴィッチは槍を持ち、すべての憎悪の前面にその槍を投げた。」とある。『イーゴリ遠征物語』にイーゴリが「ポーロヴェッツの野の端に槍を置きたい」と語っている。
　４）兜 шлем：「さすれば君、ヴォルガの水を軍兵の櫂もてしぶかせ給ふべきに、
　ドンの流れを、兜に汲んで乾し給ふべきに」（イーゴリ遠征物語）。
　「その時、ヴラージミルモノマーフは黄金の兜でドンの水を飲みき。」（Ипат лет 155）すなわち、ドンに乗り入れ戦うことである。(②―137～138)

45

第一章　革命前の文学教育（その１）

　この教材研究にみられるブスラエフの方法をさらにあげていくとつぎのことが指摘されよう。
　8　語の表現性に注目している。
　たとえば、『イーゴリ遠征物語』に使用されているзверить（とどろく）はカラムジンの用いるремить（鳴りわたる）よりも新しくより詩的であると指摘し、またзвон славы（名声の響き）はзвон колокольный（鐘の音）を想起させ、音がイメージを豊かにすることを指摘している。
　9　詩句のリズムに注目している。
　両者が脚韻を踏んでおり、それが抑揚抑格をなしていることを指摘している。
　10　文献学的な方法で語の意味を把握している。
　古代叙事詩や年代記における（槍）の語の用例をたくさんあげて、それらの実証によって語の意味を帰納しているのである。槍に関する軍人の習慣として「古い時代には死せる戦士の墓に槍を立てるのがふつうであった。」「槍の投擲は合戦開始のあいずであった。」ということを同一作品あるいは同時代の他の文献によって用例を示して実証している。「兜に水を汲む」ことが河に乗り入れて戦うことを意味していると解釈している例は、文献学的帰納法の典型的な例である。客観的に正確な解釈へ迫ろうとする意図のあらわれである。
　なお、カラムジンの『国史』を解釈するにあたってまず、よりどころとなった『イーゴリ遠征物語』の文をあげているのは、できるだけ古い資料にさかのぼって確かめようとする文献学者の方法の実践であり、「たとえばカラムジンの読みに際しては『国史』の文章を古代資料と照合すべきであり」というブスラエフ自身の解釈理論の実践である。

　1〜10の授業計画例、教材研究の方法をさらに観点を変えて捉え直してみると、つぎのようにまとめられよう。
　　A　5　直観教授でなく言語主義の教授法
　　　　6　一問一答の問答法

7　教師の問いによって模範を示す規範主義

の３項は教授法に関する特性である。これは「学習者の側からみる視点」を持たない教授法である。

　Ｂ　４の「合科教授的な傾向がある」のは、授業科目に対する考え方のはっきりしていないことを示している。各教科で何をどのように教えるかの分別が未だに不明瞭な時代の考え方である。生活を重視して合科教授を主張する立場があるが、ブスラエフのばあい、まだそのような授業科目に対する考え方をしていない。したがって合科教授を積極的に主張したものでもない。

　もっとも、後にロシア・ソビエトの「母語」の教育は初等学年では合科教授的な傾向を持つにいたるが、それらの傾向との関連の有無についての考察は「言語観」の変遷をもあわせて追求しなければならないので、いまは、このような問題点があることを指摘するにとどめる。

　Ｃ　３．「語中心の学習」
　　　10．「文献学的な方法で語の意味を把握している。」

は語の解釈の方法である。一方は分解的に他方は文献学的におこなうのであるが、ともにその作品の中から語のみを取り出して検討していく方法である。形式からはいっていこうとする方法と言えよう。

　Ｄ　１．「文法学習を配慮している。」のは文の中において語をみ、語を使用させる視点もあったことを示している。

　Ｅ　２．「人物、場面をとりあげている」
　　　８．「語の表現性に注目している。」
　　　９．「語句のリズムに注目している。」

は、文学作品の芸術性に即した授業の進め方である。とくに２は文学固有の切りこみ方である。８，９は言葉の芸術として作品を見ていることを示している。

　これらは正しい原典によって文法的に正しく理解し、解釈の文献学的な客観性を求めるブスラエフの文学教授理論を具現するにふさわしい方法と視点であった。

第一章　革命前の文学教育（その１）

三　ブスラエフ文学教育論の位置

　まだロシア語の教育とロシア文学の教育との相対的独自性も明らかになっていない時代に、彼はロシア文学の教授の重要性を主張し、ギムナジアの教師たちに新しい教授法を提示したのであった。

　1812年の祖国戦争、1825年のデカブリストの乱などによってロシアにしだいに国民的自覚が高まっていきつつあった時に、ブスラエフは文学教授の面でその国民的自覚を形にしたのであった。それはロシアの言語遺産の偉大さについての確認にもとづいていた。

　ブスラエフの文学教育の理論と方法は、文法的に規則正しい文、文献学的に正確な文章表現を原典によって与えるべきであるとするものであった。規則正しい文、正確な文章はそのことによって美を表現し、思想を正しく表現していると考えたのである。語に密着して解釈を深め、一語一語を大切にして解釈していく方法は手がたい。しかし、享受者の個人的な読み方、享受者一人ひとりによって異なる感動があることなどについては配慮していない。ブスラエフの方法は文学の教育というより、すぐれたロシア語表現を教育するという性格が強い。

注
① ブスラエフの略歴
　1818年4月13日に生まれる。
　1838年　モスクワ大学卒業
　1844年　『祖国の言語の教授について』
　1848年　モスクワ大学教授
　1897年7月3日　没（79歳）
　1908～1930年　『ブスラエフ著作集』全3巻、刊行される。
　1913年　『ロシア語文法教科書』第11版　刊行される。
② エフ・イ・ブスラエフ『祖国の言語の教授について』（ロシア共和国科学アカデミア 1946年）
　Ф. И. Буслаев, О преподаваний отечественного языка, В. В.

Голубков Преподавание литературы в дореволюционно й средней школе, Выпуск 1, М. Л,《АПН》1946

第三節　ギムナジア（中等学校）制度の歴史と教育課程の変遷

　ロシアでは、1755（宝暦5）年5月にモスクワ大学の設立にともなって附属ギムナジアが設立された。モスクワ大学への進学準備教育をする場であった。このギムナジアは、1804年の学校制度の再編後に1812年に閉鎖された。1809（文化6）年にはギムナジアは32校あったと言われている。(①—567) その後、1864年と1871年に大きな改変がなされた。

　そこでは、宗教科は必修か、古典語と近代語のどちらを教えるか、科学教育の是非、一般教育と実科的な内容の教育の比率、などのさまざまな問題が教科課程の編成に関して論じられた。皇帝・貴族・官僚・富裕商人・新興資本家（ブルジョア）の要求がからみあって提起され、論じられ、改廃がくりかえされた。前近代的な教科課程観と近代的なそれとがせめぎあっていたのである。

　文学教育は主としてギムナジアでおこなわれた。19世紀後半の文学教育がおこなわれた場としてのギムナジアの変遷をたどっておきたい。

一　1804年「大学管下の諸教育機関に関する規定」とギムナジア

　1804年規定（Устав учебных заведений подведомых университетам）(②—102) は、下図単線型の学校体系を示した。大学はロシアを六つに分けた各区（Округ）の最大の都市に一つずつ、計六校つくることになっていた。その大学に下級の学校の管理権を与えることになっていた。

　ギムナジアへは、同規定の14条によってすべての身分の子どもが入学で

第一章　革命前の文学教育（その1）

大学 университет
ギムナジア（四年） гимназия
郡立学校（二年） уездное училище
教区学校（一年） приходское училище

きることになっていた。

　14条　郡立学校またはその他の教育施設で教科を修了した者、あるいは家庭にいた者でもギムナジアの授業を継続するに十分な学力のある者、すべての身分の生徒がギムナジアに入学できる。(②—103)

　建て前の上で、「教育機会の平等」を認めていたのであるが、実際は、当時の国民の9割以上を占めていた農民・農奴の子弟に学習する余裕はなかった。

　ギムナジア創設の目的は二つあった。一つは、「若者を大学の学問（наука）へと準備させること」であり、二つは「教養豊かな人間（Благовоспитанного человек）」を育てることであった。(②—102)

　この目的を達成するために、つぎのような教科プランと教師を置くことになっていた。

　　5条　ギムナジアの教科プランは、この二つの目的を達成するに十分なものでなければならず、それを達成するに必要なすべての学問の基礎的な知識が含まれていなければならない。したがって、ギムナジアでは、ラテン語、ドイツ語、フランス語の完全課程の他に、つぎのような課程が教えられなければならない。
　　　神話（伝説）と古代史を含む地理と歴史の不完全課程
　　　ロシア国家のものを含む一般統計課程
　　　哲学と美学の入門課程
　　　数学の課程
　　　実験物理と自然史の課程

第三節　ギムナジア（中等学校）制度の歴史と教育課程の変遷

商業、技術と図画の基礎課程
　6条　それぞれのギムナジアは、つぎのような教科群を担当できる8名の教師を持たなければならない。
　　（1）純粋数学、応用数学、実験物理　（2）歴史、地理、統計　（3）哲学、美学、政治経済　（4）自然史、応用と技術に関する学問の入門　（5）ラテン語　（6）ドイツ語　（7）フランス語　（8）図画 ②―102
　このカリキュラムを見ると、古典語と近代語（ドイツ語、フランス語）の語学系、哲学・美学系、物理・自然史系、商業・技術の実学系の四系統の課程を含んでおり、まさに百科全書的である。神学（宗教）を含んでいない点では世俗的である。母国語（ロシア語）を含んでいない点では前近代的であるが、物理などの自然科学と商業・技術などの教科の設定には実学的な面もうかがえる。
　文学は、美学（изящные наука）に含まれていたのであって、文学科がまだ設けられていなかったことに注目しておきたい。
　この「大学管下の諸教育機関に関する規定」は、アレクサンドル一世（在位1801～25）のもとで作成されたのであるが、この「規定」に見あった財政的な保障がなかったために、このとおりに実施されたわけではない。この「規定」は、フランスのコンドルセの「公教育一般組織に関する報告」（1792年）と酷似していると言われており ③―46、おそらくコンドルセ案の移入であろう。この案は、ヨーロッパから最新の法律をとり入れて開明的なポーズをとるが現実には実現の努力を放棄するという、ロシア皇帝の伝統的なやり方の一例なのである。
　しかしながら、この規定は、ギムナジアの基本的な枠組み、すなわち七年制という制度と一般教育を重視する性格とを持たせているところに歴史的意義がある。

二　1833年「教授要目規定」と当時の学校

1825（文政4）年12月にデカブリストの乱が起こった。帝政・農奴制は

51

第一章　革命前の文学教育（その1）

矛盾が深刻になり、危機を迎えていた。このまま農奴制を持続すれば、ロシアの近代化は遅れ、社会の発展が望めないと考えた貴族の子弟たちが、アレクサンドル一世からニコライ一世（在位1825～55年）への交代時をねらって、叛乱したのであった。叛乱の鎮圧から治世を開始したニコライ一世は、アレクサンドル一世の「民主化」政策を反動化へと軌道修正した。

以後、ギムナジアは、しだいに授業料増額を重ねたり、低所得者の入学に制限を加えたりして、貴族・官僚の子弟中心の学校になっていった。また、形式陶冶論に立脚した古典語（ギリシャ語・ラテン語）重視の学校となっていった。

反動的な軌道修正にともなって、教育課程も徐々に改定されていった。革命後の文学教育研究者ゴループコフによれば、1833年に決められた「教授要目規定」（устав программ）は、「国語・文学」の教育内容をつぎのように規定している。

　　三学年　文法の学習
　　四学年　統辞法、脚韻組み立て、やさしい小詩の暗記
　　五・六学年　文や短い詩の論理的、修辞的解釈の練習を伴う論理学と修辞学
　　七学年　模範的解釈による詩学習と短いロシア文学史

教授要目システムとそのもとでの授業について、ゴループコフはつぎのように述べている。

　　このシステムはスコラスチックであった。その内容の根本は、文学作品の古くさい教典を知らせることにあり、表現の工夫・配列・表現性のすべての規則ずくめの強制的な詩的古典主義にもたれかかることになる。
　　さらにこのスコラスチックなシステムには、現在、公理とみなされているものもなく、文学的テキストの読みも学習もない。学校は文学選文読本を持たず、生徒の自由になるものはただ一冊の貧弱な教科書だけであった。記述的・叙事的散文、会話の議論と雄弁、小詩のような理解しやすい詩に対する言語表現のいろいろな種類に関連した規則が簡単に教条主義的に述べられているだけであった。（中略）
　　1820～40年代の中学校における授業方法は、機械的な暗誦と棒暗記であ

第三節　ギムナジア（中等学校）制度の歴史と教育課程の変遷

った。（④—26〜27）

　内容において生活とかけ離れ、方法において注入暗記を強制する非教育的な教育がなされていた。

　1830年前後にペテルブルグ大学附属ブラゴロードヌイ・パンシオン（中等寄宿学校。寄宿制のギムナジア）の生徒であったイワン・イワーノヴィチ・パナーエフ（1812〜62年）は、パンシオンの教師と教育をつぎのように回想している。

　　彼らは世にもあわれな課業について、よどみ切った、月並みな、時代おくれの教授ぶりをしていたから、向学心を起こさせないばかりか、こんな死んだ学問には背をむけさせるばかりであった。われわれはただ一定の階梯を踏むために、無理に勉強しているにすぎなかった。われわれは知力は少しも進歩しなかった。それどころか、きまりきった旧習にたたかれて鈍くなった。書物にある通りに一言一言棒暗記する無意味なくそ勉強が授業法の根本だった。（⑤—44〜45）

だが、パナーエフは、クレチェトーフという文学教師については好意的に回想している。

　　全教師の中で、大胆で自由な思考形態の故に、教え子たちから多少の愛情をもたれ、注目を受けていた者はたった一人だけだった。それはロシア文学の教師ヴェ・イ・クレチェトーフだった。（⑤—48）

　　彼のわれわれに対する態度は友だちのようで、他の教師みたいに、先生の権力、目上の権力をふりまわしはしなかった。ロシア文学に情熱を現わしかけた生徒に対しては、とくに好意をみせた。一年間の講座を通じて、修辞学のことなどほとんどおくびにも出さず、年度末の試験前になって、詩学と修辞学を盛り合わせた小さなノートを渡して、暗記させた……講義中には、われわれの作文を解剖し、それをやじったり、皮肉ったりし、デルジャーヴィン、バーチュシコフ、ジュコーフスキィ、コズローフなどの詩を朗読し、また当局には内證でプーシキン、バラトィンスキー、ヤズィコフ、デーリヴィグの詩も朗読してくれた。彼は、すごく盛りだくさんに形容詞をふりかけて、これらの詩人の特徴を説明してくれた。（⑤—50）

　一般に暗記中心の教育がなされていたことを知ることができる。また、

「詩学」と「修辞学」が正規の学習内容であったこともうかがえる。そんな中でクレチェトーフは、授業では、作文を分析したり、新しい作家つまり同時代の作家の作品を朗読したり、感想を語ったりしていたのである。このパナーエフの回想記には当時の中学校の授業風景が生きいきと描かれている。

三　1864年「中学校及び準中学校に関する規定」

ロシアでは、1840年代にはいってようやく工場に機械が導入され始めた。産業革命が進行していったのである。ロシア社会は、自由に雇える土地に縛られない労働者を必要とするようになっていった。クリミア戦争（1853～56）での敗北はロシアの国際的地位を失墜させ、1850年代末には一揆が多発していた。

このようにして、農奴制の経済体制は維持しがたくなっていた。1861（文久2）年2月19日にアレクサンドル二世（在位1855～81年）は「農奴解放令」を布告した。リンカーンの奴隷解放宣言（1863.1.1）に先立つこと2年、わが国の明治維新より7年前であった。

農奴解放令は上からの解放であり、農民を土地の緊縛から解いて、無権利状態で雇い直すというものであった。労働力の流動と農奴の人間的解放思想とは、ロシア社会にさまざまな変動をもたらした。

1860年代前半の自由な雰囲気の中で、教育改革の運動が昂揚した。ギムナジアに関しても改革の動きが起こった。

1860年に教育委員会（учебный комитет）によって「下級・中級学校法案（Проект уставанизших и средних училищ, состоящих в ведомстве министерстве народного просвещения）」が出された。その学校体系は次頁図のとおりであった。

ギムナジアを卒業しさえすれば、文学および高等専門教育施設への道が開かれていて、いわゆる単線型の制度となっている。

この案に対して、さまざまな意見が寄せられた。ソビエトの教育史研究

第三節　ギムナジア（中等学校）制度の歴史と教育課程の変遷

| 大学 | 高等専門教育施設 |

| 準ギムナジア 4年制 | 二つの古典語のギムナジア 8年制 | 自然科学・数学を強調し、ラテン語を含むギムナジア 8年制 |

| 小学校 |

(⑥-175)

者スミールノフによれば、これらの意見は三つのグループに分けられる。

　第一のグループは古典系と実科系の併存を主張した。このグループにはオルビンスキー（P. Орбинский）とピロゴフ（Пирогов 1810〜81）がいた。オルビンスキーは、将来の職業にあわせて、人間に関わりのある職種（法律家・教師・牧師）を選ぶ者は人文的な教育を受け、物質に関わりのある職種（技術家・商人・軍事専門家）を選ぶ者は実科的な教育を受けるべきであるとした。ピロゴフは、教養ある人間を育てるのが教育であるという前提に立ち、経済力や知的能力に応じて古典あるいは実科の学校を選ぶべきであると主張し、学習内容を限定する学校の必要性を訴えた。しかし、各学校への継続関係は無障害であるべきだとした。

　彼らは、ともに、古典語・母国語・数学・歴史を重視し、自然科学を意識的に軽く扱った。いわゆる当時の保守的な層を代表するグループであった。

　第二のグループは、古典ギムナジアか実科ギムナジアか何れか一つでよいとするグループである。

　古典ギムナジアだけでよいとする意見は、形式陶冶論に立脚していた。また、古典語の形式美、明晰性を賛え、ロシア語を見下していた。いわゆ

55

第一章　革命前の文学教育（その１）

る超保守グループを代表する意見である。

　実科ギムナジアがよいとする意見は、学校は現代生活の必要性に応えるべきであるという立場に立っていた。自然科学・数学・ロシア語の必要性を強調し、古典語やいわゆる一般普通教育の必要性を認めなかった。

　第三のグループは、生徒の全面的な発達をめざす、一般普通教育中学校の設立を構想していた。人文科学と自然科学の領域のすべてを含む、生活的・実際的な教科（母語と文学、歴史、地理、近代語、数学、博物、物理）を教科課程として考えていた。

　このグループには、ウシンスキー（1824～70年）、ドブロリューボフ（1836～61年）、チェルヌイシェフスキー（1828～89年）がいた。

　これらのさまざまな意見が出つくしたところで、1864年11月19日、アレクサンドル二世によって「中学校及び準中学校に関する規定」（Устав гимназий и прогимназий 1864 года）が承認された。新規定のギムナジアは、つぎのような目的と性格を与えられていた。

　　1　ギムナジアは、そこに学ぶ若者に一般教育を授け、それとともに大学およびその他の高等専門学校への進学の予備校として寄与する。
　　2　一般教育をおこなう教科の相違及びギムナジア教育の目的の相違によって、古典ギムナジアと実科ギムナジアに分ける。
　（中略）
　　53　ギムナジアと準ギムナジアでは身分や信教にかかわりなく全階級の子どもが学習するものとする。（⑦―353～354）

「身分や信教にかかわりなく」入学を保障していることは、実態はともかく、10歳以上のすべての子どもにギムナジアの門が開かれたことになる。その学校体系は次頁図のようになっていた。

　この体系では、古典ギムナジアと実科ギムナジアとにはっきり分離されている。実科ギムナジアを出た者は大学へは進学できず、高等専門学校への進学しか許されなかった。教育機会の平等は否定され、複線型の体系になったのである。二つの学校の教科プランは次頁表のように構成されていた。

第三節　ギムナジア（中等学校）制度の歴史と教育課程の変遷

```
            ┌──────────┐  ┌──────────┐
            │   大学   │  │ 高等専門学校 │
            └──────────┘  └──────────┘
┌─────┐┌──────────┐  ┌──────────┐┌─────┐
│古典  ││古典ギムナジア ││実科ギムナジア ││実科  │
│プロギムナジア││ （7年） ││ （7年） ││プロギムナジア│
│（4年）││          ││          ││（4年）│
└─────┘└──────────┘  └──────────┘└─────┘
      ┌──────────────────────┐
      │        小学校         │
      └──────────────────────┘
```

(⑥-258)

古典ギムナジア教科プラン（1864.11.19）

教　科	学　年 I	II	III	IV	V	VI	VII	計
神　学	2	2	2	2	2	2	2	14
教会スラブ語つきのロシア語と文学	4	4	3	4	3	3	3	24
ラテン語	4	5	5	5	5	5	5	34
ギリシャ語	－	－	3	3	6	6	6	24
フランス語又はドイツ語	3	3	2	3	3	3	2	19
数学	3	3	3	3	3	3	4	22
歴史	－	－	2	3	3	3	3	14
地理	2	2	2	2	－	－	－	8
自然史	2	2	2	－	－	－	－	6
物理と宇宙	－	－	－	－	2	2	2	6
習字・図画・製図	4	4	3	2	－	－	－	13
週　計　授業数	24	25	27	27	27	27	27	184
時間数	30	34.25	33.75	33.75	33.75	33.75	33.75	233

57

第一章　革命前の文学教育（その１）

実科ギムナジアの教科プラン（1864.11.9）

教　科	I	II	III	IV	V	VI	VII	計
神　学	2	2	2	2	2	2	2	14
教会スラブ語つきのロシア語と文学	4	4	4	4	3	3	3	25
フランス語	3	3	3	4	3	3	3	22
ドイツ語	3	3	3	3	4	4	4	24
数学	3	4	4	4	4	3	3	25
歴史	－	－	2	3	3	3	3	14
地理	2	2	2	2	－	－	－	8
自然史	3	3	3	3	3	4	4	23
物理と宇宙	－	－	－	－	3	3	3	9
習字・図画・製図	4	4	4	2	2	2	2	20
週　計　授業数	24	25	27	27	27	27	27	184
時間数	30	31.25	33.75	33.75	33.75	33.75	33.75	230

((6)-259)

　古典ギムナジアではラテン語とギリシャ語に、実科ギムナジアでは自然科学に、それぞれ全学習時間の三分の一という多くの時間が割り当てられている。実科ギムナジアでは、フランス語・ドイツ語の近代語学習に多くの時間が割り当てられている。この時間数からみると、大学の理科系や医学部への進学は実科ギムナジア卒業生の方がふさわしく思われる。けれども、その道は閉ざされていた。実科ギムナジアは一段低く評価された。
　両者に共通している教科の中では、神学、ロシア語・文学、歴史、地理が時間数も同じであった。神学が共通必修となったところに保守的な性格を見ることができる。1804年規定には見られなかったロシア語・文学をはっきりと位置づけていることに近代的性格を見ることができよう。ここに教科としての「文学」が成立したのであり、文学教育をする場が生まれたのである。
　1864年規定全体を見ると、近代的な意見に譲歩しながらも保守的な面が

強調された結果になったことがわかる。

四　1871年「中学校及び準中学校に関する規定」

農奴解放令は、流動労働力の創出によってロシアの資本主義の発達に一定の役割を果たしたが、農民の生活は以前よりいっそう苦しくなっていた。1866年に大学生による皇帝暗殺未遂事件が起こると、新しく文部大臣に任命された伯爵Д．トルストイ（1866～80年　在任）はギムナジアの再編成に乗り出した。彼は、古典語が教えられていない実科ギムナジアをニヒリズム、唯物論、社会主義の温床と考えていた。彼は1871年に1864年規定と同名の「中学校及び準中学校に関する規定」をつくり、つづいて1872年に「実科学校規定（устав реальных училищ）」を作った。

1871年規定の学校体系

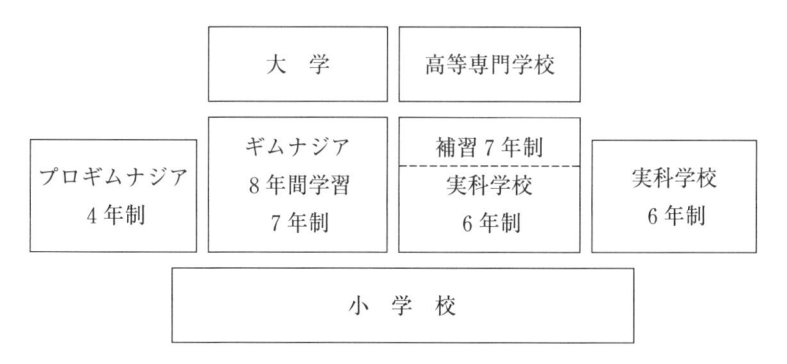

	大　学	高等専門学校		
プロギムナジア 4年制	ギムナジア 8年間学習 7年制	補習 7年制 実科学校 6年制	実科学校 6年制
小　学　校				

これを見ると、「実科ギムナジア」が廃止されて「実科学校」とされていることが目立つ。古典ギムナジアを単にギムナジアと名称変更してその中に実科ギムナジアを吸収し、新たに実科学校を設けたのである。また、ギムナジアの第7学年の修学期間を2カ年として、7年制8年間学習という奇妙な修学年限とした。これは、低所得者の入学を拒み、生徒を学校に閉じこめて思想統制しようというねらいを持っていた。

第一章　革命前の文学教育（その1）

1871年ギムナジア教科プラン（⑥—304）

教　科	時間
神学	13
教会スラブ語つきのロシア語と文学	24
論理学の基礎	1
ラテン語	49
ギリシャ語	36
フランス語またはドイツ語	19
数学と自然地理	29
物理・宇宙	6
自然史	2
地理 / 統計	10
歴史	12
計	201

　この教科プランでは、ギリシャ語・ラテン語の学習に全学習時間の41％があてられている。ギリシャ語・ラテン語の学習時間85に対して、ロシア語・文学は24時間で、約三分の一である。古典語の増加と強制は多くの落第生を出して生徒を苦しめ、ギムナジアをきわめて暗いものとした。自然科学・社会科学は唯物思想を育てる教科として極度に軽視された。

　この71年規定にもとづく教育制度は、部分的な手直しをされながらも1917年の社会主義革命まで維持された。

　1887年生まれの児童文学者マルシャークは、19世紀末から20世紀初頭のギムナジアの生徒時代をつぎのように回想している。

　　この文学教師は、デルジャービンだけでなく、プーシキンやレールモントフやゴーゴリなどの作品を、古風な魅力のないものに仕立て上げようと骨を折っているのだった。まさにその文学教師こそ、教え子たちに《靴屋》という終身つきまとうあだ名をもらい、重苦しくきしんでいるような声の持ち主であるアントーノフ先生であった。

　　人びとは病気の予防のためにワクチンを接種し、病気に対し免疫を作る。先生は、私たちがプーシキンに熱中することを非常におそれていた。彼は、プーシキンの『エフゲーニー・オネーギン』の四季の風景を棒暗記させ、さらにさらにオネーギンや、タチャーナとオリガの性格を比較し、長々と書かせることによって、私たちにワクチンを接種し、プーシキンへの免疫性を植えつけていった。（⑦—132）

　19世紀末には文学嫌いを育てるために文学の授業をおこなうかのような

第三節　ギムナジア（中等学校）制度の歴史と教育課程の変遷

教師が増えていったのである。

　19世紀後半は、マルシャークによって回想されるような文学教師が平均的な教師であった。その中で、スタユーニン、ヴォドヴォーゾフ、オストロゴルスキーたちが、文学の授業を充実させ、発展させようと努力したのであった。

注
① под. ред. И.А.Каиров, Педагогическая Энциклопедия 1,「教育科学百科事典1」, м. 1964.《Советская Энциклопедия》
② С.Ф.Егоров, Хрестоматия по истории школы и педагогики в россии,「ロシアの学校と教育学の歴史資料集」, м.1974.《Просвещение》
③ 清原浩「後進国ロシアの発展と中等教育」梅根悟監修『世界教育史大系　25　中等教育史Ⅱ』1976.10.20.　講談社
④ В.В.Голубков, Методика преподавания литературы.「文学教育方法論」, м.1962.《УЧПЕДГИЗ》
⑤ パナーエフ著　井上満訳「文学的回想　第一部」1953.6.25.　岩波文庫
⑥ В. З. Смирнов, Реформа начальной и средней школы в 60- х г дах ⅩⅨ в.「19世紀60年代における小学校と中学校の改革」м. 1965.《АПН》
⑦ С. М. Маршак, В начале жизни,「人生のはじめに」, Собрание сочинений. том 6. М. 1971.《Художественная Литетура》

第二章　革命前の文学教育（その２）
―― 方法論とその展開 ――

第一節　文学教育方法の探究（１）
―― スタユーニンによる対話法 ――

　スタユーニン（Владимир Яковлевич Стоюнин 1826.12.6～1888.12.4）①は、1851年にペテルブルグ第三ギムナジアの文学教師となった。彼は、革命的民主主義者のベリンスキー、チェルヌイシェフスキー、ドブロリューホフらの思想の影響を受け、ピロゴフ、ウシンスキーの教育思想に学びつつ世界観を形成した。主著『ロシア文学の教授について』（О преподавании русской литературы 1864）は、その近代的な文学観と方法論としての対話法の提唱によって、ロシア・ソビエトの教師たちに大きな影響を与えている。

一　スタユーニンの教育観と文学教育観

　スタユーニンは、農奴制のロシアにあって、その社会の近代化の担い手としての「近代的市民」の育成を教育の目標と考えていた。
　スタユーニンは各教科の授業につぎの３つの陶冶的ならびに訓育的な意義を見いだしていた。

> それぞれの教師は、その教科の中に生徒を幸せにするように働きかける三つの生きた力を見つけるべきである。つまり、（１）彼は自然と人間に関しての真の認識を生徒たちに伝え、（２）彼らを発達させ、（３）仕事（труд）に慣れさせるべきである。教材、その伝達と知覚、およびそれらに対する合理的な作業――これが教科に陶冶的ならびに訓育的意義を与えるための授業において結合されるべき三つの力である。これらを分離するかまたは

第二章　革命前の文学教育（その２）

　　他のものから一つだけを抽出することは、教授の真の目的を理解しないこ
　　と、ならびに必要なことを達しないことを意味する。(②—316)
この三つの要素の総合的な達成を授業に求めたのである。
文学科の授業には、二つの点でその特質を見いだしていた。その１つは、
　　文学科は美的ならびに国民的な作品が美的感覚を育てるという点に他の
　　何よりも敬意を払うべきである。他の教科では、発達のこの側面を考慮し
　　ていないのであるから、美的感覚——これは教育活動における文学科の特
　　殊性である。(③—320)
という美的感覚の育成である。
いま一つは、文学作品をとおしての現在にいたる過去の生活の認識である。
　　市民的な働き手であるためには、市民的感情を育てることが必要である
　　だけではなく、その過去を確実に認知することも必要である。さもなけれ
　　ば、たやすく個人的な興味に心を奪われるか、あるいは現代の社会の必要
　　に応じられなくなるか、あるいは結局は、歴史は何ものをももたらさなか
　　ったというような飛躍をなすことに努めるのである。(②—331〜332)
彼は、文学作品が先進的な社会理想を具現していると考えており、市民
的感情を育てると考えていた。
スタユーニンは、言語芸術としての美的側面と社会理想の認知という知
的側面とを文学教育の特質であると見なしていたのである。この二つの側
面の融合した具現体（文学の授業）が教科としての文学教育の陶冶的なら
びに訓育的意義を実現すると考えたのである。

二　作品解釈作業における知育・徳育・美育の統一

スタユーニンは文学の授業の中に解釈作業をとり入れている。
　　理想的・現実的な側面の教示をともなう内容の基礎的な解釈は、真の詩
　　的作品において常に内容に依存しているところの形式に関しての真の美的
　　評価をなすことの可能性を与える。このようにして、ここでは、知的・道
　　徳的・および美的発達が——一つが他と助けあうものとして——統一され

ている。(②—321)

内容の基礎的な解釈は知的追求といえよう。その知的追求が作品の「形式に関しての真の美的評価をなすことの可能性」を与えるのである。解釈をとおして、また、解釈の結果として、生徒たちに道徳的感情が育つと考えるのである。

スタユーニンは、文学作品の内容および形象の与える力を重視するのであるが、

> だが、われわれが文学科を道徳的な哲学またはモラルの課業に変えようと欲していると考えてはいけない。そうではなくて、教師と生徒との対話は文学的な解釈の範囲からはみ出すべきではないのである。(②—321)

と言っているように、作品の中から単に道徳的内容を取り出して、それを与えようと考えていない。解釈作業はあくまで文学作品をとおして行われるべきであるという。

> どのような思想が、そしてどのように述べられているか、著者は生活のどの面に触れ、どのように関係しているか、どのような性格を育てているか、そして性格と現実との結びつきをどのように見ているか、など。このような解釈から審美性を帯びた一般的理論的命題を引き出すことは難しくないであろう。記憶に留めるために一定の語句を暗記することはもはや抽象的であるとは思われないであろう。ここでまだ抽象的思考に慣れていない生徒の知力は一連の実際的な観察によって、そこまで段階的に達するであろう。――中略――
> このような論理的な結論づけと推論をとおして、生徒たちはしだいに本の中で抽象的思考をすることに慣れ、さらに本に興味を見いだしさえする。そのことによって自己の知的発達を証明しうるのである。(②—322)

つまり、作品の解釈作業の目的は、文学作品を深く知ることにある。このような解釈作業が生徒に「美的評価をなす」可能性を与え、道徳的感情を育てる、と考えるのである。

スタユーニンは、教科としての文学科の陶冶的ならびに訓育的意義は、文学作品の解釈作業によって実現されると考える。このように考えて、彼は、解釈作業において、「知的・道徳的、および美的発達が――一つが他

第二章　革命前の文学教育（その2）

と助けあうものとして——統一されている」と主張するのである。

　文学の授業における、内容と形式の一元的な把握の理論化がスタユーニンによってなされているのである。

三　作品分析法の探究

　　われわれにとっては、内容自体ではなく、それに対する作業、および詩的作品の解釈と結びついているところの諸問題に対する生徒の作業が重要なのである。これが、われわれが真の認識と呼ぶその意味である。なぜなら、それは人間自身を解明し、人間を知的に、道徳的に、そして美的に発達させる諸力を含んでいるから。(②—321)

　スタユーニンの考える文学の授業では、作品解釈の作業が中心的な位置を占める。

　ではそのような作品解釈をどのように行うべきかという問いを自らに課して、スタユーニンは、作品解釈の方法を明らかにしようと試みた。プーシキンの『大尉の娘』、フォンビジンの『未成年』、ツルゲーネフの『ベージンの野』などの作品研究がそれである。これらの試みは、まず彼が1859～60年に発行していた新聞『ロシア的世界』に掲載され、のちに教材研究の視点から手が加えられて、『ロシア文学の教授について』にとり入れられた。

　スタユーニンの解釈の方法は作品形象をとおして作者の思想にせまることにある。

　　それぞれの真の美的作品は、自身の中に、生活、現実、それらと結びついている多くの道徳的社会的な諸問題を反映している。このような作品を解明する場合、われわれはそれなくしては美的評価さえも不可能であるところの内容の詳細な検討を行うべきである。したがって、それは諸事実、人物とその性質、詩人自身の理想のいずれかに関係していて、生活の多面的な諸問題と関係をもっているにちがいない。基本的な彼の思想、現実への彼の関係、また彼の世界観を検討することになろう。すべてこれらのことは、われわれを身近な問題へ、生活の問題へ向けるであろう。(②—320)

第一節　文学教育方法の探究（１）

作品内の（１）諸事実、（２）人物とその性質、（３）詩人自身の理想、（４）生活の多面的な諸問題、を手がかりに基本的な作者の思想、現実との作者の関係、また作者の世界観を検討することを彼は考えている。

おそらくは、生徒たちの現実の問題を考えて生活の問題を究明しようとする彼の立場の現れと思われるが、彼は作家の生活と作品との関係の追求を重視している。

> 人間と外的世界との関係、つまり、どのような手段で自分の中に全外界を感知するか、そして、自己の内的活動をどのように表現するか、を明らかにする必要がある。それは、多様な人間関係つまりナイーブな・センチメンタルな・皮肉な・および諷刺的な、いろいろな感動と生活環境との影響による性格の形成、作家はどのような目的を持つことができ、どのようにそれを達成するか、どのような形式で自己の思想を表現しうるか、そしてそこには形式の美は含まれうるのか、などである。(②—326)

（１）多様な人間関係、（２）性格の形成、（３）作家の目的、（４）その達成方法、（５）表現形式、（６）形式美、の六つの作品分析の視点を析出している。

これは、当時の、細部にわたって語・文を話しかえるのみの語釈的方法や、全体的な印象を話し合うのみの直感的方法に対して、大きな進歩である。ここでは、近代的な作品研究の実証的方法が方法として自覚されていることがわかる。また、ベリンスキー以来、ロシアの作品研究の方法の特質となった作者および読者の実生活との結びつきとの関わりにおいて作品を解釈しようとする方法がうちだされていることもうかがえる。生活の再現として文学現象を見る反映理論のさきぶれのような見解が見られ、唯物論的な作品研究の先駆をなす方法の自覚であると言えるかと思う。

もっとも、彼のばあい、このような方法論が十全にその作品解釈において生かされているかと注意してみると、そこには、やはり疑問なしといえないところもある。

たとえば、ここにツルゲーネフ『猟人日記』の中の短篇『ベージンの草野』のスタユーニンによる解釈をとりあげてみる。この作品のあらすじは、

第二章　革命前の文学教育（その2）

一人の猟師が猟に出て道に迷い、不気味な灌木の茂みをさまよったあげく、馬番の子どもたちが焚火をかこんでいる場に出あい、子どもたちのお化けの話を聞きながら一夜を明かす話である。

　構成に注目して前半と後半に分けている。その前半のつぎの部分を引用して検討している。

>　早くもコウモリが眠りについた梢の上を飛びまわっている。薄暗い空にあやしげな輪を描いて、体をばたばた震わせながら——中略（スタユーニン）——すべてのものが黒くなってゆき、小さな夜の鳥が柔らかな翼をひろげて、音もなく、低く飛んできたが、おびえたようにわきへそれて姿を消した。まわりの畑がほの白く見える。冷えてゆく空気の中に、足音がうつろに聞こえる。——中略（スタユーニン）——窪地の中がそれほどひっそりと静まりかえり、その上には空があまりにも平べったく、あまりにもわびしげに垂れ下がっているので、私の心は縮み上がる思いであった。（③—151）

「薄暗い空に」「あやしげな輪を描いて」「冷えてゆく空気の中に」「それほどひっそりと静まりかえり、その上には空があまりにも平べったく、あまりにもわびしげに垂れ下がっているので、私の心は縮み上がる思いであった。」などの描写や形容語句に注目している。そして、

>　この第一の場面で子どもたちに魅惑的な好意を持たれるあらゆるもの、子どもたちの想像力に神秘的に強く働きかけるあらゆるものが現れるように自然の各側面を描くことに作者が努力しているのである。（③—151）

と抽象化して解釈している。

また、

>　少年たちの話しあいそのものも、時おり自然の描写やそれらが少年たちにどのように神秘的に働きかけているかの指摘によって中断されている。（③—152）

ことをとりあげて、

>　すべてこのことは、自然の描写によって作者がここで一定の目的に集中していたこと、それがたしかに物語の本質的部分をなしていることを示している。（③—152）

第一節　文学教育方法の探究（1）

とも言っている。作者が神秘的な自然を描こうという目的に集中している、というのである。

後半部については、科学の発達していない所では迷信がはびこる、という意見を抽き出している。

> もう一つの部分（人間を描いている）は、一定の環境の中のおくれた考え方の人間生活に触れている。おくれた人たちに迷信上の恐怖を与えることによって、自然は彼らの想像力に強く働きかける。科学の欠如のもとでは、自然は諸現象の多様性を解釈する人間の志向に対してたえず迷信をもたらす。このことから人間のいろいろな歩みは生活への誤った関係にもとづいた側からの迷信をともなっているのであり、しばしば迷信によって得られた偶然の幸福を破壊する。したがって堅実な幸福はこういう環境では不可能なのである。これが作品の思想である。(③—153)

このように分析して、スタユーニンは、堅実な幸福は迷信の信じられている環境にはありえない、ということを作品の思想としてとり出し、迷信否定の教訓小説として『ベージンの草野』を把握しているのである。

ここでは、作品の実証的な検討が、途中から急に道徳的・教訓的命題の析出へと折れまがっていることがわかる。

> 諸部分の分析から導かれ、すべての細部によってたしかめられるべきである (③—153)

という実証精神がくもっているといえよう。つまり、彼の作品分析方法論は、実践においては、まだその意図ほどには生かされていないといえる。

彼の「近代市民」を要求する性急な心が、方法論を裏切った、といえよう。彼の啓蒙的合理主義志向が、作品の中の公式的な市民思想を探し出すことへ傾かせ、その作品解釈を一面的図式的にしているのである。おそらく、文化的に遅れた農業国ロシアに生まれながらも、科学的合理主義に目ざめた啓蒙家の位置にいたということがこのような彼の姿勢を生み出していった背景をなしていたのであろう。スタユーニンの啓蒙家としてのあせりが、このような理論と実践の背反をもたらしたと考えられる。

第二章　革命前の文学教育（その２）

四　批判的対話による学習

　教室において、作品を解釈していく具体的な教授＝学習の方法として、スタユーニンは批判的対話の方法（Метод критическая беседа）を提唱している。生徒と教師の対話によって文学の授業をすすめていくのである。作品分析の視点を教材に適用して、生徒と教師が作品を観察し、検討しつつ対話を行う。

　　　観察を集める可能性を与えられずに自分の意見を述べることを余儀なくされたとき、生徒は対象に対して十分知ることはできないのである。はたしてこれが批判であろうか？わたくしの意見によれば、判断とは多く集められた根拠をもとにした判断である。根拠を集め、それを厳密に考察することに慣れるのは厳密な志向と厳しい判断に慣れることを意味する。（②—323）

とスタユーニンは言っている。これは合理主義、実証主義の主張である。自分で資料を集めて自分の判断を行う近代的独立市民育成の、文学教育における教育法であったともいえる。
　このことを、
　　　愛国心と偉人への尊敬の問題において、官憲の命令は何ら意義を持たず、また大きな力をもってそれを留めない。つまり、自分自身の確信が必要なのである。そして、それは対象のきびしい分析の結果に現れる。（②—324～325）

ということばと考え合わせると、スタユーニンは、当時の、一方的な押しつけの注入教育が、無批判な人間の育成を要求する絶対王政の所産であることに気づいていたのである。
　根拠ををもとにしての思考は、対話によってより確かにされ、深められ、発展させられる、とスタユーニンは考える。
　　　観察をとおして、そして、作品の形式と内容の間の、一定の人格と社会的生活との間の生きた結びつきを忘れないで、教師はたえず対話のおもしろさを保つ。一方、生徒は論理的な方法で一定の結論を引き出しながら自

らの知力でたえず作業し、人間生活のあれこれの側面を説明する新しい概念の獲得の中に自己の作業の目的を見いだすのである。(②—326)

対話の過程をとおして、生徒は、人間について、人間生活について、あれこれを考え、新しい見方、新しい概念を身につけていくのである。それは近代的な市民としての自己の世界観を形成していく思考法でもあった。

教師の指導による教室におけるこれらの作業の後に、生徒たちに家庭作業が残っている。それは全般的な努力でなされた全結論を厳密な結びつきで文章に叙述し、たとえば形式を対話的なものから独白的なものへ変えることである。そして、それは彼に全問題と結論についてさらに熟考する可能性を与え、時として、彼に教室対話の対象となしうる新しい問題を生むであろう。教室解釈の型の他に、生徒に教室で読んだもの以外の何らかの小さな作品を考察することが委ねられ、自分の観察で文章に叙述させる。(②—327)

対話による授業は、「自分の観察で文章に叙述する」作文によって終結する。

文学を言葉の芸術として扱おうとするスタユーニンの考えは、当然のこととして、教材には作品の抜粋ではなく、作品全体を与えることを要求する。

数百の作品の抜粋よりも、十分にできるだけ詳しく解釈して、二、三の作品を読む方がよい。(②—328)

当時の教科書は、数百の作品からの抜粋を集めたものからなっていたが、それは修辞法を調べたり名文を暗誦したりするのには適していても、人間について、人間生活について観察し、検討し、対話することには適していなかったからである。

五　スタユーニンの授業とオストロゴルスキーへの影響

のちに文学教師になったオストロゴルスキー（В.П.Острогорский 1840～1902）は、ペテルブルグ第三ギムナジアの生徒時代にオストロゴルスキーは、スタユーニンから受けた感化をつぎのように語っている。

第二章　革命前の文学教育（その2）

　　わたしが第三ギムナジアに在学していたあしかけ6年間（1853～1858——浜本注）に出会った先生の中では、彼だけが今も私の印象に残っていて思い出されます。私見によれば、この方だけが自分の仕事を愛し、私たち若者に意識的に働きかけることをめざしていた真の誠実な先生でした。彼の私たちへの教育と関係の仕方は、単に陶冶的であるばかりでなく、訓育的でもありました。彼の輝かしい人格は、私の教育的文学的使命を決定的に方向づけ、現在の私のすべての教育活動において教師と人間の理想となっています。（④—104）

　オストロゴルスキーは、スタユーニンから人格的な感化を強く受け、スタユーニンの授業によって教職を志望するようになった。スタユーニンが人間的に魅力のある教師であったことがうかがえる。

　当時、他の教師たちは、動詞の活用の暗記や福音書の口語訳を強いるだけの授業をくり返していた。それに対して、スタユーニンの授業は、作品を分析して味わわせるものであり、作文の授業は作文法を教えるものであった。

　　ガラホーフの二冊の選文集も与えられました。私たちはそれに貪欲にとびつき、多様な形象に読みふけり、抜粋では満足せず、どこかで通読したり入手したりできないかと努力しました。教材に対するこのような興味を私たちにスタユーニンが喚起したのです。先生はその本からいくつかの作品を読み、私たちに作者の生活について話し、音読のための形象を指定し、その上、問答においては一つ一つのことばや表現の解明をさせ、読んだものを簡潔にまたは詳細に話しかえることをさせました。——中略——詩や散文の抜粋の学習の他に、4学年から、私たちの興味をかきたてた短い自由作文が始まりました。ふつう、それは教室で読まれて全員で考察を加えました。先生はわたしたちを方向づけ、誤りを指摘し、それらの訂正を助けるだけでした。とくに私たち14歳・15歳の少年に好かれたのは、先生が私たちを大人として扱い、私たちの無学無知を嘲笑しなかったからであります。私たちは少しずつ本に興味を持ちはじめたので表現の方法にも慣れて行き、言語の力と美を本能的に感じはじめ、それと同時に作品の構造——テーマ、プラン、部分——の究明のしかたをも身につけていきました。
　　（④—107）

第一節　文学教育方法の探究（１）

　スタユーニンは、5学年・6学年では、文学理論や文学的な問答によって追求の方法を教えている。7学年では、教科書に載っていなかった、当時の近・現代の作品を教えている。

　　最終の7学年における文学の授業に目を向けると、私たちはゼネレツキーのひどい『ロシア文学史』を持っていたことを思い出します。実際は卒業試験の時にだけそれによって答えていました。教室では、いくつかの形象の暗誦と平行して歴史的な学習の中で主として18世紀のすぐれた作品を学んでいました。ウラジミール・ヤコブレヴィッチ（・スタユーニン——浜本注）の簡潔で的確な話は相変わらずおもしろく、わが国の文学への私たちの愛情を支え育んでいきました。一般には新しい時代の訪れには目もくれないのでしたが、まだ文学科にとり入れられていなかった新しいロシア文学を先生がとりあげていたのは目立ちました。スタユーニンの教室以外では、私たちはレールモントフについてもゴーゴリについても、プーシキンについてもほとんど聞いたことがありませんでした。（④—108）

　スタユーニンが、（1）一人ひとりの感受性に訴える授業をしていたこと、（2）文学作品の緻密な分析を行っていたこと、（3）文学的な話しあいによる読み深めを行い、（4）近・現代の作品を教室に持ち込み、青年たちに時代の新しい息吹に触れさせようとしていたこと、などがうかがえる。

　1860年から1880年までの20年間は、1861年の農奴解放令の後、ロシアの近代化抑制の政策がとられた時代であった。学校に求められたのは、市民ではなく国の工業化に必要な官吏と几帳面な管理者の育成であり、文学教育もその一環として訓育の手段と見なされていた。教育官僚は文学教育に、帝政の秩序観、排外的愛国主義、形式的信心深さを助成することを求めていた。

　そのような時代の状況の中で、スタユーニンは、文学作品の解釈に原典を尊重することを主張しつつ、自己の解釈を生み出すことに努力したのであった。また授業において、生徒一人ひとりの個性（近代的資質）を育てようとして、対話法を提唱したのであった。スタユーニンの文学教育論の特質をつぎの四つにまとめることができよう。

第二章　革命前の文学教育（その2）

(1) 近代的市民の育成を教育の目標として、文学教育において個人の独自性を育てることを志向していた。
(2) 文学教授における内容と形式の問題を作品の解釈作業において一元的に把握した。
(3) 60年代から70年代にあって、文学作品を形象に即して実証的に合理的に検討していく方法の主張は、一つには、文学研究上の進歩を示すものであり、いま一つには当時の官僚の教育支配に対する抵抗の意味をもあわせもっていたのである。
(4) 講義式の授業を廃して、生徒と話しあいながら、深い解釈を生み出していく実践を踏まえて、対話法を提唱した。それは生徒の個性を尊重する方法であり、生徒に個性を育てる方法であった。

―――――――――――

注
①ウラジミール・ヤコブレヴィッチ・スタユーニンの略歴
1826年12月16日生。コストロムスキー県。父は商人。スタユーニンの生後に没落。スタユーニンは豊かな履物商の祖父にひきとられる。アンネンスキー・ドイツ語学校入学。2年後退学。セント・ペテルブルグ第三ギムナジアの2学年に転入。
1846年（20歳）ギムナジア卒業。セント・ペテルブルグ大学入学。哲学科で歴史ー文献学専攻。
1848年（22歳）「古い世界と新しい世界の芸術および文学」を発表（『読書文庫』）
大学卒業後しばらく個人教授を行う。
1851年（25歳）ペテルブルグ第三ギムナジアの文学教師となる。
1859年（33歳）〜1860年（34歳）
　新聞『ロシア的世界』を発行。反農奴制の立場をとる。ベリンスキーの影響を受ける。チェルヌイシェフスキーの「経済活動と立法者」に応答、支持。後に著書『ロシア文学の教授について』に入れられた多くの作品解釈は、最初は別の形で『ロシア的世界』に載せられた。論文「わが国のギムナジアについての意見」。論文「『国民教育省雑誌』の新しいプログラムについて――雑誌編集者カ・デ・ウシンスキーの新しいプログラムに関して――」
1864年（39歳）
　『ロシア文学の教授について』初版発行（1868年第2版、1874年第3版、1879年第4版、1913年第8版、発行）。
1871年（46歳）政府上層部と意見衝突。第三ギムナジアを免職される。ニコラエフス

キー孤児インスチチュート(モスクワ)の視学官になる。女子孤児の教師育成に熱心に取り組む。論文「カ・デ・ウシンスキー」
1874年(49歳)ニコラエフスキー孤児インスチチュートを追放される。
1879年(54歳)『文学理論学習用指導指針の選文集』1・2部刊。
1884年(59歳)新設のエム・エヌ・スタユーニナ女子ギムナジアにおいて、視学官ならびに教師として働く。
1888年(63歳)12月4日 没。

②エヌ・ア・コンスタンチーノフ監修ヤ・ア・ロトコヴィッチ序『スタユーニン教育学選集』ロシア共和国教育科学アカデミア出版所 1954年
Под. ред. Н.А. Консиантинова В.Я. Стоюнин избранные педагогические сочинения. М.《АПН》1954.

③ヴェ・ヴェ・ゴループコフ編『革命前における文学教育』ロシア共和国教育科学アカデミア出版所 1946年 В.В.Голубков Преподавание литературы в дореволюционной средней школе, Выпуск 1 М, Л,《АПН》1946

④「В. オストロゴルスキー, В. スタユーニン」В. バエフスキー編『回想の中の文学教育法学者』1969. М. 教育出版所 В.П.Острогорский, В.стоюнин.Сост. В.Баевский, Русские методисты словесники в воспоминаниях. 1969 М,《Просвещение.》

第二節　文学教材の拡大
――ヴォドヴォーゾフによる「読本」の作成と「課外読書の指導」――

ヴォドヴォーゾフ (Василий Иванович Водовозов 1825.9.27～1886.5.17) ①は、19世紀後半のロシアにおいて、ペテルブルグ第一ギムナジアの教師として活躍した。ウシンスキー (К. Д. Ушинский 1824～1870) の教育精神を受け継ぎ、国民教育としての初等教育の普及と充実、ギムナジアにおける文学教育の発展、女子教育の展開に力を注いだ。

第一ギムナジアで教鞭をとっていたヴォドヴォーゾフをウシンスキーは督学官をしていたスモーリヌィ女子学院に兼任教師として招いた。その時、ウシンスキーは、ヴォドヴォーゾフを女生徒たちにつぎのように紹介したといわれている。

あなたがたのためにすばらしい先生を招くことを考えています。もしあ

第二章　革命前の文学教育（その2）

　　なたがたが先生の中に善良さを求めるならば——わたしには知性だけでも
　　十分だと思われますが——あなたがたは新しい先生に知性とともに非常に
　　善良な人格を見いだすでしょう……。彼はあなた方に学ぶことを教え、読
　　むことを好きにさせ、偉大な作品について知識を与えるだけでなく、その
　　内容も、作者の思想をも理解させるでしょう。(②—8)

　ウシンスキーがいかにヴォドヴォーゾフを信頼していたかがうかがえるエピソードである。

　ヴォドヴォーゾフは、ベリンスキーの文学観を継承して、文学は人生を理解させるための重要な手段であると考えていた。この立場に立って、文学をとおしてロシアとロシア人について学び自らの生きる方向を見いだしていくべきだという訓育重視の文学教育論を展開した。古典語教育を否定し、作品解釈法の究明、文学教育方法の開拓につとめた。とくに彼が試みた「課外読書の指導（внеклассное чиение）」は多くの教師たちに受け継がれ、ロシア・ソビエトの文学教育の特色の一つとなった。

一　初等教育のための「読本」の作成

1　入門のための「読本」

　読み書きの学習を終えた初等学校二・三年生用として、ヴォドヴォーゾフは読本を編集した。彼の『国民学校における初めての読みの本』(1871年)は、時代を超えて20版を重ね、80万冊以上発行されたといわれている。ウシンスキーの『子どもの世界（Детский мир）』(1861年)、『母語（Родное слово）』とならんで国民学校に深く浸透し、確かな世評を得ていた。ヴォドヴォーゾフの読本は、ウシンスキーの読本に学んで作られているので、その類似性と相違点を明らかにするために、初めの部分の目次を並記してみる。

ヴォドヴォーゾフ「国民学校における初めての読みの本」（第一巻）	ウシンスキー「母語」

第二節　文学教材の拡大

練習第一（お話）
1. 教室のヴァーニャ
2. 冬
3. 農家
4. 巡礼
5. 外庭
6. 春に
7. 野菜畑と穀物畑
8. 穀物畑
9. 田舎の子馬が考えていること（民話）
10. 道
11. 獣と人間
12. 子守歌
13. 空想物語
14. 家畜と野生生物
15. 王妃はどのように王子とともに樽に浮いていたか（サルタン王の物語から）
16. 木と草
17. ヴァーシャとミーシャ
18. 石と鉄
19. アニューシカ
20. 火
21. 船乗り（サルタン王の物語から）
22. 老人と一歳の子ども
23. 空気はつかめますか
24. アントーニャ
25. 水
26. 働き好きな熊
27. 人は何に熟達しているか
28. わたしたちが考えたこと

第二学年
　　　第一編　まわりの世界
第一章　学校と家
1. 学校
2. 子どものめがね
3. 雄鶏と真珠（クルイロフ）
4. 学校へおいで
5. あさひ（ドイツ語からの翻訳）
6. もののおきばしょ
7. 黒板
8. 石盤
9. だれにも善いことをしないのは悪い人
10. 私たちの教室
11. 教室の平面図
12. 仕事が終わったら胸を張って歩け（ドイツ語からの翻訳）
13. 家
14. わたしたちの家のつくり
――略――
第二章　家畜
第三章　馬小屋、家畜小屋、鶏小屋
第四章　野菜畑と庭
第五章　街路と道
　　　第二編　四季
第一章　冬
第二章　春
第三章　夏
第四章　秋
　　　第三編　模範練習

第二章 革命前の文学教育（その2）

ヴォドヴォーゾフの読本のうち、三つの文章を訳出してみると、つぎのとおりである。

1 教室のヴァーニャ

冬でした。戸外はきびしい寒さでした。ヴァーニャは、朝、教室へ行き、急いで席に着きました。先生が来て、お祈りしたあと、白墨で黒板に字を書きました。ヴァーニャは石筆を持ち、石盤にその文字を書きはじめました。彼の目は雪のために少し見えにくくなり、そして教室は暗くなりました。ヴァーニャの手は冷たさのためにふるえていました。「いけない、困ったな。」──つぶやきました。「こんなでなく、何とかならないかな。──」ヴァーニャは線を引き直し、さらにうまくいくまで引き直しました。

5 外庭

ぼくたちの農家は窓で通りや外庭に接している。家のそばの道路ぞいに板の門がある。門を通って外へ出る。外庭では家の近くに家畜や雄牛のための屋根だけの小屋がある。ぼくたちがそりをしまっている納屋のわきに荷馬車や馬具がおかれている。外庭には井戸もあり、水汲み用のつるべが高く引き上げられている。家のまわりは芝垣がめぐらされている。その上を鶏が走り、そばに子豚がむらがっている。

6 春に

草は緑になり、陽は輝き、つばめが春とともに森の上を飛びはじめる。陽は長く輝き、春は美しくなる。道の途中でのわたしたちのあいさつは大きくなる。あなたは遠い国から運ばれてきた歌を歌う。(②─291〜292)

子どもの身近な生活から教材が選ばれている。身のまわりの物や事についての言葉をとおして学ばせ、言葉を物や事との対応において身につけさせようとしているのである。その配列の仕方において、学校→家庭→自然というように、子どもを中心として世界の広がりを見とおし、その広がりにあわせて、教材を配列して、読本を読むことによって子どもたちの、自己・社会・自然についての知識が広がるように考慮している。入門期の学習は、社会科・理科などに分科させないで合科的に行うべきだとする教育

第二節　文学教材の拡大

観が働いている。

　彼の読本には、芸術的な教材とともに自然科学的な教材が多くとりあげられているが、ウシンスキーやトルストイの読本など当時の読本には多く見られた宗教的な性格を与えられた教材がないことが目立つ。ヴォドヴォーゾフの近代的な思想の表れであろう。

2　「読本」による指導の目標

　ヴォドヴォーゾフは、彼の読本を使う教師のために『教師のための本』(1871年) を著し、入門期の指導において、つぎのように述べている。

　　この一連の練習はまわりの世界についてかなりのことを子どもたちに知らせ、同時に初歩の読み書きの学習をしたあとの子どもたちにすらすらと読む技能を与えるという目的を持っている。しかしながら書くことの学習を読むことの学習と同時に行うことは、それほど易しくはない。この段階では一つひとつの文字や単語に対する練習においてのみ成り立つ。

　　それらの間で非常に重要なのは生徒たちに何らかの内容のある文を与えることである。それをとおして文字を識別する能力を身につけ、役に立つ力にすることができる。このために選ばれた短い文章は、彼らがいつも眼前に見ている親しい対象についてよく知らせるためのものであり、彼らに美の感覚と道徳的な感情をはじめて目覚めさせるものからなっている。

　　解釈においては、細かくなりすぎることを避けて意識に働きかけ、また彼らが独自に観察して知っているものに結びつけるように心がけるべきである。単語のはっきりした正しい発音の学習がここでは主要な位置を占めており、教師は、生徒たちが読みにおいて一つの言葉を別の言葉とはっきり区別しているかどうかによく注意していなければならない。このために文章の大部分が短文であり、区切りのために使っているのはコンマと終止符であり、ただ段階的に他の句読点を使っているだけでセミコロン以外は特に簡単なものが使われているにすぎない。それぞれの文章語との読みにおいて解明読みと課題に進むとき、この段階では彼らに読んだものの完全な話しかえを要求すべきではなく、いくらかでも彼らの言葉の能力を伸ばしてやることができればそれで十分である。読んだものの直接的な解明の他に、われわれは、それぞれの文章が与えているチャンスに関連させて事

第二章　革命前の文学教育（その２）

物（対象）についての話しあいをしよう。(②—309〜310)

ヴォドヴォーゾフは、読本による学習の目的を、

（１）文・文章を読む技能を育てること
（２）まわりの世界についての知識を与えること

の二つにおいていることを述べている。

　言葉の能力を育てることについては、文字や単語を書記する能力、正しい発音、句読点についての理解、文・文章を自分の言葉で話しかえて理解する能力を育てることなどを学習事項としている。着実に学力を伸ばそうとしていることがうかがえる。ヴォドヴォーゾフはそれらを新しい国民の基礎的な国語力と考えていたのである。言葉の習得に際して、物・事と対応させて習得させようとしており、すでに教授法におけるコトバ主義を超えて直観教授に進み出ていた。

　まわりの世界について書いた文章を読むことをとおして、知識を豊かにするとともに子どもたちの美的感覚と道徳的な感情とを目覚めさせていくことをねらっている。宗教教育を否定したあとにこのような訓育的要素を大きくとり入れているところに、ヴォドヴォーゾフの「読本」の特色を見ることができよう。

二　古典語教育の否定

　1850年代から60年代にかけて学校改革論争が行われ、ギムナジアの性格についても多くの意見が出され、特にその教育内容の問題は大きな論議の対象となっていた。この論争は1864年に前述の「ギムナジア規則」が出されても、まだ続けられたのであるが、ヴォドヴォーゾフも『国民教育省雑誌』(1861年、8号）に「ギムナジアにおける古典語（Превние языки в гимназии）」を発表して論争に加わっている。

　その論文によると、彼は、ギムナジアの教科は、自然科学・数学・歴史（ロシア史・世界史）・地理・ロシア語・文学・近代外国語（ドイツ語・フランス語・英語）を中心にすべきであって、古典語（ギリシア語・ラテン語）

は入れるべきでないと考えていた。50年代の古典語中心のギムナジアを前提にして考える保守的な人びとにとってはまったく大胆な提案であった。

彼は、教養のための教養であり陶冶の手段である古典語を否定し、実際生活に役立つものとして、数学・自然科学・歴史・地理を高く評価したのである。彼は、当時の人文主義によるつぎのような実学思想批判を紹介している。

> 他人のものを模倣しなさい。他人の言葉で語りなさい。あなたがたは現代の唯物主義を流行として追いかけなさい。あなたがたは有用性のための有用性を追い、清廉なもの、大切なものをまったく遅れたものと見なしています。(③—76)

この批判に対して、ヴォドヴォーゾフは、「第一に、古典的な知識すべてがイデアリズム（唯神論）へつながっているわけではない。ギリシア人は生活については新しいギリシア信奉者のだれよりも唯物主義者であり、ローマ人については言うまでもなかろう。」、「第二に、現代の要求を認めないならば、すべての現代の科学を拒否し、恵みを与える鞭を認め、旧時代の衣装を着ることなど徹底していかなければならないだろう。」、「第三に、清廉さは知識のあれこれによるのではなく、その人の道徳的な成長によるのである。」と三点をあげて反論している。時代の変化を敏感に受けとめている実学主義者の面目が躍如としている。

実際の授業経験をふまえて、古典語の学習は生徒たちに苦痛を強い、かえって嫌悪感を持たせるだけであると彼は言う。

> かわいた用語で衒学的に習慣的につめこみ、思考のともなわない形式の暗記である多様で精巧な文献学——これらはすべて早い年齢から古典語への嫌悪感を植えつけるのである。(②—74)

> ラテン語の五つの名詞変化や四つの動詞変化の支えによって、またそれらの探究によって、われわれは人間らしくなるのだろうか。(②—82)

> ある人びとは古典文学の授業は、作業に慣れさせ忍耐の試金石となるものであると考えている。しかし、作業との関係で公平に言うと、だれも習熟していかない。反対にギムナジアの生徒たちは彼らの活動範囲に密接な関係を持っている教科に魅力を感じている。(②—84)

第二章　革命前の文学教育（その２）

　このように、学習者の実態をふまえて、ヴォドヴォーゾフは、人文主義者たちの言う形式陶冶論を否定していったのである。
　もっとも、彼は、ギリシア・ローマの古典文学や学問の意義を否定したのではない。古典の学習が新しい時代の要求に応えるものとしての他の教科の学習を圧迫していることを拒否しようとしたのである。また、「ラテン語文法は、われわれが古代世界を知ることをさまたげている、まさにそのものである」とも言っているように、古典の学習がその実質の追究にまで高まることなく古典語の学習に終わること、つまりギリシア語・ラテン語文法の学習に時間が奪われてしまうことを衝いたのである。彼は、古典語の学習は大学でなされればよいと考えていた。
　彼は、昔の人の生活よりも生きた現実の生活に目を向け、ギムナジアの教科課程の再編成をすべきであると考えていた。この考え方に立って、教科としての自然科学とロシア語・ロシア文学の必要性を説いたのである。
　自然科学についても、その成果の生活への応用面を高く評価し、電信技術や写真術、航海術などが生活を豊かにしていっていることを例証している。そして、自然科学学習の意義については、人間から偏見と迷信を取り除き人間を自由にすること、および生徒たちに知的な探求心と観察力を育てることにあるとしている。

三　ロシア語・ロシア文学の必要性

　彼は、ロシア人にとって身近な現実としてのロシア人とその生活について学ぶことが大事であり、そのためにロシア語・ロシア文学の学習がなされるべきであるという。
　　　ヴォルテール、スコット、バイロン、ゲーテは、結局は、アナクレオン、エウリピデス、オヴィディウス、ローマの国民性を性格づけるのにふさわしいローマ風刺文学などよりはわれわれの生きている思想の範囲により近い。しかし、どんな教育的・訓育的な目的で彼らに注目する必要があるのだろうか。その点において、また、ロシア人にとってより人間的であり理

第二節　文学教材の拡大

解しやすいのはグリボエードフやゴーゴリであるとわたしは思っている。
——中略——
　わたしたちは、自分たちの国民についてわずかしか知っていないので、より多く知るべきである。(②—84)

ロシア文学は、ロシア国民の真の現実、国民の特質、その言語と文化、労働の状態、習慣などについて、学ぶ価値ある資料であると彼は考えていた。

また、論文「ロシア文学の訓育的意義（О воспитательном значении русской литературы）」では、文学が「生き方」を変革していく力を持っていることに注目すべきことを説いている。

　新しいものはよいものであり、結局、珍奇なものとなるのではなく、社会と民衆の思想の発展に寄与するのである。よい思想はその現れ方を変えて、個々の人間の関心に奉仕したり、特定の階級・団体の要求を満足させたり、あるいはまた、その語の意味を最大限に拡大して社会の関心を表現する。したがって、重要なのは思想そのものではなくて、それが生活をいかに変革していくかにある。(②—421)

彼はロシア文学学習の訓育的意義を強調しているのである。

文学をとおして、ロシアの国とその国民性について学び、人間の生き方の真実について学び、あわせて文学の読み方（解釈の方法）を学ぶところにヴォドヴォーゾフは文学学習の意義を見いだしている。

このような考え方に立って、彼は、ロシア文学の教育を広めようとし、そのための教材の選択、教授法の開拓に努力したのである。

四　文学理論の学習

1850年代に一般的に行われていた文学教育は、文学の理論と歴史についての知識を憶えさせることであった。十分理解していないことをただ棒暗記させるだけの授業であったので、生徒たちは退屈と苦痛を強いられていた。ヴォドヴォーゾフは、ペテルブルグ第一ギムナジアで実践した授業に

第二章　革命前の文学教育（その2）

もとづいて述べた、「文学理論は存在するか、そしてどのような条件のときその存在は可能であるか（Существует литеория и при каких условиях возможно ее существование?）」（『ロシアの声』誌《Русское слово》1859年　№4）において、

「おもしろくない、味気ない理論！」……とみんなが言っている。「いつ、この理論は終わるのでしょうか。神様、理論からだけは救い出して下さい。」われわれの文学科は定義でもって着飾っている典型ではなかろうか。(③—369)

と、生徒の嘆きと訴えを伝えている。

理論についてまだあまり経験が少なくて試験を受ける生徒のことを想像してみよう。

「ドラマとは何ですか、聞かせて下さい。」試験官はたずねる。

「ドラマ？ドラマは行動を意味するギリシア語です。」教科書から一つの定義を思い出して青年は答える。

「だめです！」試験官は決定的に言う。

「ドラマはわれわれが自分の目で見る戦争であります。……」と青年はふたたびはじめる。

「ちがいます、ちがいます。」

「ドラマは舞台の上演……」

「ちがいます。復習しておきなさい。」青年は何回かの反撃にあって混乱してしまう。

「だれも分かっていません！」と試験官は言う。

「だれも身についた考えを持っていません！ドラマとは、行動の統一と内容の本質との関係づけによる理想的なものの客観的な現象なのであります。」

このあと、人びとの多くの思考は終わりになってしまい、文学の授業をするということが時間を無駄に使ってしまうことを意味するのが分かるのはたやすいことである。(②—369〜370)

これを見ると、無味乾燥な教義問答式の授業であったことがよく分かる。ヴォドヴォーゾフは、このような記憶中心の文学理論学習に対して、具体的な作品を読み、作品を分析することをとおして、実体と理論とを結びつ

けて学習すべきであると説いている。

その例として、クルイロフ（И. А. Крылов　1769～1844）の寓話詩『ろばと鶯』による理論学習をとりあげてみよう。

ろばと鶯

　ろばが鶯をみかけて
　かれに言う──「もしもし、鶯さん！きみは歌うたいの大名人だそうだが──わしはぜひ一つ、きみの歌いぶりを聞いてみののどがほんとにすぐれているかどうか？自分みずから判定を下してみたいものだ。」
　そこで鶯は自分の妙技を発揮しはじめた。──
──中略──
　ろばは大地に、ひたいを垂れていたが、
　こう言った。
　「相当のものだ、正直言って、まずきみの歌は退屈せずに聞ける。
　しかし、きみはまだ、うちの、おんどりくんとちかづきになっていないのが惜しい。
　──きみはもっとうまくなるはずだ、
　かれに少し習ったならば。」
　この判定を聞くと、かわいそうな、われらの鶯はぱっと飛びたって、遠い遠い野の奥に飛んで行ってしまった。
──神よ、われらをしてかくの如き裁判官たちから免れしめたまえ。

（吉原武安訳）

この作品の授業構想を、彼はつぎのように立てている。
　生徒たちがこの寓話を読み、その内容を話しかえることからはじめる。問いはつぎのようにしたい。
　だれが登場していますか。「ろばと鶯」で何を理解すべきでしょうか。
　二人のきわめて対照的な人物がいる。一人は無知で何も理解できないことを最高の度合いから裁く人で、いま一人は素朴な歌手で割り当てられた役割を演じ、その技能でろばの耳を魅惑する才能がある。
　教師は、ここで明らかにされている人びとや性格の似たような衝突のいくつかの例をとり入れるのがよい。その際の教師の目的は、クルイロフに

第二章　革命前の文学教育（その2）

よって生活からとりあげられた人物であって気ままに捏造された人物ではないということを示すことにある。したがって、クルイロフは実生活を描いているのである。

この後、読んでいる寓話から極端な物知らずを描いているすべての性格、才能豊かな歌い手を描いているすべての性格を集めるという作業を教師は提出する。ろばは鶯を見ると、すぐ自信満々たる様子を（いわゆるなれなれしく）見せる。

「もしもし鶯さん！」は厚かましいパトロンの調子があり、荒っぽい思いがあり（自分で裁定するなど）、大げさな荒っぽい思いの様子（大地にひたいをたれる）があり、賞賛のわざとの抑制（たしかにすべての人が認めている才能を誉めてはいるが、その反対にこの賞賛の言葉によって鶯を誉めてはいない）であり、その末尾にはすべてのはなばなしさが――ここに集中されて明らかにその物知らずぶりを性格づけている特徴がある。まさに鶯のなかにクルイロフは希有の多彩な才能とそのまわりの自然に対する不思議な影響を描いている。

結局、意図して作者は鶯の歌の魅力をくわしく描いている。彼の目的は、物知らずと大きな才能の二つの完全な形象を提出することにあった。

完全な形象は実生活の分散されている諸特徴を一つの完全なものに統一しており、――この生きた統一は理想（идея）と呼ばれる。教師は形象と思想の合一されているものとして若干の例をさらに引用してもよい。したがって、クルイロフは生活を描きつつ、理想をもってそれを描いている。つまり、多様な生活現象を１つの完全な形象に集中しているのである。このことによって彼は生活を再現しているのである。つまり、個々の事実に注目するだけでなく、あらゆる同質的な事実をかたちづくっている基礎的なものに注目して描いている。このような再創造（воссоздание）は詩（поэзия）と呼ばれる。

この解明に加えて、教師が無知な批評家と有能な人との関係についてクルイロフの思想（мысль）がどのようであるかを語ることは散文的に展開することになろう。つまり、「神よ、われらをしてかくの如き裁判官たちから免れしめたまえ」をテーマにして何らかの議論をするのである。(②―383～384)

第二節　文学教材の拡大

　ヴォドヴォーゾフは、まず、①登場人物と作品の意図についてたずね、読みの方向を示している。ついで、②人物が実生活からとり出されていることを説明して、人物と生活とを関係づけて読むべきことを示している。そのあと、③人物の性格を調べ、④それぞれの人物を形象している「ことば」に注目させ、⑤意図・理想・思想の相違に気づかせ、⑥文学作品は形象と思想が統一されているものであること、⑦これらの理解をふまえて理論へと整理し抽象化している。
　ここでは、文学理論の学習が術語の単なる暗記に終わることなく、具体的な作品の理解と鑑賞をふまえてなされている。理論的なまとめの前提に体験による把握と実証による把握とがある。意図・理想・思想、思想と形象の関係など、かなり高度な文学理論が学習されていたことがうかがえる。

　五　作品解釈の方法

　ヴォドヴォーゾフは、文学の学習を単なる理論や知識の暗記から脱出させるためにいろいろな試みをしている。とくに彼が作品解釈の方法を具体的に例示していったことは、授業の実際を大きく前進させる仕事となった。彼は、文学作品から理念や理想を描き出すだけではなくて、その作品の表現の芸術性にも目を向け、芸術的な表現と思想内容との密接な結びつきの必然性を明らかにしたのである。それは文学作品の形象を実証的に表現に即して解釈していくことによってなされた。彼は実証的な方法を科学（наука）の方法であると考えていた。その形象の実証的な解釈の方法が、当時の多くの教師たちに「文学の読み方」について目を開かせていったのである。
　ヴォドヴォーゾフの作品解釈の成果は、主として、1868年に出版された『範例と解釈による文学教育』において見ることができる。この著作の中では、民衆の口碑（предание）、ジュコフスキー（В. А. Жуковский 1783～1882）、グリボエードフ（А. С. Грибоедов 1795～1829）、プーシキン（『ヴォリス・ゴドゥノフ』、『青銅の騎士』、『大尉の娘』など）、レールモント

第二章　革命前の文学教育（その2）

フ（М. Ю. Лермонтов 1814～1841）、コリツォフ（А. В. Кольцов 1809～1842）、ゴーゴリ（『検察官』、『死せる魂』、『昔かたぎの地主たち』）、ゴンチャロフ（И. А. Гончалов 1812～1891）、ネクラーソフなどの作品をあげている。

ここではその中から、ゴーゴリの『昔かたぎの地主たち』（Старосветские помещики 1835年）の解釈例をとりあげてみよう。

彼は、まず作品全体を通読し、つぎに各部分ごとに読みすすめている。二回めに作品の思想を解明する。

『昔かたぎの地主たち』は大きく二部に分かれていて、前半は小ロシアの片田舎に平穏につつましく暮らしている老地主夫婦の屋敷と日常生活を描き、後半は老婦人のプリフェーリヤ・イワーノヴナの死とそれに対する夫のアファナーシー・イワーノヴィッチの悲しみが描かれている。

ヴォドヴォーゾフは、まずその冒頭部をとりあげている。

　　わたしはときには、こうしたことのほか人里はなれた生活環境のなかに、しばらく身を寄せてみるのが好きである。──中略──
　　ここにいても遠く思いうかぶのは、雷鳴がし、雹の降るときにも濡れずに窓の鎧戸をしめることができるように、家のまわりぜんたいに細い黒ずんだ柱を立てて回廊を張りめぐらせた屋根の低い家のことである。家の裏手には香りたかい実桜の木が一本と背の低い果樹が何列もつらなり、赤紫の桜ん坊と、鉛色の艶消しをかけた李の紅玉の海に沈んでいて、四方に枝を張りひろげた楓の木陰には休息用の絨毯が敷きのべてある。家の前には短いみずみずしい草の生えた広い庭があり、納屋から台所へ、また台所から母屋の部屋部屋へと踏みかためられた小道がついていて、首のひょろ長い鵞鳥が幼い産毛のかたまりのような愛らしい雛鳥をひきつれて水を飲んでいる。柵には干梨や干林檎が干しつるされ、虫干しの絨毯がかけつらねてある。納屋のかたわらには、真桑瓜を積みこんだ荷馬車がとまっていて、またそのそばには車からはずされた去勢牛がものうげに寝そべっている……。（服部典三訳）

授業においては、これをつぎのように緻密に分析している。

「なぜ雨で濡れませんか？」

第二節　文学教材の拡大

「家のまわりに回廊がありましたから」
「したがって、雨と鎧扉について述べられていることは何と関連させて描写されていますか？」
「回廊の描写と。───さらに細い黒ずんだ柱についても述べられています。」
「それは何と関連していますか？」
「回廊の描写と」
「それぞれの叙述にどのような違いがありますか？」
「一方は回廊の役割について、あとの方はその外観について。──つまり、（1）回廊の外観、（2）その役割」
「（3）……さらに第三番目には回廊の何について述べられていますか？」
「それが家のまわりをめぐっていること」
「すると、回廊の描写は何のためになされていますか？」
「家の描写のためになされています。」
「家についてはさらに何が描かれていますか？」
「それが低いということです。」
「家について『低い』し、『細い柱の回廊』がついているということから、そこにどんな人が住んでいるか分かりますか？」
「ひじょうに低い人、それは家の外観にも表されています。」(②─462)

　ヴォドヴォーゾフは、このように細かすぎるくらい細かく話しあいによって追求していき、つぎのような問いによって、「細い柱の回廊」がついていることと「家の低い」ということからそこに住む人の人柄を析出していく。

「そのことから家人のどんな特徴が分かりますか？」
「彼らのつつましい性格。彼らは流行を追った石の大建築を建てるのではなく、昔からあるものに満足しています。」

　家や回廊の描写を単なる描写として理解しないで、そこから家人の人柄を読みとっている。ことばに即しながらあざやかに解釈を深めていく過程がうかがえる。
　ついで、
「『赤紫色の』と『鉛色の』とは何を意味していますか？」

第二章　革命前の文学教育（その2）

「桜ん坊と李の色を表しています。」
「じゃ、『海に沈んでいる』は？」
「その多さを」
「メタフォラ『沈んでいる』は他のどのようなことばによってその完全な形象となりますか？」
「『海』ということばによって」(②—462)

というやりとりによって、「沈んでいる」のメタフォラの機能を理解させたりしながら各文を理解させたあと、この場面の描写にとり入れられている素材を関係づけて図式化している。

この場面の描写にとりあげられている素材をみごとに構造化している。線条的な文章による描写を空間化することによって理解を明確にしているのである。

細部の解釈のあと、部分ごとの梗概（конспект）を作らせ、それをさらにまとめて、作品の構造（プラン）をつぎのようにまとめている。

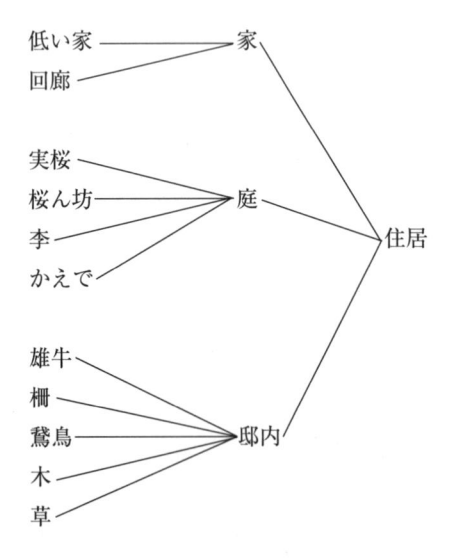

```
低い家 ─────┐
           家
回廊 ──────┘

実桜 ──────┐
桜ん坊 ────┤
           庭 ──────┐
李 ───────┤         │
かえで ────┘         住居
                   │
雄牛 ──────┐         │
柵 ───────┤         │
鷲鳥 ─────┤ 邸内 ───┘
木 ───────┤
草 ───────┘
```

A　彼らがどのように生活し、それによってアファナーシー・イワーノヴィッチがプリフェーリヤ・イワーノヴナにどのように気を配っていたかの描写

Ⅰ　導入部分　昔かたぎの地主の生活習慣の全般的な記録
　　　Ⅱ　アファナーシー・イワーノヴィッチとプリフェーリヤ・イワーノヴナの外貌と彼らのおだやかな性格の描写
　　　Ⅲ　彼らの部屋の描写
　　　Ⅳ　彼が家政をどのようにきりまわしていたか
　　　Ⅴ　彼らがどのように寝て、そして食べていたか
　　　Ⅵ　月並みな会話とアファナーシー・イワーノヴィッチの冗談
　　　Ⅶ　彼らの客のもてなし方
　　Ｂ　プリフェーリヤ・イワーノヴナとアファナーシー・イワーノヴィッチに起こったこと
　　　Ⅰ　プリフェーリヤ・イワーノヴナの悲しい予感と死
　　　Ⅱ　つれあいを失ったあとのアファナーシー・イワーノヴィッチの生活　(②―472)

　作品全体の主要な筋をおさえて着実に把握していることが分かる。部分のくわしい分析的な解釈を積み重ね、それらの構造を全体として把握している。面ごとの叙述をくわしく分析し、それらの筋の展開を統一的に概観することが第一段階の読みである。

　ついで、ヴォドヴォーゾフは作品の叙述・構成など表現面に現れたことを手がかりに、叙述を支える作者の意図を読みとったり、場面と場面とを関連づけて総合的に意味を見いだし、主題や思想を考えていっている。ヴォドヴォーゾフの第二段階の解釈を見ていくと、形象そのものの意味を考えるよりは、むしろ、作家の表現意図あるいは作家と作品との関係を求めていくことに重点がおかれているようである。

　たとえば、先に引用した冒頭の場面について、つぎのように第二段階の解釈の授業をすすめている。

　「どんな主要思想をゴーゴリは導入部で表現していますか？」
　「昔かたぎの地主の家へ行くのがいかに楽しかったかと彼は述べています。」
　「なぜ楽しかったのですか？」
　　――中略――
　「アファナーシー・イワーノヴィッチとプリフェーリヤ・イワーノヴナの外

第二章　革命前の文学教育（その2）

貌とおだやかな性格の描写によって、さらに何が明らかになりますか？」
「この地主たちの善良さとその落ちついた生活が」
「ゴーゴリは、彼らの生活の中の出来事の不安定な記憶が消えてなくなるということを示したかったのであります。」
「しかし、ここでは共感をもって提示されているでしょう」
「ゴーゴリは、この永遠の平穏な魂を緑のささやき、夏の雨や木陰のかすかな物音の下での楽しい幻想と較べています……」
　したがって、都会の狭さ、はてしなくうるさくつきまとう都会の騒音と較べて、田舎の独居、自然、森や野原のすがすがしさが魅惑的になってくる。自然から離れないで住んでいる人びとの素朴さ、誠実さ、親切がいっそう魅惑的になる。(②—473〜474)

　ここでは作品の場面や情景の描写に作者がどのように関わっているかを問うている。描かれた情景の意味というよりも、その情景を描いている作者の姿勢（田舎観）が問題になっている。作品の語り手である「わたし」を作者・ゴーゴリと同一人物と見なす単純な虚構観をヴォドヴォーゾフが持っていたことを示している。作品に描かれていることは、作者ゴーゴリが実際に体験したり見聞したりしたことである、と考える素朴なリアリズム観に立っているのである。作品の内的な統一をもたらしている主題へと向かうのではなく、作者と表現との関わり方に注目していくところにヴォドヴォーゾフの解釈の一つの特色を見ることができよう。
　この作品では、老婆プリフェーリヤ・イワーノヴナは、見えなくなっていた飼い猫が一度は帰って来るがふたたびどこかへ跳び出してしまうという出来事に出会って、「これはあたしの死期がせまってきたのにちがいない！」と言って沈みこみ、二・三日のちに死んでしまう。その老婆の死までの場面について、ヴォドヴォーゾフは、つぎのように授業をすすめている。

　　「だが、（猫の出現は）プリフェーリヤ・イワーノヴナにとっては、ひどく衰弱するには十分なショックとなり、十分な理由となったのでしょうか？」
　　「はい。なぜなら猫が野生猫の仲間になったことに気づかなかったので幽霊

に見えたのです。」
「ゴーゴリは、老婆が猫をなつかしがったことは書いてなく、老齢のために悲しい思いがひらめいたとも書いてなく、猫を死の幻影に変える迷信的恐怖が彼女を滅ぼした、と表現しているのであります。」
「何のために、それを？」
「いかに取るに足りないことがプリフェーリヤ・イワーノヴナに重要な結果をもたらしたかを示すためにです。猫をなつかしがること、死の予感——これらには何ら意味がありません。ただ猫が死の国からの使いになっただけです。——これはまったく疑いもありません。」
「おそらく、ゴーゴリは、死の原因がいかにつまらないことで取るに足りないことであるか、すべての人生がいかに空しく軽いかということを表現したかったのでしょう。」(②—480)

死に対するゴーゴリの思想をとり出している点は、文学者ゴーゴリの本質を衝いていると思われる。作品の表現に即してゴーゴリの思想に迫っているのである。

一般的に教育界は文学の人生肯定的な面をとりあげ、人生の暗い面、人生に対する否定的な見方を無視しがちなのであるが、ヴォドヴォーゾフはそれをしないで、ゴーゴリの暗いニヒリスティックな人生観をとり出し、明示している。ここには文学的なものの見方を文学の論理にしたがって大事にしようとするヴォドヴォーゾフの特徴が現れていると思われる。

それと同時に、ここには、猫が帰ってきた時の老婆のショックを「迷信的恐怖」であると解釈しているところに啓蒙家的な姿勢がよく現れていると思われる。迷信を信じているから老婆は死期を早めたのである、とヴォドヴォーゾフは解釈して、迷信のような不合理な非科学的なものは否定しなければならないと考えている。迷信は取るに足りないことを強調して、合理的に現実を見ていこうと言おうとしているのであるが、これは作品の流れとは関係のないことであり、特にとりあげなくてもよいことである。にもかかわらず「迷信的恐怖を」とくに指摘するところに作品の内的な論理から離れて、何か教訓的なものを描き出そうとしている彼の訓育を重視する教育者の姿勢が現れていると言えよう。

第二章　革命前の文学教育（その2）

　この啓蒙的な姿勢は、グレチシニコワ（А.Д.Гречишникова）によれば、ツルゲーネフの『ベージンの草野』（Бежин луг 1852）の解釈にも現れている。『ベージンの草野』は、馬番の子どもたちが、夜、焚き火をかこんで妖怪の話をしあう様を描いた短編である。

　ヴォドヴォーゾフは、『ベージンの草野』の解釈をして、原因と結果を合理的に考察しない迷信を信じる作中の子どもたちを非難している。

　　われわれは、議論がいろいろな対象の特質を明らかにするということを知っており、正しい議論のためには何が必要であるかということを知っている。何よりも対象に対する正しい観察が必要なのである。――しかるに、少年たちの会話には何ら正しい観察がないではありませんか？――彼らは真実と空想とを混同している。イリューシャはコツコツという音を聞くがその原因を正しく見きわめていない。この不思議なことを話しあっている人物たちがどのような状況にいたかに注意を向けよう。イリューシャは迷信的な恐怖にとらわれて家魔を見た。大工のガヴリーラは森でまどろんでいるとき、夜中に水の精を見た。犬番のエミールが白い小羊を見つけた時は酔っていた。ウリャーナ婆さんは病気になって教会にいた。このような状態の人びとは、つまりは見たいものを想像できるのである。ここでは見たものは当てにならないし結論は正しくない。なぜなら、すべての出来事には誤った原因が描かれており、また、よく言えば結果を原因と見なしているのである。(④―40)

　同時代の文学教育者スタユーニンがそうであったように、ヴォドヴォーゾフも『ベージンの草野』を一種の教訓小説と見なしていたのである。

　ここには1860年代の文学教育史の共通性を見るべきかもしれないが、ともあれ、ヴォドヴォーゾフの啓蒙家的な姿勢は、文学の独自性を見るよりも文学作品の中から生活に役立つ考え方をとり出そうとする一面を持っていたことがうかがえる。文学を手段と見なす考え方に近くなるのである。

六　作文学習で終わる

　ヴォドヴォーゾフは、作品解釈の終末段階に「作文」を位置づけていた。

終末段階につぎの六つのことを説明している。
1 ゴーゴリは、『昔かたぎの地主たち』の材料をどこで得ましたか？
「彼が生まれた小ロシアで多くのこのような地主たちに出会いました。彼は彼らの生活を注意深く観察しました」
2 ゴーゴリはどのように観察しましたか？
「知り合いの人びとの所で、彼は朝から晩まで、どのように食事をするのか、どのように主婦がボロきれや種子を隠すかを見ることができました。」
3 観察して集められたものはどのように使われましたか？
4 内容を定めるということは、われわれが対象について考えることである。
それを各部分に分ける、つまり類別する（庭について、家について、邸について、風景について、など）ことでもある。作品のプランを作るのは何を先にし何を後にするかを決めることである。
5 もしテーマが正確に定められていたならば、作品には余計なものはないであろうし、対象の説明に必要なものだけを見いだすことができるであろう。
6 作品のことばは何よりもまず簡潔で明瞭でなければならない。よりよいことばとより分かり易いことばのことである。（ここでは、教師はゴーゴリがいかにそれぞれの表現を切りつめることに成功しているかを示せばよい。）（②482〜483）

ゴーゴリがどのようにして作品を創造していったかについて、作品の表現をとおして考察しているのである。作者の創作過程（素材蒐集、素材の分類、構造化、語の取捨選択）に目を向けることによって、生徒各自に表現方法を学ばせているのである。

この解釈の授業には十項目の課題が出されているが、そのうちの半分は作文に関するものである。
1 細部に含まれているものを簡潔に表示している作品全体の梗概を作りなさい。
2 物語に表現されている思想と関連した短い叙述。
3 作文「村で過ごす一日、または街でのことの全体」のためのプランづ

第二章　革命前の文学教育（その2）

くり。そのあと作文を書く。ここではそれぞれ別々の出来事を書くとよい。散歩、あるところへの訪問、狩猟、または一日の出来事を時間の順序に書くこと。

4　作文「街のアパート部屋と比較して木造農家の描写」のプランづくり、そのあと作文を書く。農村の生活の主要な特徴を明らかにするために家の付属物（庭、家畜小屋、柵）をとり入れる。

5　作文「迷信的な前兆」のためのプランづくりとその作文を書く。迷信的な前兆の例。どのような人がどんな時にそれを信じますか。(②—483)

作品解釈のあとに作文を課しているということは、文学学習によって得たものの見方・書き表し方を、生徒自身に書かせることによって身につけさせようとしていると考えられる。作家のものの見方・表現方法を生徒個人個人のものにさせようとしている。

実際に文章を書かせる時には、学習した作品『昔かたぎの地主たち』をあくまで踏まえさせながらも、かなり自由に生徒の日常生活の中から題材を選ばせ、記述しやすいようにしている。全体にまずプラン（素材の構造化）を作らせたあと作文に移らせている。

課題の出し方・文章表現過程の位置づけ方などから見て、ある程度の高度な実践と研究がなされていたことがうかがえる。

七　課外読書への発展

ヴォドヴォーゾフは作品読みの発展として課外読書（внеклассное чтение）を位置づけていた。『昔かたぎの地主たち』の後半の課題は、つぎのような読書指導をめざしているものである。

6　ゴーゴリの物語『肖像画』の第一部を読むこと

7　そのプランと思想を解明するためにこの物語の短い梗概を書きなさい。

8　なぜ夢が生じたのかということに短く触れて、チャルトーコフの夢を説明しなさい。

9　「完全に達するためにはどのように働かねばなりませんか。」何がよい仕事をさまたげますか。どのようにそれから脇へそれますか。何のため

第二節　文学教材の拡大

にわたしたちは仕事をねばり強く仕上げますか。
10　「よい友人」ということばは何を意味しますか。(②—484)

同一の作者の他の作品へと読みを発展させている。彼が著述した教師用参考書には児童や少年たちの課外読書のための詳細な目録を載せている。

ヴォドヴォーゾフは、民衆の知識を広げることによって社会がよくなると考えていたので、あらゆる機会に読書を勧めており、文学の授業においても課外読書へ発展させることを提唱し実践したのであった。

課外読書に人びとの関心を喚起するために、彼は、『子どものお話と詩』、『ロシア史のエピソード』、『ペテルブルグはどのように作られ、ロシアの科学はどこから出発したか』、『新しいロシア文学』(1866年)、『古代ロシア文学——起源からロモノーソフまで——』(1872年) などの課外読書用の本を編集している。

ロシア・ソビエトの文学教育の特色の一つである読書指導は、ヴォドヴォーゾフの啓蒙的な情熱から始まった、と言えるかもしれない。

ヴォドヴォーゾフは、ロシアの若い世代に、ロシア人とは何か、ロシアの国民性とは何か、について知らせ、文学の読み方について学ばせることに文学教育の目標をおいていた。

ヴォドヴォーゾフの文学教育論は、長く現場で試みられた実践に基盤を持っていたことにその長所があった。彼はその実践を踏まえ、民衆への初等教育の普及をめざして、ロシア語読本を著し、文学作品解釈の実例を示した。

彼の作品解釈の特徴は、作品のことばに即した、部分ごとの詳しい分析を緻密に行っていく実証的なところにあった。さらに場面のつながりを全体として関係づけて構造化し、ついでその意味を考え、とくに作者の意図を読みとったり、作品創造に対する作者の動機や立場を追求していくところにあった。そのことをとおして形象の意味や作者の意図を汲みとって現在の生き方についてのある見方・考え方を描き出していき、ときには教訓を見いだすものであった。終わりの段階において、作文を課して解釈を身につけさせることと表現力に転化させることをねらっている。さらに解釈

第二章　革命前の文学教育（その2）

を課外読書へと発展させ、読みを深めたり、広げたりする工夫をしている。

注
①ワシーリー・イワーノヴィッチ・ヴォドヴォーゾフの略歴
　1825年9月27日　ペテルブルグの零落した商人の家庭に生まれた。
　1835年　ペテルブルグの商業学校に入学。
　1842年　同上卒業。
　1843年　ペテルブルグ大学法学部に入学。
　1843年　同上文科に移った。
　1847年　同上卒業。ワルシャワのギムナジアのロシア語教師となる。
　1851年　ペテルブルグ第一ギムナジアの教師となる。
　1860年　スモーリヌィ女子学院の教師を兼ねる。
　1862年　ウシンスキーの辞職と行をともにして、スモーリヌィ女子学院を辞職。
　1866年　ペテルブルグ第一ギムナジアを理由なく解雇される。
　1868年　『範例と解釈による文学教育』
　1871年　『国民学校における初めての読みの本』
　1873年　ドイツ、スイス、ベルギーを旅行。
　　　　　この数年、各地で教員集会を組織し、講師として活躍。
　　　　　『国民学校の教科目』
　　　　　『子どものための文字の本』
　1882年　『18世紀ロシア史の記録』
　1886年5月7日　没（61歳）。
②В.С.Аранский, Выдающийся русский педагог Василий Иванович Водовозов, Под ред. В.З.Смирнова, В.И.ВОДОВОЗОВ избранные педагогические сочинения.
　『ヴォドヴォーゾフ教育学著作集』М.1958,《АПН》
③К.Д.Ушинский,Собрание сочинений том 6. М-Л. 1948,《АПН》
④А.Д.Гречищникова,В.И.Водовозов и В.П.Острогорский,М.1941,《УЧПЕДГИЗ》.

第三節　文学教育方法の探究（2）
――オストロゴルスキーによる「表現読み」――

オストロゴルスキー（Виктор Петровтч Острогорский 1840-1902）①

第三節　文学教育方法の探究（２）

は、ウシンスキー、スタユーニン、ヴォドヴォーゾフの思想の継承者として、教育の反動化に抵抗し、民主主義的な教育の推進に努力し、民衆の啓蒙に尽くした。とりわけ、ギムナジアの文学科の教師であった彼は、文学を「芸術としての文学」としてとらえた。文学科こそ生徒に感じさせ、考えさせることをとおして自己に目ざめさせ、人間としての生き方を考えさせる教科であると強調した。そのような「文学科」に充実発展させるために、彼は、文学教育について、（１）美育としての意義、（２）教師と生徒の対話および話し合い（問答教示法）、（３）表現読み、などの諸問題を理論的・実践的に研究し、それらの報告をとおしてロシアの文学教育史を大きく前進させた。

一　美育としての文学教育

　オストロゴルスキーは、情動的なものが人間の行動の根幹をなすと考え、より善なるもの、より美しいもの、より高いものを求める心情が人間の行動を促し方向づけると考えていた。その情動（感情・心情）的なるものを育てるために美育（Эстетическое Воспитание）を重視し、美的な感情が生活における道徳的な判断の基準になると考えていた。彼は、美育の要素として、文学・芸術・まわりの自然を考えていたが、とりわけ文学教育がそれらの主柱となると見なしていた。このような教育観を根底にして、彼は当時の文学教育の現実を否定しつつ、あるべき文学教育を追求していったのである。
　オストロゴルスキーは、1870～1880年代の煩雑な正書法の教育、文法の冷ややかな教育、ドイツから輸入した解明読みが、幼児期から子どもたちの思考・感情・創造を苦しめているとして、それを簡潔に整理し血の通った教え方をすべきであると説き、生き生きした母国語の精選と文学的な教育の必要性を主張した。1885年刊行の主著『文学教育についての対話』において、

　　文学の授業は、それなくしては真の教育がありえない全人的な発達の礎

99

第二章　革命前の文学教育（その２）

　　石を若い人びとに育てるべきである。形式的な知識で心が固くならない児
　　童期からの教育が感情と想像の中に生きつづけ、文学教育による真の教育
　　と方向づけをとおして全生涯にわたって性格の基礎を形成するということ
　　を、何よりもまず低い学年からの教師である母国語の教師は考えておかな
　　ければならない。(②—80)
と述べている。ギムナジアの１～４学年から、単なる生活の道具や学習の
道具としての国語ではなく、生き生きした力のある国語に触れさせ、感じ
取らせるべきであると言っているのである。
　ついで、彼は、文学教育の重要性が自覚されていないことを嘆息したあ
と、その意義を
　　学校の文学教育は、つまりは、生活自体のかわりに若者が祖国や人間と
　　の結びつきを獲得する強力な手段の一つである。
と述べている。文学は、国民意識や人間としての意識を育て、そのよう
な社会的存在としての自覚が文化遺産への傲慢な態度や自暴自棄から青年
を救うと考えていたのである。
　さらに彼は文学教育が精神の倫理的＝美的な気分（настроение）を育
てることの意義をつぎのように述べている。
　　この気分は、祖国と全人類の文学への愛となって現れ、偉大な作家たち
　　の精神と才能への尊敬となって現れる。ある種の現代青年にかけている理
　　想主義――つまり、道徳的な厳格さ、すべての悪しきものや低俗なものへ
　　の嫌悪、すべての高潔なもの高尚なものへの志向――への尊敬となって、
　　人類と祖国への愛となって、それらに自己の力に応じて奉仕しようとする
　　願望となって現れる。この倫理的＝美的な気分は、一面ではあらゆる善な
　　るものへの意志を方向づけ強化する。他面では、――批判精神と美的趣向
　　の育成をとおして――実生活の諸現象への、青年が何を求めるべきか何を
　　守るべきかを知る文学作品への、正しく合理的な態度を助成する。いたず
　　らに生活習慣の頽廃を嘆き、現代の子どもの無分別と無思想を罵り、さら
　　には彼らの過ちをきびしく罰するかわりに、学校は手中にしている手段を
　　用いて若い生徒たちの知的ならびに道徳的水準を高める慎重な配慮をなす
　　べきである。(②—82)

このような善きものへの意志と批判的精神および美的趣向を育て、そのことをとおして文学への対し方を育てるところに文学教育の意義を見いだしているのであるが、それはそのまま彼にとっては文学教育の目的でもあった。

　このような目的を達成するためのまず第一歩の目標は、子どもたちに文学を好きにさせることである。後に、彼は子どもたちの読書のための選文集『生き生きしたことば』を編集して、

　　言語を教えることを真に望んでいる教師は、二つのことを前もって配慮
　　しておく必要がある。それは、生徒にことばの魂（Духа　языка）を理解
　　させることと、祖国の文学への愛を喚起することである。③

と序文に記している。

　彼は国語の感化力、文学の感化力を深く認識し、その上に立脚して文学教育を人間の情動面に働きかける力において高く評価していた。この文学教育への高い評価が彼をして文学教師および編集者としての情熱的な実践研究と活動へとうながした。

二　世界に開かれた教材観

　19世紀後半のロシア教育界において、教科書の教材は18世紀末までの作品を文学史的に配列するものであった。それに対して、オストロゴルスキーは子どもたちに近・現代の文学に触れさせることの重要性を強調した。オストロゴルスキーが宗教教育否定の立場からロシア語科において教会スラブ語を排除しようとしたことは有名であるが、それと同じ理由で文学科においても宗教的色彩を排除しようとした。

　1913年に出された『子どもの授業と国民の読みのためのロシア作家たち』③では、代表的なロシア作家として、ジュコフスキー、バチューシコフ、クルイロフ、プーシキン、ヴェネビチノフ、バラトゥインスキー、ヤズイコフ、レールモントフ、マイコフ、メイ、プレシチェーエフ、コリツォフ、ニキーチン、ネクラーソフ、シェフチェンコ、ゴーゴリ、ツルゲーネフ、

第二章　革命前の文学教育（その2）

グリゴローヴィッチ、ゴンチャロフ、トルストイ、ポゴスキー、アクサーコフの22名をとりあげている。ギムナジアにおいてもこれらの作家たちを教材化していたであろうことがうかがえる。

　オストロゴルスキーは、ロシアの近代化過程の渦中にあって、広く世界の文学に目を向けるべきことを主張していた。ギムナジアの課程を終わるまでにとりあげたい外国の作家として、ホメロス、ソフォクレス、エウリピデス、ホラチウス、ヴェルギリウス、ダンテ、セルバンテス、シェークスピア、モリエール、レッシング、シラー、ゲーテ、バイロン、ヴォルテール、スコット、ディッケンズをあげている。(④―160)

　オストロゴルスキーは、演劇が青年たちの感情に訴えることを重視し、ときどき生徒を劇場に連れて行っていた。グリボエードフ、ゴーゴリ、オストロフスキーの戯曲を教材としてとりあげている。(⑤―47)

　ロシア作家の作品選択における宗教色を排除する観点、外国文学の教材化の観点、戯曲を文学教材として扱うこと、これらはともに革命後にも継承されていった観点である。

三　美的感受性を育てるために──文学教育の内容──

　オストロゴルスキーは、美的感受性こそ育てるべき人間性の中核であると考えていた。それを核として「よりよきものを求める心」つまり批判的精神が育つと考えていたのである。

　彼は学校における文学に関する学習＝指導のすべてが文学教育であるとみなしていた。文学教育の要素について彼はつぎのように述べている。

　　　文学（словесности）、つまり、言語、散文の理論、詩、文学史教育によってなされるべきもの。
　1　明瞭で意味のよくわかる読み、正しい発声法による読み、音調・しなやかさ・ひびきの面で読みの発展を可能とすること。
　2　詩の手本のほとんどの作品とロシア詩人の代表的な作品とを表現読みで暗誦すること。この課題の各学年への適切な配分によって、生徒が暗

誦する作品数は少なくともギムナジア（7年間）の課程を終わるまでに約200篇である。

3　ことばの力の育成（Развит дара слова）。自由に、論理的に一貫して美しい口頭表現ができること（よく知られた叙事的・劇的な文学作品、議論文・評論文のテキスト、文学理論・文学史の各部分への一貫した解答）。

4　文学の手本の影響がはっきり現れる文体で正しくなめらかに易しく書くこと。つまりその能力と習熟が与えられた作文課題を仕上げさせるのである。若者たちによって二、三の段落で書かれるこの作文は、だいたいにおいて枚数は少ないが、言語使用能力の発達を示す。

5　一定の基本的なそして必須のものが手本の課題に示されているのであるが、科学としての文学理論のすべての主要な命題を学ぶ。それと同時に、それなしには文学理論の知識も文学作品についての固有の基本的な判断も考えられない論理学と心理学の基礎的な概念を学ぶ。

6　ロシア文学の主要な時期の歴史的な知識、主として、プーシキンとグリボエードフから始まる新しいもの、および作家の伝記についての知識、そして作家についての知識はつぎのような重要な問題の解決へと導くべきである。（a）詩人が自己の詩の固有のもの、その詩的天分をどのように見ていたか。（b）生活をどのように見ていたか、つまり、生活にどのように対応したか、どのような感情を持ち、生活のどのような側面（明るい、または暗い）を描いたか。（c）自己の活動の何を文学にとりいれたか、すなわちどのような生活タイプか、どのように生活現象を描いているか、またはどのような特別な傾向を描いているか。（d）全体としてその叙述と内容にどのような特性があるか。（④—159〜160）

オストロゴルスキーは、1）音読、2）表現読みと暗誦、3）話すこと、4）作文、5）文学理論・論理学・心理学、6）文学史の知識と作家・作品の解明、の六項目を文学教育の主要な要素と考えている。れぞれに19世紀後半の文学状況を反映しつつも、オストロゴルスキー固有の文学教育論の展開をはかっている。

「3）話すこと」、「4）作文」の言語表現力の育成を文学教育の中に位置づけているのは、ロシア固有の国語教育構造観、文学教育構造観に立つ

ものである。また、「5）文学理論」を重視しているのも文学事象の科学的な把握をめざすロシア文学教育論の特色を受けついでいる。「2）表現読み」はオストロゴルスキーの独自性を示しており、ロシアの文学教育を一歩進めたものである。

四　表現読み

　表現読み（Выразительное чтение）とは、作品を十分に理解し、その理解したところを読み手が主体的に表現する活動である。理解のしかた、表現のしかたはともに読み手が主体的になることを要請している。読み手を主体的にするこの機能を積極的に生かそうとするのが表現読みである。
　表現読みは現象としては、声に出して読むことであるが、音声化をとおして、作者も気づかなかった作品の微妙な陰影が理解されたり、作品の感動や人物の心情が体感されて感動を深いものとする。作品を身体で感じとる読みの技術である。
　その初期の著書『表現読み』（1883年）において、オストロゴルスキーは、つぎのように述べている。

　　自分ではまだ字が読めないので母や保母に読んでもらっているくらいの幼年時代から、だんだんに教わっていく読みの技術は、同時に趣味や感情や想像力の発達を伴いながら、中等課程を終了するまでに、すぐれた文学作品を豊富に蓄積する。これらの作品は生徒が成人してから後も文芸作品を熱心に自己のものとしようとする核となり、人間の高価な資産として一生その人に残るものである。(⑥―171〜172)

　オストロゴルスキーは、その数年後、『文学教育についての対話』（1885年）において、

　　表現読みは子どもたちの声と胸を発達させ強化し、発音の欠点を取り除くということの他に、ことばの意味と美の把握に対する、さらには授業の理解学習に対する強力な手段である。多様な形象の暗誦学習は記憶力を強化しつつ、膨大な語彙と表現によって豊かにし、それと同時に実践的な習熟によって正書法の習得を助けるのであり、表現読みは、生徒たちに芸術、

第三節　文学教育方法の探究（２）

母国語ならびにしへの愛と尊敬を種まきすることである。(②—84)
と述べている。

　オストロゴルスキーによれば、表現読みの指導内容は、理解の過程においては、①語彙を豊かにすること、②作品分析のしかたを学ばせること、③批評のしかたを学ばせること、④暗記力を育てること、である。また、表現の過程においては、⑤声の使い方、⑥正しい発音、⑦理解したことを表情豊かに表現すること、などである。それらをとおして生徒一人ひとりに文学を体感させて美的感性を育て、生涯にわたる文学受容の能力（教養）を育てるのである。

　オストロゴルスキーは、このような表現読みの内容を多くの教材分析をとおして具体的に示している。つぎにその一つとして散文詩『すずめ』（ツルゲーネフ）の例をとりあげたい。

　すずめ
 1　猟から帰って、庭の並木道を歩いていた。犬が、前を駆けていく。
 2　ふと、犬は歩みをゆるめて、忍び足になった。行く手に獲物をかぎつけた気配。
 3　見ると、並木道の先に——小すずめが一羽いた。まだくちばしのまわりが黄いろく、頭には綿毛が生えている。白樺の並木を風がひどく揺すぶるところを見れば、小すずめは巣から振りおとされて、生えかけのつばさを力なく広げたまま、じっと動かずにいるのだ。
 4　犬はゆっくり歩み寄った。と、ふいに近くの木から、胸毛の黒い親すずめが、犬のすぐ鼻先へ石つぶてのように飛び下りてきた。——そして総身の羽をふりみだし、けんめいの哀れな声をふりしぼって、白い歯をむく、犬の口めがけて二度ばかり襲いかかった。
 5　親は子すずめを救おうと突進したのだ。身をもってわが子をかばおうとしたのだ。……けれど、その小さな身体ははげしい恐怖におののき、かぼそい声は狂おしく嗄れつきた。親すずめは気を失った。われとわが身を犠牲にした！
 6　すずめにとって、犬はどんな巨大な怪物と見えただろう！それなのに、

第二章　革命前の文学教育（その2）

　　　彼は高い安らかな枝に止まってはいられなかった。……意志よりも強い
　　　ある力が、彼に下りよと迫ったのだ。
　　7　わがトレゾールは立ちどまり、じりじりと身を引いた。……犬もこの
　　　力に打たれたと見える。
　　8　わたしは面くらった犬を急いで呼び、──心のひきしまる思いで立ち
　　　去った。
　　9　そうだ、──笑ってくれるな。わたしは、この勇ましい小鳥を前に、
　　　その愛の衝動を前に、りつぜんと襟を正したのだ。
　　10　わたしは考えた。愛は死よりも、死の恐怖よりも強い。──それあれ
　　　ばこそ、愛あればこそ生はもちこたえ、めぐり行く。　　　（神西清　訳）

オストロゴルスキーは、この散文詩を教材にする際の表現読みの内容と方法について、つぎのように述べている。

　　この物語を読む秘訣は、──それは、あなたが本を読んでいるということを聴き手が意識できないくらいに素直に読むことである。読んでいるように思わせないためには、あなた自身が行ったかのように語るのである。あなた自身が強い印象を受け、強く感動し、驚いているとおりに語ることである。読み手のことばは、生きている人間の話しことばを再現（模倣）すべきであり、常にゆったりとしていれば印象や感動は深くなるであろう。それは、あるかなきかの休止をとり、声の調子を変え、ゆるやかにし、速め、深い心のこもった調子──必要ならば、アクセントをつけ、強調して──を持っている生きいきしたことばである。しかも、わずかの誇張も塩の入れすぎも泣き声にする必要もない。素直な自然な声にすべきことをくり返しておきたい。物語のすべての細部（事実）の伝達の最高の表現性のために、表現読みのあらゆる手法や技法を使って、全体を心のこもった（柔らかい）調子で読むべきである。とくに後半にはその中心思想（愛の力）が焦点化されており、その末尾には作者自身（語り手）が描かれている。そこでは読みはまったく変化しなければならない。余情詩や韻律のある詩を読む時のように読み手が心を動かすことによって、この物語は聴き手に理解させるだけではなく想像させ感受させるのである。

　　第1節──何が起こったか知らない聴き手に出来事の実際を平明に簡潔に伝えるために、きわめて静かに叙事的な音調で読む。「猟から」と「前を」

第三節　文学教育方法の探究（2）

にアクセントを置く。

第2節——よりゆっくりと、だがより生きいきと、いくぶん、不思議そうに。「ふと」——強いアクセントと休止、つぎに興味を引き寄せる。つぎのことば「犬は歩みをゆるめて……なった」——のばして発音し、「なった」の後で休止をし、「しのび足に красться」の力点 a をのばして強いアクセントを置き、不思議そうに読む。つぎの句を早く、別の調子で「行く手にかぎつけた気配」の後で止め、「獲物を」にアクセントを置く、ちょうど自分の前に獲物をかぎつけたように。

第3節——ふたたび静かに物語る調子。小さなすずめのあわれな状態を描いている「動けずに」「力なく」はかげりをつけなければならない。初めの句は「いた」のあとの休止までは一様に早く発音するが、しかし「小すずめ　малодого　воробья」は二語とも強くアクセントをつけてゆっくりと読む。「黄いろく」と「綿毛」は軽くアクセントをつけ、——小すずめに卵からかえったばかりであるということに留意する。「小すずめは巣からふり落とされて」は早く、同情の気持ちをこめて。つぎの句は、調子を変えて、ことばに同情の気持ちをこめて、早く、そしてゆっくりと。「生えかけのつばさを力なく広げたまま Беспомощно растопырив едва прораставшие кльщки」と。

——中略——

第10節ドラマのこのすばらしい終局は、ポーズを置いたあと、作者の特質を形成し作品の中に十分に表現されている深い信念と感情のトーンでつぎのように発音される。「（わたしは考えた。）愛は死よりも、死の恐怖よりも強い。それあればこそ、愛あればこそ生はもちこたえ、めぐり行く。Любовь（думая я）сильнее смерти и страха смерти. Только ею только лювовью держится и движется жизнь.」(⑦—180〜181)

教材分析の観点は、作品分析と音声表現時の留意点とである。作品分析では、思想・構造・語句の言いまわし（表現）・登場人物（小すずめ・親すずめ・犬・わたし）の心情の変化などである。音声表現時の留意点は、声の調子（トーン）・抑揚・力点（アクセント）・緩急・休止・間（ポーズ）などである。そして何よりも読みとったものを心をこめて表現することが強調されている。

107

第二章　革命前の文学教育（その2）

五　授業の実際

　ラリンスカヤ・ギムナジアで1870年代にオストロゴルスキーの授業を受け、後にレニングラード大学歴史学教授となったグレブス（И. М. Гревс）によれば、オストロゴルスキーは生徒たちの精神生活の中心となり、生徒たちに生涯にわたる影響を与えたという。

　　若い時にオストロゴルスキーに学んだ人は、きっと自分の仕事の分野で最後の息を引き取るまで、オストロゴルスキーの名前と魅力あるりっぱな思想を貫いたいきいきした姿とが分かちがたく結びついていたに違いない。19世紀の70年代にラリンスカヤ・ギムナジアにいた生徒のほとんどのものにとって彼は精神生活の中心であった。（⑦—125）

グレブスは最初の授業の印象として、おかしみとあたたかさを語っている。オストロゴルスキーの風貌と授業はつぎのようであった。

　　最初の授業は――それは昨日のことのように思い出される――昼休みのあとの時間だった。それは、難しくあじけなく恐ろしいことが普通であった学校の日々の中で行われたのであった。彼は教室に急ぎ足ではいってきてあいさつした。やせた、あまり高くない、前かがみの、あごのとがった、長い巻き毛で（当時はまだかなりあった）、やさしく、注意深く、しかも深い斜視の眼をしていて、脇にいっぱいつめこまれたカバンをかかえていた。
　　荷物（彼が冗談に教師の重荷と名づけていた「旅行カバン」）を教卓の上に置き、時計をはずして鎖といっしょにそこに置き（これらの物は、のちにすべてが生徒から非常に好かれるようになった）、ヴィクトール・ペトローヴィッチは、わたしたちに手伝わせて教卓を生徒たちに近づけた。「みんなに近づいて、よく見たいし聞きたいからね」と彼は微笑しながら言った。（⑦—126）

オストロゴルスキーのこのような態度は、生徒を一人の人間として遇し、生徒と平等の位置に立って授業を進めていたことを示している。
　文法の位置づけと文学の授業の目標について。
　　疑いもなく、文学の授業はペトローヴィッチの活動のよい面であった。

108

第三節　文学教育方法の探究（２）

言葉にはあまり深入りせず、文献学にもあまり力を入れなかった。だが、教育課程の文法の位置づけには特色があった。彼は、中学生にとってもっとも重要なのは実際的な使用と節度の感覚の正しい理解であるとしていた。生徒を言語についての科学的な課程へと導くのではなく、文法は正書法の理解にとって必要最小限度のものをギムナジアにとり入れるべきであると正しく結論を出していた。実際にわたしたちは読み書きの学習をしたが、文法学習の苦しさは感じなかった。古代スラブ語の書写や解釈でさえもあまり無理しなくてもよい時間のかからないことばが与えられた。人文課程の中で文法中心主義が優勢であった数年にあって、文学理論と文学史に力をそそいでいた。文学の広い知識を与えること、芸術的なセンスを育てること、歴史的な関連事項を知らせること、あらゆるヒューマニスティックな思想と祖国および人類への愛とを統一すること、これが、彼が追求し上手に達成した目標であった。(⑦—128)

グレブスは、彼の教育目的について

　　先生は、すぐれた詩作品における美の解明をとおして人生における善なるものを認識すること

と教えたとも言っている。(⑦—130)

オストロゴルスキーの教育方法に関しては、グレブスは、導入、表現読み、作文、対話法について回想している。

まず、導入について。

　　ペトローヴィッチは、毎年の課程を、遠近法によって描かれたすばらしい絵のように、入念にスケッチされた教授要目の全体を説明することから始めるのであった。その時、生徒に必要であると彼が考えた文学作品・歴史や批評の書物が紹介された。その際、意欲的な若者のインスピレーションを喚起し、好奇心を持たせ、さらには意志の弱い者の心を動かすことがうまくいくように、それらの本の意義とおもしろさを上手に分かりやすく感情をこめて特徴づけた。(⑦—131)

生徒の好奇心を引き出し伸ばす導入が巧みに行われたことが語られている。

オストロゴルスキーが特に主張した「表現読み」について。

　　先生は、生徒を芸術の読みの魅力へ導いた。事実として、彼は、ツルゲ

第二章　革命前の文学教育（その２）

ーネフ、プーシキン、シェークスピア、モリエール、そしてオストロフスキーの悲劇や喜劇をすばらしく散文的にあるいは詩的に読んだ。わたしには、二時間目にわれわれ四年生に読んでくれたツルゲーネフの「歌い手」がずっと忘れられないで残っている。田舎生まれのわたしですらすぐに読むことが好きになった。作品を明晰に解明しているあざやかな読みは、自然が秘めている魅力の多様性、日常生活に現れている豊かな教訓性、文学がもたらす精神的な喜びの無尽のものをとりわけ深く直感させた。(⑦—130)
オストロゴルスキーの作文指導について。

　先生のもとでは書く活動が授業遂行の重要な補助手段であった。生徒の知識、趣味、思考および言語を発達させるために、作文を驚くほど実り豊かに位置づける能力を彼は持っていた。彼は、さまざまな生きいきした問題を作文のテーマとしてとりあげた。たとえば、生徒に身近であるとともに新しい面に導くような歴史的、生活習慣に関する、心理的、道徳的なものであった。その学習は、いつも実際の文学作品に依拠したものであった。
　その課題は生きいきと定式化され、理想主義的な年齢にあった生徒は、そのテーマのとりことなり、熱中し、それぞれの作業から自己教育にとって本質的な何かをかならず得るのであった。彼は、美辞麗句をもてあそぶことを警戒して、いわゆる抽象的な考察を避けていた。
　先生は、生徒の子ども時代の思い出をうまく生かし、創造性を育てる自由テーマで書く機会を喜んで与え、生活の中で一人ひとりが見たものを考察するように暗示を与えた。(⑦—130)

このころから、すでに文学科の中で作文指導を行うロシア独特の作文教育がなされていたことが分かる。オストロゴルスキーは、文学作品に関する作文と生活に題材を得る生活作文を書かせていた。
　さらに彼は「書きながら読む」方法を生徒に身につけさせていた。

　わたしたちには、注意を引かれた新しい思想や好きな部分や疑問に思ったところをノートに書き込みながら「手にペンを持って読む」自主的なやり方が早くから習慣になっていた。先生は、抜き書き、梗概、問題、印象、構成を書いたり、本の表題から自由に空想して書いたりする家庭読みの厚いノートを備えつけることを勧めた。各人の作業の成果が残るであろうし、あとになって楽しく生きいきと再現したり思い出したりできる一年ごとの

魂の歴史ができるであろうと、彼は話した。(⑦—131)
「手にペンを持って読む」とは言い得て妙であるが、オストロゴルスキーは、いわゆる書く作業を読みにとり入れさせ、その機会を多くしていったのである。

対話法について。スタユーニンに学んで、オストロゴルスキーも「文学的対話」の方法を授業に生かしていた。

> 友だちの一人が、「輝いているものがすべて金であるのではない」という諺を使ってルージン（ツルゲーネフの「父と子」の主人公）の軽薄な性格づけを行った時、〈若い批評家〉の辛辣な調子に刺激された ヴィクトール・ペトローヴィッチはわれわれの社会におけるルージン型の人間の啓蒙的な意義についてすばらしい講義を行った。ペトローヴィッチがするように、わたしたちは、科学・文学・芸術・生活の広い範囲にわたって興味を持つようになった。(⑦—131)

> 教授法そのものがペトローヴィッチの影響力を強めた。彼はすばらしい語り手だった。彼の授業は、その内容や、教師と生徒の傾向によって多様な形態をとり、自在に変化する対話の形で行われた。ふつう、それらはとても生きいきした感じのものとなり、また流れるように完全なものとなった。時には、それは即興劇の高みにまで達した。(⑦—136)

対話法によって生徒たちと話しあい、解釈を深め、視野を広げ、感情を高めていったことがうかがえる。このような形でスタユーニンの対話法はオストロゴルスキーによって実践的に継承されたのであった。

オストロゴルスキーの授業では、進歩的な教師のつねとして歴史的な視点が貫かれていた。かれは、とくに、グリボエードフ、プーシキン、ゴーゴリ、レールモントフ、トルストイ、ドストエフスキー、ツルゲーネフ革命的民主主義者のベリンスキーとドブロリューボフをとりあげていた。ツルゲーネフと文学批評についての授業をグレブスはつぎのように回想している。

> ツルゲーネフについての解説によって、わたしは、巨大な文学的な異才や繊細な芸術性だけでなく、その輝かしい社会的な役割についても深く考えるようになった。ツルゲーネフの肖像は、われわれにとって偉人である

第二章 革命前の文学教育（その2）

だけでなく親しい人や友人でもあった。
　　詩を解釈しながらペトローヴィッチは、批評家についてもわたしたちに教えた。レッシング、ヘリベニウス、ベリンスキー、ドブロリューボフ、ドルジーニン、ピーサレフなど。その評論の学習は、名前だけを知らせるのではなく役に立つというものでもなく、楽しいものとなっていた。過去のわが国の名誉ある頁を説明しながら、ペトローヴィッチは近代史理解を深める観点をわたしたちに納得させた。(⑦—135)

オストロゴルスキーは、ツルゲーネフに関しては、彼の社会的な役割についても語り、批評家たちに関しては、近代ロシアの自己認識の歴史に位置づけて教えている。

　　ペトローヴィッチの生徒たちの心は、ロシア社会の思想の発展を受けとめるようになった。同時代人としての共感によって、彼は、生徒の心を文学と密接な関係を持っている生活現象に耳をそばだてるように向けた。わたしたちが高学年に進んだとき、彼は新刊雑誌に掲載されたすぐれた評論を紹介し、それらの読み方を教えた。すぐれた文学作品については言うまでもない。ツルゲーネフ、トルストイ、ドストエフスキー、ネクラーソフ、シチェドリンの作品をわたしたちは楽しみに待っていた。(⑦—135)

文学史に沿った学習の結果、生徒たちは、ロシアの生活現実を歴史的に見つめられるようになっていた。そして新刊書や当代作家たちの新しい作品にも関心を持つようになっていた。

　オストロゴルスキーは、19世紀後半のいわゆる専制政治の時代にあって、民主的な社会をめざして教育実践をし、啓蒙活動をした。オストロゴルスキーは、文学に社会認識の方法としての側面よりも美育の側面を強く見いだしていたが、彼の実践には美育を核としつつも、歴史社会との関連において作品を読む訓育的な側面を包みこんでいた。時代や社会の動きに敏感な眼を持つ生徒たちを育てている。文学教育の美育としての側面を追求して、彼は「表現読み」の意義を強調し、その内容を充実させて普及に努力した。「表現読み」は、ロシア・ソビエトの文学教育の重要な方法として多数の教師たちに継承されていった。

第三節　文学教育方法の探究（2）

注

① ヴィクトール・ペトローヴィッチ・オストロゴルスキーの略歴
1840年11月16日　あまり豊かでない官吏の家庭に生まれた。
1851年2月　ペテルブルグ第一ギムナジアに入学。
1853年8月　ペテルブルグ第三ギムナジアに転校。この中学校で文学科の教師をしていたスタユーニンの授業を受けた。その感銘が後年オストロゴルスキーに教師を志望させたのであった。
1858年　ペテルブルグ第三ギムナジアを卒業。ペテルブルグ大学の文献学部に入学。彼は苦学生であった。
1864年　ペテルブルグ大学卒業。首都のギムナジアの教師となる。以後38年間にわたって文学科の教師として活動した。後半の20年間は首都のラリンスカヤ・ギムナジアの教師として働いた。
1883年　『中学校の教科としての表現読み』
1885年　『文学教育についての対話』
1887年　『ロシアの教育者：ピロゴフ、ウシンスキー、ユルフ』
1890年　『20人の作家の肖像』
1894年　『美育についての書簡』
1895年　『教育学のしおり』
1896年　農民の子どものための二年生普通教育学校を自費でヴァルダイに開設した。
1897年　『詩の読み方指導書』
1898年　『批評家ならびに教育者としてのベリンスキー』
1902年　『ゴーゴリ選集』
1902年1月31日　没（61歳）。

② В.П.Острогорский. Беседа о преподавании словесности『文学教育についての対話』. сост. В.В.Голубков. Преподавание литературы в дореволюционной средней щколе.1946.《АПН》

③ В.П.Острогорский. Русские писателкак воспитательно образовательный материал для занятий с детьми и для чтения народу.『子どもの授業と国民の読みのためのロシア作家たち』 изд. 7-е.1913《Просвещение》.

④ В.П.Острогорский. Беседа о преподавании словесности.『文学教育についての対話』сост.А.Д.Гречишиникова.В.И.Водовозов и В.П.Острогорский.1941.《УЧПЕДГИЗ》.

⑤ В.П.Острогорский. Выразительное чтение как учебный предмет среднего образования.『中学校の教科としての表現読み』8 изд.М.1906.

⑥ В.П.Острогорский. Выразительное чтение в щколе.『学校におけるオストロゴルスキーの表現読み』А.Д.Гречишиникова. В.И.Водовозов и В.П.

第二章　革命前の文学教育（その2）

Острогорский.1941.《УЧПЕДГИЗ》
⑦И.М.Гревс. Виктор Петрович Острогорский как учитель. 『オストロゴルスキー先生』сост.В.С. Баевский.Русские методисты словесники в воспоминаниях.М.《Просвещение》. 1969.

第四節　民衆に開かれた文学教育
——ブナコーフによる初等教育における文学教育——

　これまで、中等教育段階であるギムナジアにおける文学教育の歴史を考察してきた。それは、貴族・富裕商人・官吏の子弟のための教育であって、民衆に開かれたものではなかった。19世紀も終わりになって、民衆教育のための文学教育思想がようやく現れた。ブナコーフ（Николай Федорович Бунаков 1837,11,26～1904,12,8）①の教育思想と活動に見られるものがそれである。本節では、ギムナジアの文学教育を相対化してより広い視野で位置づけるために、ブナコーフの教育思想と文学教育観を考察する。

　ブナコーフは、社会生活における教育の役割を高く評価していた教育実践家であり啓蒙運動家であった。教育は人間に幸福をもたらすものであり、無学は不幸にするものであるから、人間を無学にとどめておくのは社会的な悪であると考えていた。したがって、教育を受けるのは人間にとっての権利であるという思想をもっていた。彼は、この思想に立脚して、普通義務教育の理念の構築、その教育内容の創造、教育内容の探究を行い、それを教師集会や講習会で普及していった。自らも二年生の初等教育施設を作り、実践した。生徒に知識を意識的に獲得させ、彼らの論理的な思考力を発達させる国語の教授学習方法を作り、生徒の感情と道徳性に培う文学教育観を提起した。

　一　ロシア初等教育と文学教育

　19世紀末においてロシアの民衆教育は進んでいなかった。歴代の皇帝の

第四節　民衆に開かれた文学教育

政策は、資本主義化のための労働力は必要であるが、真理を求める近代的な国民は不要であるという、いわゆる「燃えない火」を求める矛盾を露呈していた。その矛盾を反映して、教育政策においても奨励と抑圧の間を揺れ動き、しだいに弾圧の色を濃くしていった。しかしながら、弾圧の下で、民衆自身の手で民衆のための社会を生み出す教育が、地を這うような努力をもってなされていた。

ウシンスキーは、国民教育の理論を構築し、教育制度の改革と教育の内容・方法の変革を具体的に進めていった。オストロゴルスキーやヴォドヴォーゾフが、それぞれの晩年に民衆教育にうちこみ、特に普通義務教育思想を普及する運動に献身したことはよく知られている。ブナコーフは、彼らの思想を継承し実践的に発展させたのであった。

ロシア国民に教育を保障する場としての初等学校は、1864年の「初等国民学校規程」の制定により、三年制の学校として設立される方向が打ち出された。この年には地方自治制度が施行され、それにより生まれたゼムストヴォ（地方自治会――自由主義的ブルジョアジーを基盤としていた）は、地方の産業文化を発展させる必要性から初等国民学校の設立に意欲を示した。ゼムストヴォや地方自治体が設立した初等国民学校の他に、２年生の教区学校も生まれていた。②

しかしながら、これらの諸学校の数は、国民のすべての子どもを受け入れるにはあまりにも少なかった。19世紀末のロシアでは、一億人以上の人が読み書きできなかったと言われている。1897（明治30）年の統計によると、読み書きができる成人の男性は35.8％、女性はわずかに12.4％であった、という事実がそのことを雄弁に物語っている。(③―164)

ロシアの中等教育施設ギムナジアは、一般国民のはいる初等学校との接続は明確でなくむしろ断絶していて並列関係にあった。したがって、ギムナジアで行われた文学教育は広く一般国民を対象にしたものではなかった。

これから考察するブナコーフの文学教育観は、最低限の「読み書き算」の能力とともに全人間的なものを育てようとして構想された初等教育の枠

組みの中のものである。

二　ブナコーフの教育観と文学教育

　ブナコーフは、子どもの生来の力の全面的な発達をさせるのが教育であると考えていた。彼の主著『学校の仕事』(1875〈明治8〉年)でこう語っている。

　　わたしは、学校の本質的な課題についてつぎのように答えることができる。めざすものは、真の人間的な生活であると。たとえて言えば、——その本質である人間的な諸力、つまり、動物から区別される精神性を人間にもたらす生活、人間の思考・感情・意志をのびやかに適切に表現することができる生活、——このような生活に向けて学校は生徒を育てなければならない。
　　もし、人がまわりの世界や自己の権利と義務に関して無自覚な態度をとっているならば、つまり、もし彼がその行動において非理性的で非合理的であり、身近な人びとに愛情を感じないならば、さらに、もし、愚劣で獣のような残酷さまたは冷淡さを示すようであるならば、つまり、もし、真実・全・精神的な美しさを求めることと無縁であるならば、はたしてこのような生活は、人間のすぐれた資質にふさわしいであろうか。はたしてこのような生活に向けて生徒を育てるべきであろうか。(④—94)

　彼は、知性・道徳・美意識を一人の人間に全面的に統合して発達させることを教育の理想としていたのである。ブナコーフは、ロシアの民衆が読み書き能力を習得することが緊急の課題であると考え、そのための教授法として音声法の普及と改善に努力したのであるが、初等国民教育のあるべき方向はそこにとどまるべきではなくて、全人間性の開花に培う普通義務教を目ざすべきであると考えていた。
　この立場から、彼は、民衆の教育を抑制しようとする帝政の政策を批判するとともに、とりあえず読み書き能力の教育に徹しようとする教育運動家の状況論をも批判した。彼は1899 (明治32) 年に、学校に対する各地の農民の期待の声をつぎの三点にまとめている。

第四節　民衆に開かれた文学教育

（1）文学の読み書き能力だけを期待しているのではなく、文章を読んだり手紙が書けたりすることを望んでいる。
（2）文章をとおして知識を求め、自己を表現する力を求めている。
（3）お話や物語を聞いたり読んだりして楽しむ力を求めている。
そして、農民の声を引用しながら、つぎのように言っている。

　　彼らは、学校に、単に狭い意味での読む力と書く力という読み書き能力を求めているのではなく、職業準備教育を求めているのでもない。学校を支持する場合、彼らは、「学校はすばらしい。歴史がたくさん読めるし、本もたくさん読める」、「学校では大きな（神の）観念に導いてくれる」と言っている。（⑤―269）

このような農民の声に応えて、彼は、初等普通教育は、単に文字の読み書き能力の段階にとどまるべきではなく、文章読解力を育て、人間の生き方（世界観）にあいわたる教育をすべきであると主張したのである。

ブナコーフは、意見を述べるだけでなく、実際に農村にはいって農民やその子どもたちの教育にあたった。

1867年に、ヴォロネジ陸軍ギムナジアに勤めるかたわら、二年制の初等学校を作った。教科目は、宗教・読み方・書き方・算数を中心にして、製図・幾何・外国語・歌・体操・遊びであった。製図を加えているところに新興の工場主たちの要求に応えようとして、実用的な科目に着目していたことがわかる。体操と遊びを採り入れているのは、彼の教育学者としての見識を示している。

この実践をふまえて、彼は、教科書『アーズブカ（文字）と読みの授業』《Азбука и уроки чтения》（1867年）およびその指導書を作った。このテキストが進歩的な教師たちの支持を得て広く流布したことが直接のきっかけとなって1872（明治5）年のモスクワ教員集会に招かれたのであった。

教員集会での活躍が原因となって警察の監視が厳しくなり、彼は、ヴォロネジ陸軍ギムナジアの退職を余儀なくされた。1884（明治17）年、ブナコーフは陸軍ギムナジアを退職すると同時にヴォロネジの私立初等学校を

も引き払って、ヴォロネジ市郊外のペチノ村に移住し、全財産を費やして同年10月に初等国民学校を開設した。就学期間は、当時の普通のゼムストヴォ初等学校と同じ三年であった。その諸経費のほとんどをブナコーフが負担し、教師の賃金の一部を村のゼムストヴォに負担してもらった。彼は、村のすべての子どもを就学させるために住民の説得を行い、貧困家庭の子供には衣服や靴などを支給して物質面の援助もした。遠隔地の子どものためには寄宿舎も作ったのである。

ペチノの学校では、読み・書き・算・歌のほかに、自然・歴史・地理・文学が教えられた。基礎教科だけでなく、社会人に必要な近代教科を積極的に採り入れて、初等普通教育を実施したのである。さらに農村の地域性を考えて、園芸や野菜作りも教科として位置づけた。これはヴォロネジ私立学校に製図を採り入れたここと対応していて、実科的な教育の必要性を重視したものである。農村の子どもたちの将来の実生活に有用な知識と技能を身につけさせようとしたことが推察される。基礎強化の充実、一般教科の位置づけ、実用科目への学校の開放などに、初等教育の段階から一般普通教育を実施すべきであるというブナコーフの理想とその具体化を見ることができよう。彼の学校には、「学ぶことは光、無学は闇」という標語が掲げられてあといわれている。(⑥—21)

彼は、また、成人のために「読み書き学校」を開き、一般農民も利用できる図書室を作った。そこには約800冊の書籍が置かれていた。さらに、彼は、ペチノ学校の卒業生を組織して、自立農民劇場を発足させた。そこでは、オストロフスキー、トルストイ、プーシキン、ゴーゴリ、モリエールらの作品が上演された。これはロシアにおける最初の農民演劇サークルであった。

ブナコーフは、このような実践をとおして、ロシア語の読み書きをどう教えるか、文学にどのようにふれさせるか、すべての教科の内容はどうあるべきか、などを追求していった。その成果を講習会などで報告し、しだいに「教師の教師」と言われるようになり、一般教師たちの指導者となっていった。それらの報告から原理的なもの法則的なものを選んで、つぎの

第四節　民衆に開かれた文学教育

ように体系化したのが、1875（明治8）年の著書『学校の仕事』《Школьное дело》である。

Ⅰ　民衆の学校の基本的な課題と望ましい性格
Ⅱ　生徒の身体的発達と学校との関係
Ⅲ　基本的な心理的概念。訓育的な教授＝学習
Ⅳ　認識の現象。連想の法則。読み書き能力の学習の基本的な法則
Ⅴ　思考の方法。帰納法と演繹法。文法的課題と正書法
Ⅵ　思想と感情の相互関係。直観の開始。実際的な読み。直観の参考書
Ⅶ　詩と散文。人間の感情。学校におけることばの芸術作品の読み
Ⅷ　教授＝学習の形式。授業の準備。教授＝学習の対象。集団の授業
Ⅸ　……（原典、省略）
Ⅹ　意志的な現象。性格と気質。教授＝訓育過程における個人と社会の原理
Ⅺ　学校の道徳的な影響および生徒への訓育的な教授＝学習の理想と方法④

「学校の基本的な課題」から始めて「道徳的な影響」まで、みごとに整った「初等学校教育学」の体系となっている。初等学校は「読み書き」を教えればよいという実用性中心の教育観をのりこえた体系である。

この全11章の中でⅣ章が「読み書き能力」にあてられ、Ⅶ章が「芸術的なことば」の指導にあてられている。それぞれに1章を配分していることと両者を異なる性格のものとして分けて考えていることに注目しておきたい。

三　解明読みの論

19世紀後半のロシアにおける情報のメディアは、雑誌（定期刊行物）と書籍であった。人びとは、雑誌や書籍をとおして社会問題や自然科学の新しい情報を入手し、新しい思想を知り、社会の動向を察知した。新しい知識は人々を連帯に導く役割も果たした。知識は「闇を照らす光」であったのである。情報の中には社会を批判し改革の方向を示すものもあった。ロシアにおいて検閲が厳しかった理由もうなずけよう。読む力の習得は、「光」の獲得を意味した。ブナコーフは、ロシア民衆が「本」を読む力を

第二章　革命前の文学教育（その２）

身につけることによって、より人間らしく成長していくと考えていた。彼は「読み」の指導において、読みの方法とともに教材の内容を読みとらせることも重要であると考えていた。文章の内容を自己のものとして読みとらせる方法が「解明読み Объяснительное чтение」である。解明読みの創始者はウシンスキーであるが、その継承者であったブナコーフは、初等学校にふさわしい解明読みを探究し、熱心に普及させた。彼は、1872年に『三年制学校の教科としてのロシア語』《Родной язык как предмет обучения в народной школе с трехгодным курсом》を著して「解明読み」の内容と方法をつぎのように定式化している。

1　学校は、解明読みによって、生徒を知的な読みに導き、平易な科学的文章も詩的文章も理解し、役に立て、喜んで自主的に読むことを教えなければならない。
2　教室の解明読みのための素材は、課題のこのような性格に応じて内容的にも形式的にもさまざまな叙述——物語、易しい思考文、芸術作品——を易しいもの簡単なものからより複雑なもの難しいものへと移行させるようになっていなければならない。
3　学校の授業としての解明読みの過程はつぎのことをふくんでいなければならない。
　　a）語や言いまわしの解明、生徒に難しい語句の理解
　　b）それぞれの内容、文、文と文との関係の解明
　　c）全体の内容、構成、本質の解明
　　d）内容の解釈をする叙述、読んだものについての報告
4　読んだものについての報告は、つぎのような内容を含んでいなければならない。
　　a）作品の本質の定義
　　b）構成の明確化
　　c）科学的な文章または散文のばあい（形態・言語の面でなく、内容・意味の面で）、記述されている知識を抜粋し筋の通った叙述をする。詩的作品の場合、主題・詩的形象・印象をはっきりと解明する。最後に、作品が寓話のように教訓的なもののばあい、その中の道徳的イデーとその解明の方法を明確にする。

5　解明読みがその目的を達するためには、よけいな説明やあまりに小さなことや読んだことと直接関係のないこと、読みの対象から離れた付随的な知識に深入りしないで、その対象の完全な理解に限定しなければならない。
　6　解明読みが目的を達するためには、まず生徒自身に解明させなければならない。解明が生徒の理解を超えるばあいには、〈暗示の〉質問による退屈で無益な作業を長引かせないで、話しあいと記述とを交互に行う。
　7　教室の解明読みの順序は次のとおりである。
　　ａ）文章の理解・把握のための準備としての予備会話。科学的文章のばあいは特にこの話しあいが必要である。
　　ｂ）単語や言いまわしを解明して、作品の部分を読む。
　　ｃ）内容に関する報告を書く準備として読んだものについて質問する。
　　ｄ）印象を完全にするための全体の通読。いわゆる〈仕上げ〉の読み。
　　ｅ）自分のことばで内容を叙述する。読んだものについて報告する。
　8　解明読みの目的を達成するためには、生徒が徐々に自主的な読みに移行するようにしなければならない。このために、教室で読むのと同質の作品を指定したり、予備的話しあいや生徒の読みが可能な作品を指定したり、読んだものについての簡単な報告を求めたりする。(⑦—73〜75)

　当時の読みの指導の多くは、詳しい語釈や書かれている事物についての補足的な説明に終わっていた。それに対して内容（基本的な思想）を読みとることを目標にしていて、自分のことばで報告したり文章に書き表わすことによって目標を達成するとしているところに解明読みの特色がある。事前の話しあい、部分（語・文・文章）の解明、全体の通読の順序は、文章を精確に読みとるための指導過程となっている。

　このような解明読みの力を育てつつ、内容を読みとる力を生かして、文学の授業がなされるのである。

四　ものの見方・感じ方を育てる文学教育

　ブナコーフは、『学校の仕事』(1875年)において、文学教育に関して、文学の特質と機能、文学教育の目的、教材、指導方法について述べている。

第二章　革命前の文学教育（その２）

1　文学の特質と機能

彼もロシアの伝統的な文学観を継承していて、「形象」に文学の本質を見いだしていた。

> 詩の力と本質は、生きいきした芸術的形象にあり、何よりもまず想像力と感情に働きかけ、それをとおしてのみ人間の思考と意志に働きかける。
>
> （④—203）

形象は想像力と感情を通路にしてのみ思考と意志に働きかける、と考えるところにブナコーフの文学観の特徴がある。

さらに彼は、ゴーゴリとトルストイの例をあげて説明している。

> ゴーゴリは、その有名な『死せる魂』の芸術的な情景において、過去の20年代、30年代、40年代のロシアの田舎の本質的な性格であった人間的な個性を卑しめる農奴制の力をはっきりと映し出した。（中略）
>
> トルストイ伯は、有名な『復活』で過去100年のロシアの17・8歳の若い知的な世代の本質として、良心をかきたてるものと生活の真実および意義の探求の不安とをその〈創造の真珠〉に書き込んだ。
>
> 詩は、諸現象の本質そのものを捉え、生きいきとした真実の形象にそれをあざやかに描いて、われわれに生活と諸現象の意味を説明し、それらの理解のしかたと評価のしかたを教える。つまり、想像力や感情にかかわるだけでなく、われわれの思考をうながし方向づける知性にもかかわっているのである。（④—205〜206）

文学は、「生活と諸現象の意味を説明し、それらの理解のしかたと評価のしかたを教える」と言う。だから、文学は想像力や感情にかかわるだけではなく知性にもかかわっていると言うのである。

2　文学教育の目的

ブナコーフは、生活と諸現象の理解のしかたと評価のしかたとを教えるところに文学の機能を見いだしていたが、それは同時に文学教育の目的でもあった。彼は、子どもたちに、まず自己について美的感情（эстетическое чувство）を伴う理解をさせ、つぎに他者について美的感情の伴う理解をさせることが重要であると考えていた。この「他者」にまわり

第四節　民衆に開かれた文学教育

の人々や自然を含めて考えていた。

> われわれのすべての課題は、自然の学習へ興味と関心を目ざめさせることに、人間の生活やその諸現象に強力で重要な理解をさせ、まわりの現実に意識的な態度をとらせることに、あまりにもわずかしか心を配ってこなかった。初等学校では可能なかぎり、わずかながらも内面の諸現象の学習を課題とすることができよう。つまり、われわれのかわいい子どもたちに、内的世界への興味を起こさせるのであり、その表れと内面との結びつきを理解させるのであり、それらの一回かぎりの現れやくり返す現れの内容と意味を教えたり知らせたりするのである。いわゆる、他者の喜びや悲しみや満足や苦しみに共感できる豊かさに満たされる能力を身につけさせるのである。(④—211~212)

ブナコーフは、文学作品にふれさせることをとおして、自己と他者（人間・自然）に対する美的感情をともなった深い理解をさせることによって、農民の子どもたちを豊かな人間に育てようとしたのである。

3　教材論

ブナコーフは、文学教材を見る基本的な観点をつぎのように述べている。

> 芸術の読みは、何よりもまず感情・情緒と呼ばれる精神的な現象の領域にわたしたちを導く。それゆえ、学校においても、生徒の高い精神的な傾向と自己の内面の意識的な確立とを刺激することをとおしての感情の教育を考慮すべきである。この観点から学校の読みのためにどのようなことばの芸術作品がとりあげられるかは、その芸術的な長所だけでなく、その感化力の面も考えられなければならない。それは、つぎのような諸問題でもある。
>
> どのような感情がより高い人間的な感情であるとみなすか。それらのうちのどれが学校へ行く年齢の人びとの理解力に適しているか。この観点から、読みとその系統性のために作品選択のどのような条件が出されなければならないか。その読みはどのようになされなければならないか。道徳や知力の発達の面からはどのような解釈がともなうべきであるか。(④—204207)

このように問いかけた上で、自己を中心に他者（人びと・自然）へと視

第二章　革命前の文学教育（その２）

野を広げていく教材配列の原則を立て、初等学校一・二・三年の教材の具体例をあげている。

　一年生は、読み書き能力が育ったあと本が読めるようになる。そして自然や身のまわりの物に基本的な美的感情を持つようになる。彼は、ウシンスキーの教科書『母語』を例にして、この時にプーシキンたちの小詩を与えたいと言う。あわせて与え方にも言及している。

　　ウシンスキーは、ロシアの詩の宝庫――プーシキン、チュッチェフ、マイコフ、ネクラーソフ、コリツォフ――から、民謡から、小さな子どもに理解でき感知できる優美な情景を彼の『母語』に選び出した。このようなすばらしい小詩の小さな情景は、もし教師がしかるべき表情をそえて声に出して読んでやると、小さな生徒に大きな印象を与え、彼らに好かれるようになるだろう。二・三の問いを出すのもよい。「この詩に何が描かれていますか」「どのように名づけられていますか」「それぞれの物についてどんなことが言われていますか」と。小さな生徒は、教師のことばにしたがって詩の中の小さな情景を暗唱するであろう。ついには、一人で、あるいは声をあわせてくり返しはじめるであろう。（④―212）

二年生には、詩だけでなく散文もとりあげたいと言う。

　　もはや、子どもたちは、読み書き練習にとどまらない。読みや教師との話しあいで共通の表象を持っている。したがって、いくらか知的な能力の広がりも持っているので、感情をより広く刺激し、発達させることが望まれる。（④―212）

自分のまわりへ視野を広げさせていくのである。

　まわりの自然に対して見方を広げる教材としては、プーシキン、マイコフ、アクサーコフ、ツルゲーネフ、ゴンチャロフ、グリゴローヴィッチなどの作家の作品を選ぶことをすすめている。

　身近な人びとに対して見方を広げる教材としては、トルストイ、コリツォフ、ネクラーソフ、グリゴローヴィッチ、ニキーチン、ジュコフスキー、スーリユフ、クルイローフの作品から「家庭生活や家族関係を生きいきと描いたもの」を選びたいという。例として、トルストイの『村の火事』、『石』、『チョッキ』、『リンゴ』、『ライオンと犬』、『ふか』をあげ、クルイ

ローフの『まひわとはと』、『おおかみとねこ』、『百姓とおの』などをあげている。

この時期から宗教的感情を育てる作品を与えることも必要であると言っている。

三年生は、「外の世界と内の世界をより鋭敏に感知する」と言う。

愛国心を育てるために、プーシキン、ゴーゴリ、コリツォフ、ツルゲーネフ、ネクラーソフ、トルストイなどの、ロシアの自然と生活を描いた作品を選ぶ。

ついで、市民的感情・勇気・自己犠牲・ヒロイズムなどを育てるために、過去の歴史的情景を描いた作品を与えたい、と言う。たとえば、レールモントフの『ボロディノ』、『二人の巨人』、トルストイの『セバストポーリ物語』など。

自己・他者（身近な人びと・自然）、社会の中の人間およびそれらがもたらす諸現象について、理解のしかた、評価のしかたを学ばせるための教材が選ばれている。

4 「言葉の芸術」の授業

ブナコーフは「解明読み」の指導過程を基本型にして、そのヴァリアント（変化型）として「言葉の芸術」を読ませる方法を生み出している。

> 言葉の芸術作品の読みと解明のための一般的なプランは（それは生徒の年齢や理解力、さらには教材に応じて変形されるが）、つぎのように定めることができる。
>
> （1）準備の話しあい
>
> 　準備の話しあいは、はじめの読みとそれに伴う解明の読みとを中断させないとき、芸術的な形象の生きいきした印象を冷却させないときにのみ必要であり、場合によってはまったく必要ではない。たとえば、コリツォフの歌（「百姓の小宴」、「耕作者の歌」、「お百姓さん、何があなたを眠らせるか」など）は、農業国ロシアの農村の学校では事前の準備の必要性はまったくない。
>
> （2）読むこと

第二章　革命前の文学教育（その２）

　　作品を場面ごとにわけ、場面ごとの結びつきを明らかにし、全体の意味を明らかにする。事実ややさしい科学の文章に対して、芸術作品の読みは部分から全体へ進むのでなく、その反対に全体から部分へと進むのがより正しい進め方である。

　　まず教師が選ばれた作品を声に出して読めばよい。もちろんよくとおる声で、表現的に、技巧的な朗読でなく、しかも感情をこめて読む。それは生徒に生きいきした全体の印象を可能なかぎり強く与えるためである。そのあと、生徒は教師の問いに答えながら、読んだもののうち何がとくに印象に残ったか、どの場面から与えられたか、それらはどのような順序ではじめからつぎのものへ進んでいるかについて述べる。もちろん、教師は、生徒が思い出すように助ける。それから作品は構成されている場面ごとに分けられ、部分ごとに読まれる。もはや教師によってではなく、形象・表現および単語の解明をした個々の生徒によって読まれる。その解明にあたっては、生徒一人ひとりに分からないような解釈にはいり込まないように、その意味をより適切にさぐるように厳しくしなければならない。――読んでいる作品から生徒の眼をそらさないことが大切である。

（３）読みのあとの話しあい

　　読んだ作品に現われている精神的な現象への、それが生み出される源泉への、根源への、生徒の意識的な接触へと方向づける。読みはじめたばかりの小さな生徒との話しあいはきわめて簡潔に、単純に行うべきである。高学年では、読んだ作品のより重要なものとの関わり、思想のより大きなものとの関わりにおいて、生徒たちがどのように豊かになったかについてもっと真剣に話しあわれねばならない。（中略）

　　芸術作品の学習においても、読みは作文の練習と結びつけられなければならない。たとえば、読んだことばで内容再現の叙述をするのである。（④―215～217）

　事実や科学についての文章は初めから順に読み「部分から全体へ」と進むのに対して、文学作品については「全体から部分へ」と進むべきであると言っている。文種に応じて読みの方法を変えているところに体験から方法を生み出した着実さが現れている。

第四節　民衆に開かれた文学教育

子どもたちの印象をたえずとりあげて授業を進めて作品の「生み出される源泉へと近づく」、つまり作者の意図を読みとらせる指導過程となっている。読みの自然（本質）にしたがっている、基本的な要素を取り出して組み立てた過程である。一般の教師が指導できる過程となっており、農民の子どもたちに「読み方」が身につく方法となっている。

ブナコーフは、初等学校で民衆の子どもたちに文学教育を行うために、その内容と方法を実践的に追究した。民衆の子どもは、単に読み書きができればよいのではなく、人間として豊かに生きられるように育てられるべきであると主張した。そのための一環として文学教育はあり、自分や身のまわりの人や自然を美的感情をもって見きわめたり感じとったりできるように、その見方・感じ方を育てようとしたのである。

子どもたちに読み聞かせする段階からはじめて、社会的な関係の中にいる人間について見つめさせるまでの教材を系統的に示した。彼が意欲的に追究した「解明読み」は、読みの過程の基本をおさえた手堅い方法として革命後に継承され、深められた。

19世紀の70年代になって、ようやくブナコーフによって民衆のための文学教育論の展開が緒についたのであった。

ブナコーフの実践と理論に見られるような初等教育活動や文学教育論が、中等教育ギムナジアに文学教育の基底となり周縁となって、全体としてロシアの文学教育を支えていたのであった。

注
①ブナコーフの略歴
　1837年11月27日　ボロゴード市に生まれる。
　1846年　コレルギン・ギムナジアで準備教育を終了。
　1854年　ボロゴード古典中学卒業。トチェムスク郡学校の教師となる。
　1859年　ボロゴード郡学校に転勤。このころドブロリューボフ、ウシンスキーの影響を受ける。
　1866年　ヴォロネジ陸軍ギムナジアの教師となる。
　1867年　二年制の小学校を開設。『アズブカと読みの授業』およびその指導書を書く。

第二章　革命前の文学教育（その2）

1872年　全ロシアの教員集会でロシア語教育法の講義をする。『三年課程の初等学校における教科としてのロシア語』
1875年　『学校の仕事』
1884年　ヴォロネジ陸軍ギムナジア退職。ペチノ村に移住。私立初等国民学校を設立。
1902年　講演のあと逮捕され、オストロゴジシク市に非拘束追放となった。
1904年12月8日　没（67歳）。
1905年　『わたしは、「教師の教師」にどのようにして、なり、どんなふうにやめたか』
1905年12月5日　第一次ロシア革命起こる。

②藤井敏彦「公教育の制度及び思想の成立過程──〔ソビエット〕革命前の初等教育を中心として──」『日本の教育史学』第5集　1962年10月20日　講談社　参照。
③Н.А.Константинов,В.З.Смирнов,История педагогики.『教育史』1965.《Просвещение》
④Н.Ф.Бунаков,Школьное дело.「学校の仕事」Избранные Педагогическая сочинения,1953.《АПН》
⑤Н.Ф.Бунаков,Сельская школа и налодная жизнь.「農村学校と国民生活」,Избр.пед.соч.
⑥В.Смирнов,Н.Ф.Бунаков,его жизнь и педагогическая деятельность.「ブナコーフ、その生涯と教育活動」,Избр.пед.соч.
⑦Н.Ф.Бунаков, Родной язык еае предмет обучения в народной школе с трехгодным кусом.「三年制学校の教科としてのロシア語」,Избр.пед.соч.

第五節　社会主義思想と文学教育
──レーニンの思想と文学教育──

　19世紀から20世紀にかけてのロシアは、農奴制及び帝政が極度の矛盾に達していた。農民と労働者の飢えと無権利は、人間として耐えがたい状態にまで達していた。失敗に終わったが、1905（明治38）年のペテルブルグでの血の日曜日事件は、第一次ロシア革命となった。ロシア社会の非人間的状況は、その時に弾圧に向かった兵士たちの一部が動揺し、農民や労働者の側に移ったことに象徴的に現れている。
　レーニン①は、このような状況において、無産階級の解放と社会主義社会の建設をめざして革命運動を指導した。彼は、人びとに向かって解放への展望を語り、状況に応じ必要に応えて文化問題にも深く豊かな発言をし

た。それらの発言は、進歩的な教師たちを勇気づけ、彼らの活動に指針を与えるものでもあった。レーニンの文学観は革命期の混乱に対する指針となるとともに、革命後のソビエトの文学教育の理論と実践の導きの糸となって大きな影響を与えた。

一　レーニンの自己形成と文学

　レーニンの夫人となった、クループスカヤは、『レーニンの思い出』の中で、レーニンが愛読した小説について回想している。
　　ウラヂーミル・イリイッチは、ツルゲーネフ、レフ・トルストイ、チェルヌイシェフスキーの「何をなすべきか」などは、一度だけでなく、何度もくり返して読み、古典作家をよく知っていたし、愛読もしていた。ボリシェヴィキが権力を獲得したとき、彼は国立出版所に、古典の廉価版による再刊の任務を与えた。ウラヂーミル・イリイッチのアルバムには、親戚や昔の徒刑囚の写真の他に、ゾラやゲルツェンの写真があり、チェルヌイシェフスキーの写真も数枚あった。（②―49）
　レーニンは、19世紀後半以後の作家のもの、つまり、彼の少年期から青年期にかけて出版された作品を多く読んで自己形成をした。とくにチェルヌイシェフスキーには親しんだ。レーニンは、チェルヌイシェフスキーの小説と同名の『何をなすべきかЧто делать?』（1900年）という書物を出版したほどである。
　その書では、つぎのように記して、人びとの世界観形成に果たす文学者・評論家の役割を高く評価している。
　　今はただわれわれは、前衛的闘士の役割をはたしうるものが、ただ前衛的理論によって指導される党のみであることを指摘するだけにしたい。そしてこれが何を意味するかということをいくらかでも具体的に思いうかべるためには、読者はゲルツェン、ベリンスキー、チェルヌイシェフスキー、そして70年代の革命家たちの輝かしいプレヤードのごとき、ロシア社会民主主義の先駆者たちを思い出してみればよい、ロシア文学が現在もっている世界的意義を考えてみればよい、そして……いやもうこれで十分だ！（③

第二章　革命前の文学教育（その2）

―217)

　これは、とりもなおさず彼自身が、ゲルツェン、ベリンスキー、チェルヌイシェフスキーの作品によって自己の世界観を形成したことを物語っている。その他、彼の論文や演説には、トルストイ、ドブロリューボフ、ドストエフスキー、ネクラーソフ、コロレンコ、ゴーリキー、シチェドリン、チェーホフ、セラフィモーヴィッチ、マヤコフスキー等の作品がふんだんに引用されている。レーニンがいかに多くの文学作品を読んでいたか、しかも彼のトルストイ論に見られるようにそれぞれの作品の本質をいかに的確に把握していたかを示しているのである。

二　文学の党派性についての論

　第一次ロシア革命（1905年）は、帝政から部分的な自由は獲得したけれども、結局は弾圧によって鎮圧された。その状況をレーニンは、
　　ツァーリズム〈帝政〉は革命に勝利する力をすでに持っていないとしても、革命は帝政に勝利する力をまだ持っていない（④）
と指摘している。
　このような状況の中で、社会主義社会の建設をめざす党と文学の関係について原則を確認する必要から、レーニンは、その後の文学と文学教育とを大きく方向づけることになった『党の組織と党の文学』（1905年11月）を発表した。
　それまでは、党の立場を表明する出版物は、検閲を気にしたり、商業出版物に載せるために妥協した表現をとったりしていた。しかし第一次革命を境にして、非合法なものさえ「90％」党的なものの表明が可能になった。そこで共産党的文学の原則をおしだすべき時が来たと考えたのであった。
　　この党的文学の原則はどこにあるか？　それは社会主義的プロレタリアートにとって、文学の仕事は個人もしくはグループの儲けの手段であってはならないということだけにあるのではない。それは一般に共通のプロレタリアの仕事から独立した個人的な仕事であってはならないのである。無

第五節　社会主義思想と文学教育

　　党的文学者をほうむれ！　超人文学者をほうむれ！　文学の仕事は全プロ
　　レタリア的仕事の一部・すべての労働者階級のすべての意識的な前衛によ
　　って運転される一つの単一な、偉大な社会民主主義的機械の「車輪とネジ」
　　にならなければならない。文学の仕事は組織的、計画的、統一的な社会民
　　主主義的党活動の構成部分とならなければならない。(④)

　レーニンは、文学は、「党活動の構成部分とならなければならない」とい
う原則をおしだした。農奴制的検閲から自由になった文学は、「党活動の
構成部分」となることによって、ブルジョア出版屋からも自由になれる。
だがあらたに文学は政治活動に従属させられるという懸念が生まれる。そ
れに対しては、レーニンは、つぎのような補足をしている。

　　文学の仕事が、何よりも機械的平等、平均化、少数者に対する多数者の
　　支配に従がいがたいものであることは言うまでもない。この仕事において
　　は私的創意、個人的嗜好により多くの自由が、思想と想像、形式と内容に
　　自由が保障されることが無条件に必要であることは言うまでもない。(④—
　　101)

しかし、党活動の構成部分となることと創作の自由を確保することとは、
多分に対立関係にあり、容易に弁証法的統一ができるとは考えられない。
けれども、それを統一して調和させ可能にしようとするのがレーニンの原
則であった。

　レーニンは、それは二つの点で可能になると言う。

　　第一に、われわれは党の文学と、それの党の強制への従属について言っ
　　ているのだ。各人はすこしの制限もなく、自分の勝手なすべてのことを書
　　いたり言ったりする自由をもっている。しかしすべての自由な結社（党を
　　もふくめて）もまた、反党的見解の宣伝に党の名を利用するような成員を
　　追放することの自由をもっているのだ。言論と出版の自由は完全なもので
　　なければならない。しかし結社の自由もまた完全なものでなければならな
　　いではないか。(④—102)

党の期待と作家の自由な創作活動との緊張関係の持続によって可能であ
ると説いている。

　　（第二に）、それは自由な文学となるであろう。と言うのは利欲でなく、

第二章　革命前の文学教育（その２）

出世でなく、社会主義の思想と勤労者への同感が、つねに新しい力をその陣営に送りこむであろうから。それは自由な文学となるであろう。と言うのはそれは飽食した女主人公や倦怠して肥満のために悩んでいる「上層の数万」へではなくて、その国に光彩を与え、その力をなし、未来をなしている幾百万、幾千万の勤労者に奉仕するであろうから。(④—103)

つまり、「文学が幾百万、幾千万の勤労者に奉仕する」ことそれ自体によって自己の自由を実現すると考えていたのである。

レーニンによれば、文学は、党と緊張関係を保つこと及び勤労者に奉仕する文学になることによって、いわゆる「党的活動の構成部分」となることが、文学想像の自由を実現させる唯一の道となるのであった。

この原則の確立は、1905年から1920年ころまでの帝政打倒から社会主義政権確立の初期までは反体制運動と新体制建設の情熱を支え、文学者を励まし、内発的な創作の衝動を導いた。ゴーリキー（『母』1906年）、マヤコフスキー（『ズボンをはいた雲』1914年）、セラフィモーヴィッチ（『鉄の流れ』1914年）等の新しい型の作家を生み、その活動を支えた。

だが、1920年ころからソビエト政権が安定してくると文学者や文学教育を束縛する原則へと変質していった。しかし、そのことはまだ革命前夜の課題ではなかった。

三　文学の歴史的・社会的理解

1908年に、レーニンは『ロシア革命の鏡としてのレフ・トルストイ』(⑤)を書いた。トルストイ生誕80周年にあたって、その無抵抗主義者の面だけを強調して積極的な面を意識的に隠蔽していくジャーナリズムに抗議してトルストイ論を書いたのであった。

レーニンは、「ほんとうに偉大な芸術家であるならば、たとえ革命の本質的な面のいくらかでも、その作品のうちに反映したはずである。」という前提を立て、失敗に終わった1905年の第一次革命の本質的な面を反映しているはずだとして、論を進めていく。

彼は、まずトルストイの極端な矛盾を指摘する。一方では、キリスト教を盲信する地主、禁欲主義者、無政府主義者、政治を拒否する者、道徳的自己完成を求める「トルストイ主義者」であり、他方では、社会悪を摘発する者、資本主義的搾取の批判、政府の暴力の批判、富の偏在と大衆の貧困の現実を追究する者である。この矛盾したトルストイをどう把えるか。レーニンは、それを当時の農民の矛盾そのものであると見なす。トルストイはその矛盾を忠実に反映しているのだと指摘するのである。

——トルストイの見解と教義における矛盾は偶然ではなくて、19世紀の最後の三分の一のロシア生活がおかれていた諸条件の矛盾の表現である。

——ロシアにおけるブルジョア革命の到来期に幾百万のロシア農民のあいだに形成された思想と気分の表現者として偉大である。

——彼の見解の総体が、まさに農民的ブルジョア革命としてのわが（1905年—浜本注）革命の特殊性を表現しているからである。トルストイの見解における矛盾は、この見地からして、——わが革命における農民の歴史的活動がそのうちにおかれている諸条件の矛盾の真実の鏡である。(⑤—210〜211)

それでは、その農民の「思想と気分」とは何か。

一方において、

土地所有のすべての古い形態と秩序とを絶滅し、土地を開放し、警察的階級国家のかわりに自由で同権の小農民の共同生活をつくりだそうとする志向（⑤—211）

を持っている。

他方において、

農民は共同生活の新しい形態に向かって志向しながら、この共同生活はいかなるものでなければならないか、いかなる闘争によって自由を獲得しなければならないか。（中略）農民のすべての過去の生活は地主と官吏とを憎悪することを彼に教えはしたが、しかしこれらすべての問題の答えをどこに求むべきかということを教えなかったし、教え得なかった。(⑤—211)

レーニンは、共同生活への志向はあっても、それを実現する方法を知らない農民の政治的無知が、矛盾の根源であると洞察していた。その矛盾を

抜け出し得ないために、農民は憎悪と敵意と絶望をくり返したのであった。武器を手にして立ちあがったときでさえ号泣し、祈り、嘆願書をさし出したのであった。出口を見出し得ないで、農民の矛盾をそっくり引き受けて体現したのがトルストイであると言う。

　　トルストイの思想、それはわが農民叛乱の弱点、欠陥の鏡であり、家長制的農村の軟弱性と「富裕農民」の硬化した臆病の反映である。(⑤—211)

　レーニンは、トルストイという大作家を、20世紀初頭のロシアの歴史的社会的状況を反映している「鏡」として捉え、みごとに分析したのであった。

　このような分析法は、かつて1840年代にベリンスキーがゴーゴリを分析し位置づけた方法と共通点を持っている。ベリンスキーの「現実の再現としての文学」という写実主義の文学観を史的唯物論の立場で発展させたものと考えられる。

　レーニンの、現実を映す「鏡」として文学を捉える歴史的社会的方法は、20世紀の文学研究の方法を導き、いわゆる「社会派」を生み出した（次節参照）。革命後には社会主義リアリズムとして継承され、より深く、より具体的に追求されていった。やがて、当然の結果として、革命後には教室において「現実を映す鏡」として文学を分析し学習する方法がとられるようになる。

　レーニンはその後、「Л.Н.トルストイ」(1911年)、「トルストイと現代の労働運動」(1911年) を著わした。これらの一連の評論をとおして、革命後の文学観と作品分析の方法を方向づける礎石をきずいたのであった。

　　四　文学史の時代区分

　レーニンは、1912年「ゲルツェンの追憶」をつぎのように結んでいる。
　　ゲルツェンを記念するにあたって、われわれはロシア革命に行動した三つの世代、三つの階級をはっきりと見る。最初は――貴族と地主、デカブリストとゲルツェン。これらの革命家たちの範囲は狭い。彼らは人民から

おそろしく遠い。しかし彼らの事業はむだではなかった。デカブリストはゲルツェンを目ざめさせた。ゲルツェンは革命的アジテーションを展開した。
　チェルヌイシェフスキーに始まり、「人民の意志」の英雄たちに終わる革命家＝雑階級人は、それを受け継ぎ、拡め、強め、鍛えた。闘士たちの範囲は広くなり、人民と彼らの結びつきは近くなった。「未来の嵐の若い舵手たち」――とゲルツェンは彼らを呼んだ。しかしそれはまだ嵐そのものではなかった。
　嵐、それは――大衆自身の運動である。最後まで革命的な階級プロレタリアートがその先頭に立ちあがり、数百万農民をはじめて公然たる革命闘争に立ちあがらせたのだ。嵐の最初の襲来は1905年であった。それにつづく嵐はわれわれの眼の前で育ちはじめている。(⑥—261)

革命という視点から1800年以後の、いわゆる近代を三つの時代に区分している。つまり、貴族と地主、デカブリストとゲルツェンの時代、革命家＝雑階級知識人の時代、プロレタリアートの時代、の三時代に区分したのである。

1914年の「ロシアにおける労働者出版物の過去」では、この時代区分をいっそう厳密に述べている。

　ロシアにおける解放運動は、運動に自分のしるしをのこしたロシア社会の三つの主要な階級に照応して、三つの主要な段階を経てきた。すなわち、(一) 貴族の時代、およそ1825年から1861年まで、(二) ラズノチーネッツまたはブルジョア民主主義派の時代、ほぼ1861年から1895年まで、(三) プロレタリアの時代、1895年から現在まで。(⑦—93)

「ゲルツェンの思い出」と同じ三区分法をとっている。ここでは第三期を「社会民主主義派と結びついた不断の労働運動が始まった」1895年からとしている。自らの生きていた同時代をはっきりと「プロレタリアートの時代」と洞察しているのは、彼の時代認識力の鋭さを示している。

　革命後の時代区分では、第三期は1917年からとなるが、区分の原理はレーニンのものである。ロシアの近代をこのように三つに区分する考え方は一般的になっている。

第二章　革命前の文学教育（その2）

　文学教育においても、十年制の普通義務教育学校の8、9、10学年は文学史を教えるのであるが、その区分は、8学年——19世紀前半の文学、9学年——19世紀後半の文学、10学年——20世紀（ソビエト）の文学、という三区分になっている。レーニンの洞察力と時代区分における文学教育への影響を知ることができる。

　　五　文化遺産の継承

　レーニンは過去の文化遺産を継承して新しい時代を展望せよと繰り返し主張していた。革命後のことになるが、1920年10月2日のロシア共産青年同盟第三回全ロシア大会での演説「青年同盟の任務」で青年に向かってこう呼びかけている。

　　わたしは、一般に青年の、とくに共産青年同盟その他あらゆる組織のこのような任務は、一言で言い表すことができると言いたい。その任務とは、学ぶということである。
　　もちろん、これは、単なる「一言」に過ぎない。これではまだ、重要でもっとも本質的な問題——何を学ぶべきか、また、いかに学ぶべきか——に答えていない。ところで、ここで肝心な点は、古い資本主義社会が改革されるにつれて、共産主義社会を作るべき新しい世代の学習・教育・陶冶も、古いままであってはならないということである。青年の学習・教育・陶冶は、古い社会がわれわれに残した材料から出発しなければならない。われわれは、古い社会がわれわれに残した人力と資材の蓄えを用いてのみ、初めて共産主義を建設することができるのである。青年の学習・組織・教育の事業を根本的に変革することによって、初めてわれわれは古い社会に似ない社会、つまり、共産主義社会が若い世代の努力の結果として作り上げられるという事態を達成することができるであろう。(⑧—298〜301)

　新しい共産主義を建設するために、古い社会の文化を十分に学びつくさなければならない、というのである。変革期には、すべてを新しくするという考えのもとに、古い文化は破壊すればよいという風潮が起こりかけていた。その時、レーニンは青年たちにこう呼びかけているのである。ここ

第五節　社会主義思想と文学教育

には、彼の歴史意識が十分に働いている。この考え方は、革命後の人民委員（文部大臣）ルナチャルスキーによって、芸術政策・教育政策に生かされる。実際に教育においても歴史学習は強化される。文学教育においても、ベリンスキー以来の歴史主義にレーニン的な文化史観で補強して、十年制義務教育学校では「文学史」が文学教育の主内容となったのである。

　記述が革命後の事実にまで先走った観があるが、レーニンの思想と行動は、そのすべてが1917年の革命と直結し、革命後の政治・経済・教育のあり方を方向づけているのである。
　文学における党派性の問題、反映論などの文学論、時代区分、文化遺産の継承などについてのレーニンの発言は、20世紀初頭の変革の時代を導き、変革期の教育を導いたのであった。ただし、その思想と行動があまりに権威を持っていたため、一面的に受けとめられ教条化するきらいがないではなかった。しかし、それは、革命後の問題である。

注
①レーニンの略歴
　1870年4月　Владимир Ильич Ленинは、ヴォルガ河畔のシンビルスク市の教育者の家に生まれた。
　1891年　ペテルブルグ大学法学部の国家検定試験に合格。
　1895年　逮捕される。
　1898年　クループスカヤと結婚。
　1900年　「何をなすべきか」
　1907年　国外へ逃れる。
　1916年　「帝国主義論」
　1917年　ふたたび帰国。10月、人民委員会議議長（首相にあたる）となる。
　1920年　「青年同盟の任務」
　1924年1月　没（54歳）。
②クループスカヤ著、内海周平訳『レーニンの思い出　上』1954年7月15日　青木書店（原書は1932年刊）
③В.И.Ленин, Что делать?「何をなすべきか」, Полное собрание сочинения.том.6.издание пятое. М.1967.《Политической литературы》

第二章　革命前の文学教育（その２）

④ В.И.Ленин, Партийная организация и партийная литература.「党の組織と党の文学」, Пол. собр. соч. том. 12.
⑤ В.И.Ленин, Лев Толстой, как зеркало русской революции.「ロシア革命の鏡としてのレフ・トルストイ」, Пол. собр. соч. том. 17. M.1968.
⑥ В.И.Ленин, Памяти Герцена.「ゲルツェンの思い出」, Пол. собр. соч. том. 21.M.1968.
⑦ В.И.Ленин, Из прошлого рабочей печати в России.「ロシアにおける労働者出版物の過去から」, Пол. собр. соч. том 25.M.1968.
⑧ В.И.Ленин, Задачи союзов молодежи 「青年同盟の任務」, Пол. собр. соч. том. 41. M.1970

第六節　革命直前の文学教育
―――第一回ロシア語・文学教師全ロシア大会―――

　1915年から1918年にかけてロシアに留学していた早稲田大学教授片上伸(1884～1928)①は、1916年12月27日から1917年1月4日まで開かれた第一回ロシア語・文学教育全ロシア大会に出席していた。片上は、その様子を「ロシヤの学校に於ける文学」(1917年3月モスクワにて）と題してロシアから日本へ報告している。革命直前の文学教育状況を記した貴重なドキュメントである。
　片上伸『文芸教育論』（大正11年9月10日、文教書院）所収の本文により、この大会の革命直前の雰囲気と焦点になった問題とをここに記しておきたい。

　　一　まれに見る大集会

　会場は女子大学の講堂であった。会員数はおよそ2070名。モスクワ、ペトログラードからの会員が550名、あとの4分の3の会員はアジアロシアおよびヨーロッパロシアの地方からの会員であった。名実ともに全国大会であったと言える。

大会は四部会に分かれて行われた。第一部は一般問題、第二部はロシア語、第三部は文学史、第四部は雑であり、各部をあわせて70の報告がなされた。片上伸は第三部の文学史部会に出席した。ロシアの教育課程では文学は「文学史」として教えられていたので、第三部会はいわゆる文学教育の諸問題を討論する部会であった。純学術上の集会にさえ警察の干渉がうるさく行われていた社会的空気の中で、「会議は頗る緊張し」た雰囲気であった。

二　決議事項

大会は、つぎの14項目の決議をした。
1．文学は情緒的具象的思索の所産なるが故に、方法に於いても、意義に於いても、特殊の教科目たること。
2．多数の教師は生徒の論理的思索に愬ふることを努むれども、実は主として生徒の芸術的思索を教養すべきものたること。
3．純文芸的文学は、ロシヤ語及びロシヤ文学の課業に於いて、主脳の地位を占むべきこと。
4．中等学校のあらゆる学級に於いて、教師は実際の作品に依り、それに対する生徒の直観的感覚力を深むること必要なること。
5．文学上の作品は、その描かれたる主題、文体、結構、及び文学的創作の一般の態度等の方面より研究すべきこと。
6．心理的、哲学的、社会思想的内容の方面より文学上作品を研究することは、真に重要なる点なり。尚社会思想上の研究は、青年を生ける現代の理解に導くために、最近文学（教科書上19世紀の30年代より初まる）の研究に際して特に力説せらるべきこと。
7．生徒の年齢上可能なる場合に於いては、進化的歴史的見地より文学上作品を研究すること必要なること。
8．時代の芸術上の現象（文学、絵画、彫刻、音楽）を並行的に教授することは、文学上様式の実物的研究の方法として有益なること。

第二章　革命前の文学教育（その2）

9．歴史主義の思想は、文学史の教程より如何なる一時期をも削除せざることを要求す。
10．文学史教程の配置は、その重心を新文学に置く方針を以てせらるべきこと。
11．古代文学に於いては、単に詩的創作の範囲に属する作品をのみ研究すべきこと。（伝説、口碑その他古代ロシヤ文学の紀念たるもの）
12．口碑文学は文学史上著しき地位を与へられざる可からず。民衆文学の芸術的感受を最も十分ならしめんために、生徒をして直接民衆詩歌の伝達者に接するの機を得しめたきこと。たとへば民謡の唱歌者、口碑の説話者を招聘し、または各地方特有の民衆文学の材料を蒐集し、これ等の材料を教室または文学会等に於いて利用すること。
13．最近現代の文学は中等学校に容れざる可からず。この事たる各教師の教育的手腕に待たざる可からず。
14．教師が生徒の精神的要求を満足せしむるに成功せんためには、教授の十分なる自由と教育上の自治とを教師には保證することを要す。

　この決議は、この問題に関する九名の報告の主旨を汲んで作られ、第三部会の合意を経たものである。したがっていろいろな人の意見が折衷されている。各項目の意義の大小軽重もまちまちである。片上は、「明快簡潔を欠くのは已むを得ない」と言っている。
　明快簡潔を欠くにしても、決議をよく読むと、1917年という時代の文学教育観が垣間見られないわけではない。
　たとえば、「6．心理的、哲学的、社会思想的内容の方面より文学上作品を研究することは、真に重要なる点なり」と決議している。革命へのうねりの感じられる力動的な時代を反映して、「社会思想的内容の方面」より文学を研究することを強調しているのである。
　また、「7．進化的歴史的見地」、「9．歴史主義」は、ベリンスキー以来の進歩的な教師たちの思想であったが、公開の場にこのように堂々と掲げられたのは、変革へと動いている時代の反映であろう。

第六節　革命直前の文学教育

ついで、「6．最近文学」、「10．新文学」、「13．最近現代の文学」を教材化すべきことを強調していることも、年代記的な文学史学習を否定し、現代を理解させるために現代の文学を与えようという思想の表明である。
　さらに、「8．芸術上の現象を並行的に」、「12．生徒をして直接民衆詩歌の伝達者に接する機を得しめたき」、「13．教育的手腕」、「14．教授の十分なる自由」など教育方法にふれていることは、単なる伝達の講義式授業から脱出しようという新しい型の教師の思想を表現している。
　このように、「あいまい」と思われる大会決議にも文学教育変革への機運は現れていたのである。

三　社会派と唯美派の対立

　片上は、「この決議事項のうちには少なくとも二つの相反対し得る主張を含んでゐる。」と述べて、その対立を詳説している。それは、「社会派」と「唯美派」の対立であった。
　部会では、学士院会員コトリャレフスキー教授が「社会派」で熱弁をふるい、フォルマリストのアイヘンワリドが「唯美派」として発言した。第三部の部長であったサクーリン教授（ペトログラード女子大学）は、それまではやや「社会派」寄りの立場をとっていたが、大会では部長という役割から、両者に公平な立場をとっていた。ロシアでは「社会派」はベリンスキー以来100年余の歴史をもっていたので旧派とも言われ、「唯美派」は新しい主張なので新派とも言われていた。
　片上によれば、旧派「社会派」のコトリャレフスキーは、「中等学校上級に於ける最近ロシヤ文学（1940年代より80年代に至る）教育の背景に就いて」と題して1月3日に、つぎのような要旨の発言をした。
　　　わがロシヤに於いては文学が正当の待遇を受けてゐないと言ひ、中等学
　　校に文学なく、大学にはただ1分科（歴史博言科）に取り入れられてゐる
　　に過ぎぬ。而かも大学での文学は、国文学の表面を走り通るのに過ぎない。
　　随ってロシヤの青年の大多数は殆んど母国文学の何たるかを知らずして実

141

第二章　革命前の文学教育（その2）

生活に入る。ロシヤ青年の教養に異常の感化影響を与へ得るものは、ロシヤ文学を措いて他に何ものもない。而してこの有意義の事業を為すに最も適当なるは中等学校である。然るに現在の中等学校に於ける文学教授法は全く誤謬である。文学者の伝記、年代的記録、それ等をくどくどと教へることは無用である。唯一最良の方法は、文学上の作品によつて、ロシヤに於ける社会思想の発達、社会運動の変遷を知らしめることである。一流の詩文人の作品は、やがてロシヤ社会の縮図であらねばならぬ。而して文学上作品の芸術的方面の教授、趣味の教養といふ方面は中等学校下級（凡そ5、6年級まで）の事としてよい。凡そ趣味は早く少年の頃に発達し得る。しかしながら厳粛な人生必需のこと、社会の発達といふが如きことは、やがて成年に入らんとする中等学校上級（7年級以上8年級まで）の青年に対して課すべきものである。而して是等の上級に於いては、生徒の社会思想の発達を促すといふことの外、ロシヤ文学の課業に於いて何等他の問題はあり得ない。これがためには他の一切を犠牲にして、即ち伝記も、批評も、抒情詩も除外してよい。唯一の目的は社会思想の養成の具としての文学といふに盡きる。上級の生徒をして、指導の下に多くを読ましむべし。而して実生活に入るまでに社会思想の発達を会得せしむべし。これ彼等が生涯の活動の思想的根底を成すものである。この事たる一日も早く、必ず着手せざるべからざることである。──教授は熱した調子で声を強めて言つた。──諸君は学校の規定に就いて顧慮されるかも知れぬ。しかし時は今速やかに去る。凡てのものは変る。今や政治上の振子は右に傾いてゐる。
(①288〜290)

片上は、「外と内とに敵を有する母国の現状に対する憂憤慷慨が、この老教授をしてかくの如き極端の言をなさしめた」と言っている。この演説に参会者は熱烈な拍手を送った。

「唯美派」の主張として、片上は『ロシアの朝』誌にアイヘンワリドが公けにした論文「学校に於ける文学」を紹介している。

「文学は必修的課業とすべきものでない。専門の教師が一定の教課規定に従つて生徒に課すべきものではない、文学は「精神の花」として、自由なる集会の席上これを共に楽しみ味ふことは出来るといふ意を説き、要するに学校の教課としては、語学は教ふるを得、教ふるを要す、文学は教ふる

こと不可能なりと言つてゐる。」

　芸術至上主義者の典型的な文学教育否定論である。この主張からは、教材論や教育方法論は生まれようがない。そもそも文学教育の研究すら不要なのである。

　ただし、文学教育においても文学の芸術性は否定すべきではないので、文学の「社会的思想的な面」が過大評価される時代には、留意すべき主張であった。革命へと激動している時代には、事実として反動的な役割をする思想でもある。

　第一回ロシア語・文学教師全国大会では、時代の要請に応える文学教育が追求され、その内容と方法について報告と討論が重ねられ、14項目の決議がなされた。とくに「社会派」と「唯美派」の論がはなばなしく論じあわれたところに十月社会主義革命直前の湧きたつ文学状況が反映している。

　ロシアは、1917年3月12日、ロマノフ王朝が倒れた。そして同年11月7日、十月社会主義革命が成功し、ソビエト政権が樹立された。革命後の文学教育は渾沌と変革の時代にはいっていく。

――――――――――――――――――

注
①片上伸の略歴
1884（明17）年2月20日　愛媛県越智郡波止浜村に生まれた。
1902（明35）年　早稲田大学入学。
1906（明39）年　早稲田大学卒業。
1907（明40）年　早稲田大学予科講師。
1908（明41）年　『未解決の人生と自然主義』
1910（明43）年　早稲田大学文学部教授。
1913（大2）年　『生の要求と文学』
1915（大4）年　ロシア留学。
1918（大7）年　帰朝。
1922（大11）年　『文芸教育論』
1928（昭3）年3月20日　没（44歳）。

第三章　革命直後の文学教育

第一節　混乱期における旧課程の継承
――否定されるものと継承されるもの――

一　新しい教育制度

　革命後の新しい学校の確立をめざして、1918年9月30日、全ロシア中央執行委員会は『単一労働学校令』Положение об единой трудовой школе российской социалистической федеративной советской республики 全32条を承認し、翌月16日付をもって法令として交布した。それは民衆教育の思想を制度として樹立したものであった。

　　第一条　教育人民委員部の管理下にあるロシア社会主義連邦ソビエト共和国のすべての学校で、高等教育機関をのぞくすべての学校は、「単一労働学校」という名称とする。

　　第二条　単一労働学校は二つの階梯に分けられる。第一階梯は8歳から13歳の子どもたち（5年制）、第二階梯は13歳から17歳の子どもたち（4年制）のためのものである。

　　第三条　第一および第二階梯の学校の教育は無償とする。

　　第四条　第一および第二階梯の学校への就学は、学齢期にあるすべての子どもの義務である。

　　第五条　第一および第二階梯の学校は男女共学とする。

　　第六条　学校の内部でのいかなる宗教の教育も、宗教儀式の実行も禁止する。①

　ソビエトは、それまでの階級文化を反映していた複線型の学校制度を廃して「単一」とし、労働を中心的な内容とする「労働的」な学校を選んだのである。その学校は次頁に示すような二階梯となっていた。すなわち9

第三章　革命直後の文学教育

年制としたのである。その学校は、無償の義務教育であり、男女共学であった。それは革命前の学校制度を全面的に否定し、国民全体に平等に開かれた新しい学校の建設を規定していたのである。

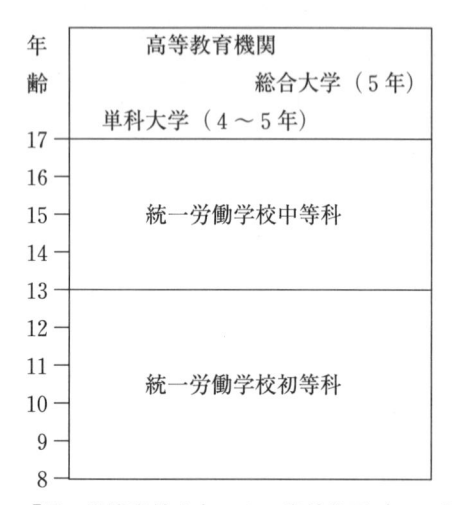

年齢	
17	高等教育機関　総合大学（5年）　単科大学（4〜5年）
13〜16	統一労働学校中等科
8〜12	統一労働学校初等科

「統一労働学校令」による学校体系（1918年）

二　革命直後の文学教育の実際

　制度について法律上の整備をしたとしても、それまでの教育実践から手のひらをかえすように新しい教育が軽々と実践できたわけではない。革命後の数年は革命前からの教師がそのまま勤めていたわけであるから、大半の学校では革命前の教育理念と指導法が継続されていた。
　そのなかで比較的に新しい実践へと踏み出したエリザベチンスカヤ学校（ペトログラード県）の1919年10月10日〜1920年5月15日までのプログラムによると、ロシア語科（文学を含む）の実践はつぎのようになされた。

　　第二階梯学校第一学年（九年制学校6学年）
　　　ロシア語——構文法の復習。言語の歴史と美学に関する簡単な知識。語

第一節　混乱期における旧課程の継承

義の変化（いろいろな文章における語の原義と転義）。描写のことばと心情のことば。矛盾した意義を持つ単語を見つける練習。同義語、同音異義語、反義語の意味の解明と正しい使用法の練習。芸術的な方法、擬人化、対比、修辞に目を向ける。寓話、ことわざ、慣用句、なぞなぞの形象性と芸術的形式の解明。個性的な物語を書くこと。詩、その領域と高い価値。叙事詩、叙情詩、ドラマにおける詩情の区別。つぎのような芸術作品の教室読み。ゴーゴリ『ドニエプル』、『外套』、『古風な地主』、『イワン・イワーノヴィッチとイワン・ニキフォローヴィッチはどのように喧嘩したか』、プーシキン『大尉の娘』、『ポルタワ』、『青銅の騎士』、『高潔な騎士』、ジュコフスキー『森の皇帝』、レールモントフ『わたしの行く末を悲しみをもって見つめる』の教室読みと暗誦。

　文学作品に対する教室の学習は作品の芸術的心理の側面と文体の長所の解明に向けられた。文学作品の話しあいによる解釈беседа-разборは、まず事件の展開Фабулаの学習に、登場人物の行為の動機の学習に、作品の文体と形式の特質に向けられた。

第二階梯学校第二学年（九年制学校7学年）

　ロシア語　ロシア文学史概説。古代発生の口誦叙情詩、なぞなぞ、ことわざ、慣用句。ドーブルイン、アレーシ、イリヤ・ムーロメッツについてのキエフ軍譚、勇士の非業の死に関する叙事詩。イーゴリ軍譚。ノヴゴロド叙事詩。ユリアン・ナザレフスキーの物語。イワン・グロズノムについての叙事詩。カザン占領。グロズヌィの息子への怒り、晩期発生の口頭作品；婚姻の抒情詩、日常の叙情詩。18世紀の物語；シェミャーキン裁判。不幸の悲しみ。アブバクーム司祭のくらし。カンテミール『非難の教え』。ロモノーソフ『エリザヴェータ・ペトローブナ女帝即位の日に』『思索の夕べ』。フォンビジン『未成年』。

第二階梯学校第三学年（九年制学校8学年）

　ロシア語　18世紀から19世紀半ばまでのロシア文学。ロシア文学の西ヨーロッパ的基盤——スコラ哲学。新古典主義。感情主義。リアリズム。晩期発生の口頭作品；婚姻の抒情詩、日常の叙情詩、運・運命・貧乏と富・真実と偽りについての昔話。ノビコーフのジャーナリスティックな活動。ラジーシチェフ『ペテルブルグからモスクワへの旅』。18世紀の私的叙情詩。

第三章　革命直後の文学教育

18世紀の長編物語と中編物語の発達。カラムジーンの『貧しいリーザ』、『ロシアの旅人の手紙』。ジェイコフスキー『村の墓地』。
第二階梯学校第四学年（九年制学校９学年）
　　ロシア語　デルジャービン『公爵メシチェルスキーの死』、ラジーシチェフ『ペテルブルグからモスクワへの旅』、18世紀の私的叙情詩。クルイローフの寓話。グリボエードフ『知恵の悲しみ』。プーシキン『コーカサスのとりこ』、『エフゲーニー・オネーギン』、『ポルタワ』②

これを見ると、革命直後はエリザベチンスカヤ学校においては、文学科は独立していなくて、ロシア語科において文学を教えていたことが分かる。カリキュラム構成の原理は、６学年では文学理論を中心にしており、７～９学年ではロシア文学史を教えている。ロシア文学史は19世紀前半までで終わっており、現代との関係や革命との関係を学習の対象とはしていない。民衆の口頭詩を多く教材化しているところにわずかに1917年社会主義革命の息吹きを感じることができようか。ただし、革命による浮わついた気分は感じられず、革命前からの伝統を踏まえて教えるべきは教えるという落ち着いた安定感がある。

三　文学科樹立の試み―1921年「教授要目」―

　教育人民委員部（ナルコンプロスНаркомпрос――文部省に相当する）は、1920／21教育年度の初めに『教育プラン』を発表し、一週間の学習時間の基準を示した。③
　近代教科が体系的に教えられるように整備されている。自然科学、言語と文学、数学、芸術に多くの時間が割り当てられていることが注目される。革命前の教科課程とくらべると宗教の時間がなくなっており、外国語の時間が極端に少なくなっている。「言語と文学」には大体において５時間が配当されていた。しかし、これは、教育施設の不足、教師の不足、教育思想の未熟な当時にあっては理想案であって、ソビエトにおけるこれの現実化には数10年の歳月を必要とした。

第一節　混乱期における旧課程の継承

1920／21年度『教育プラン』

教　　科	グループ（すなわち学年）									計
	第一階梯					第二階梯				
	Ⅰ	Ⅱ	Ⅲ	Ⅳ	Ⅴ	Ⅵ	Ⅶ	Ⅷ	Ⅸ	
物　　　　　　　　理	−	−	−	−	−	3	4	4	4	15
化　　　　　　　　学	−	−	−	−	−	−	3	3	−	6
生　　　　　　　　物	−	2	3	5	6	3	2	2	4	27
地　　　　　　　　理	−	−	−	−	−	3	2	2	4	11
天　文・気　象	−	−	−	−	−	−	−	−	2	2
言　語　と　文　学	−	5	5	5	5	5	5	5	3	38
数　　　　　　　　学	−	5	5	5	5	5	4	4	3	36
社　会　—　歴　史　科　学	−	2	3	2	4	4	4	6	6	31
芸術（唱歌、図面製図）	−	3	3	3	3	3	2	2	2	21
体　　　　　　　　育	−	2	2	2	2	2	2	2	2	16
外　　国　　語	−	−	−	−	−	2	2	2	2	8

　それはともかくとして、ナルコンプロスはこの『教科プラン』に則して新しい学校を充実させようとした。ただちに各教科ごとの教授要目（プログラム）の作成にとりかかった。第二階梯学校の「言語と文学」科の教授要目は、ナルコンプロスの依頼によって新進の文学研究者Π・Η・サクーリン④が作成した。

　1918年から1920年にかけては、新しいソビエト学校の文学教育のあり方についてさまざまな研究会や会議がもたれていた。その集まりにはＢ・ゴループコフやＭ・ルイブニコワも参加していた。1921年９月にペトログラードで文学＝言語の教師の大会が開かれ、1300人の参加があった⑤。このような状況の中で、Π・サクーリンを中心とする委員会は1921年末に『文学科教授要目』を発表したのであった。

　その教授要目は、ゴループコフによればつぎのような内容であった。
　（文学読みの一般的原理）
　（１）読みの基本的教材は芸術作品であり、全体においてそうである。
　（２）それぞれの作品は、すべてその美的完全性と思想的重要性において生きいきした芸術的有機体として感知され学習される。

149

第三章　革命直後の文学教育

（3）作家の諸作品は難しさのいろいろな段階をもっているので、特定の作家を継続的に学習することにプランの基礎をおくことはできない。そうすると、不本位ながらもある作品は早く学習することになる。作品の分類には何らかの他の原理が必要である。

（4）作品の選択とその学年配当に際しては、何よりもまず生徒の心理に基づかなければならない。彼らの年齢、知的発達の段階、彼らの趣好および興味、全体としてその年齢の一般的特質も特別に暗示にかかりやすい共体験の契機も考慮するのである。

（内容）国民の詩的自覚、現代にいたるまでの創造性の具現、農奴制的生活習慣と農奴解放後の農村の運命、ブルジョワジーとその成長のいろいろな段階、生活の動員としての国家権力、それぞれの関心とイデオロギーを持っている貴族インテリゲンチャと雑階級知識人と人民、現代の革命にいたるまでの社会的―政治闘争のすぐれた動因―これらは、ロシアの作家の創作において詩的彫琢を受けた生活の重要な諸問題である。

（方法）しかし、もし、誤ってすべての作品に外的形式で枷をはめると、まるで文学作品に社会思想史をあてはめることになるであろう。……詩的作品は生きた芸術的有機体であり、美的完全性と思想的重要性において学習すべきである。詩的内容は形式と離しがたい結びつきをもっている。(⑥-56～57)。

1921年教授要目によって初めて「文学読みЛитературное Чтение」という概念が使われるようになった。以後この概念は6-7学年の文学教育の内容として定着していく。これに対して、8-9学年は文学史を内容とすることになる。この教授要目の特色は、文学の芸術性・美的完全性を強調したことと教材配列に学習者の心理的発達の原理を導入したことである。文学教育研究者A・クラスノウーソフは「共産主義的な訓育の方法を発展させなかった」ことを欠点として指摘し、ラジーシチェフ、シチェドリン、ウスペンスキー、ゴーリキー、ブローク、ブリューソフ、プロレタリア作家、農民作家などの作品を教材化して教材の範囲を広げたことを長所としている。(⑤-42)。

1921年教授要目が文学教育の内容を体系化する原則を求め、実際に教育

第一節　混乱期における旧課程の継承

内容に系統性を与えたことは高く評価されるべきであろう。

注

① Сост. А. А. Абакумов, Н. П. Кузин, Ф. И. Пузырев, Л. Ф. Литвинов, Народное образование в СССР. Общеобразовательная школа. Сборник документов 1917-1973 г г. М, 《Педагогика》1974. стр 133-137.

　本法令の成立過程については、藤井敏彦「『単一労働学校令』の成立とソビエト学校の創造―ソビエト学校改革史研究（１）―」(『広島大学教育学部紀要』第１部第16号1967) に詳しい考察がある。法令の訳出にあたっては、同論文付載の訳文を参照した。

② Ф. Ф. Королев. Очерки по истории советской школы и педагогики 1917-1920. М. А П Н. 1958. стр 309-311.

6学年	7学年	8学年	9学年
ロシア語	ロシア語	ロシア語	ロシア語
代　数	代　数	代　数	代　数
幾　何	幾　何	幾　何	三角法
歴　史	歴　史	歴　史	地　理
地　理	地　理	地　理	自然認識
自然科	自然科	物　理	物　理
物　理	物　理	ドイツ語	歴　史
ドイツ語	ドイツ語	フランス語	フランス語
フランス語	フランス語	化　学	心理学と論理学
		労働の歴史	歌とピアノ
		自然認識	

本書によると、エリザベチンスカヤ校の教科課程は下表のとおりであった。

③ Н. А. Константинов, Е. Н. Медынский, М. Ф. Шабаева, История педагогики. М. Просвещение 1966. стр 361.

④ П・サクーリンにはつぎのような著書がある。

Социологический метод в литературоведении. М. 《М и р》, 1925, Методологические задачи историка литературы. 《Печать и революция》1925

Русская литература. Социолого-синтетический обзор литературных стилей, 《Новая литература》. М., 1929

151

⑤А. М. Красноусов, К сорокалетию советской методики преподавания литературы. "Литература в школе" 1957. 5 М.《УЧПЕДГИЗ》. стр 42.
⑥В. В. Голубков, Методика преподавания литературы,《УЧПЕДГИЗ》, М., 1955

第二節　労働教育論と文学教育
——ルナチャルスキーによる文学教育の構想——

ルナチャルスキーАнатолий Васильевии Луначарский（1875, 12, 6～1933, 12, 26）①は、ソビエト政権が樹立されるやレーニンの強力な推輓を得て教育人民委員（文部大臣）となり、1929年9月に退任するまでソビエトにおける社会主義文化の建設を推進した。その任務は、教育政策の遂行、文盲撲滅運動、芸術政策、出版事業、保健衛生までの広範なものであった。彼は、教育においては『単一労働学校令』（1918年）、『単一労働学校の基本原則』の作成に加わった。文学・芸術批評家としてはロシアおよびローロッパの文学や芸術の諸現象をマルクス主義的に分析し論評した。演劇においては『オリヴァー・クロムウェル』などの戯曲を残している。文学教育については教科の位置づけについて論じ、文学の意義、新しい学校の教材、作文教育論などについて見解を表明して、革命後の文学教育の位置と方向を模索し基礎をかためた。

一　労働教育論と文学教育の位置

1　芸術政策

ルナチャルスキーは、プロレタリア独裁の社会に移行したからといって、プロレタリアートの生んだ芸術だけを享受すればよい、とは考えなかった。学問・芸術の普遍人類的な諸価値をプロレタリアートは身につけなければならない。それがなければプロレタリアートは野蛮人の状態にとどまり、

第二節　労働教育論と文学教育

専門家になることはできないし、生産手段も十分には活用できないと考えたからである。

当時、フレーブニコフ（1885〜1922年）やカーメンスキー（1884〜1961年）らの未来派の人々は、未来の芸術を創造するために過去のものすべてを否定しようと主張していた。またプロレタリアートの文化を極端に強調するあまり、それまでの文化をブルジョア文化として否定する人々がいた。それらの人々に対して、ルナチャルスキーは、1919年4月に『イズベスチャ』誌上で論文「ふたたびプロレトクリトとソビエトの文化活動について」において、

> だが、これは間違っている。何度もくり返すが、プロレタリアートは、普遍人類的教養を身につけねばならないのであり、それは歴史的階級である以上、あらゆる過去との関連において前進しなければならないのである。
>
> （②-206）

と否定し、さらに

> だが、現在もし、国家機関にもっぱら新しいものプロレタリア的なものだけを普及する任務を押しつけようなどと考えるならば、われわれはプロレタリアートを野蛮状態に陥れ、その根を切ることになるであろう。そしてかりに、学問、芸術の領域でプロレタリア的想像の成果があったにしろ、それが遅々とした弱々しいものとなるであろうことは驚くにあたらない。（②-207）

とプロレタリアートの芸術創造の基盤を弱めるとも主張している。

ルナチャルスキーは、新しい芸術行政の施策にあたって、教育人民委員部の任務と目的を、第一に芸術遺産の保存、第二に新しい芸術家や集団の発掘と援助であるとしていた。すなわち、彼は、芸術行政の施政方針とも目される1919年12月から1923年4月までに連続して発表した論文『ソビエト国家と芸術』において、

> われわれはこれからも今までと同じ道を進むつもりである。人類の芸術的自叙伝が、そのできるだけ多くの手本において、労働するすべての人間に手の届くものとし、この労働する人間が、前述の自叙伝に自分の美しい黄金の一ページを書き加えるのを助けること、これが芸術的啓蒙の分野における教育人民委員部の目的である。（③-275）

と述べている。プロレタリアートは、学問・芸術の普遍人類的な価値を身につけなければならないという立場に立って過去の文化の継承の必要性を訴えたのであった。このような考えに立って、ルナチャルスキーは、ソビエトの芸術行政において、新人や新しい集団の育成に目を配るとともに文化遺産の保存に力を入れ、それらをすべての人民大衆が利用できるような保存の工夫をしたのである。実際に、革命前のツァーリズムを増悪するあまり過去のものすべてを破壊しようとする人々から、彼は、博物館、宮殿、公園、記念碑、銅像などを守ったのである。

このような過去の芸術を継承していく考え方を、ルナチャルスキーは文学に対しても示した。

　　　われわれの世界観とは一致しないが、それとある程度の共通性をもつ芸術もわれわれには重要なのである。たとえば、ゴーゴリが共産主義者でなかったことは認めなければならないが、『検察官』がわれわれにとって無縁な作品であると見なすわけにはいかない。(③-283)

文学においても狭い時代的な有用性ではなく広く普遍人類的な価値の尺度で評価しようとしていたのである。

2　労働教育論とは美育

ルナチャルスキーは、1917年以後の革命時代の教育は「教育の革命」であると把握していた。1918年の校外教育指導者講習会開会式の講演『教育とは何か』において、「社会主義革命は、学校においても学校外においても教育の革命револю́ция образова́нияである。この革命は人間形成の革命である。」(④-65)と語っている。革命後の建設期にさしかかって、その責任者となったルナチャルスキーの確かな意志と感情の昂揚が感じられる。彼は、このような教育をめぐる状況認識に立って、教育の革命への施策をつぎつぎと打ち出していった。その最初の基礎構築が『単一労働学校令』であったことはすでに述べた。革命一周年後にこの法令と同時に公布された『単一学校の基本原則』は、新しい教育の方針を明らかにした。そこでは、まず「新しい学校は労働的でなければならない」(⑤-138)とし

第二節　労働教育論と文学教育

て労働をコアとする総合教育が構想されていた。

　新しい労働学校は、散歩したり模型を作ったりの活動（労働）をとおして教育内容を習得させるのである。

> ほとんどすべての課業が、一つの大きなまだ分化していない教科にまとめられる。つまり、子どもをとりまく自然と社会環境とを労働をとおして知らせるのである。

> 遊び、散歩、対話は、子どもたちの活動のなかでの集団的思考や個人的思考のための材料を提供する。子ども自身のことや彼をとりまく状況からはじまって、すべてのことが、問いと答え、話、作文、表現、模倣の対象となる。教師は、子どもの好奇心や活動意欲を、もっとも豊かな結果が獲得されるように、強制のかげを見せないで組織化し方向づけていく。このすべてが、児童百科 детская　энциклопедия のような教授の基本的な対象である。(⑤-139)

この「児童百科」に1923年のコンプレックス教授要目のカリキュラム思想の淵源を見ることができよう。

　『基本原則』によれば、美育とは、美を享受し美を創造する能力を育てていくことであるが、それは自然と社会環境とを認識していく労働をとおして養われるものである。

> 一般的にいって、美育とは、ある種の単純化された児童芸術を教授するということではなくて、感覚器官と創造能力とを系統的に発達させることであり、そうして美を享受し美を創造させることを意味する。労働教育や科学教育がこの要素をそなえていないなら、それはたましいを欠いたものとなるであろう。なぜなら、鑑賞と創造とのなかで味わう生活のよろこびが、労働にとっても科学にとっても終局的な目的であるからである。(⑤-141)。

美育は、生きることへの意欲と喜びとを育てるのであって、労働教育においては重要な位置を与えられなければならないのである。

　このような美育の一環として、ルナチャルスキーは文学を見ていた。

第三章　革命直後の文学教育

二　文学教育観

1　ソビエト文学の教材化

　1925年に《ニキーチン土曜叢書》出版社から「シリーズ学校と青年のための現代作家図書館」が出版された。1925年7月1日の日づけのはいった同叢書序文に、ルナチャルスキーは、革命前のギムナジアには当時の現代文学が採り入れられていなかったことを述べ、革命という大地震のあとではすべてのものが新しくなり新しい視点が得られたのであるから、それらの「新しさ」を描いた革命後の現代文学が若者たちに紹介されなければならないことを強調している。

　　すべての若い市民による、とりわけソビエト学校の生徒による、革命前の古い文学の真に健康な形象（もっとも革命前の地主貴族たちの眈美主義への疑念は消えないが）の学習の重要性は少しも否定しないのであるが、われわれは、学校の側から生徒に現代文学を知らせないのは理解しがたい誤りであるということを強調しなければならない。(⑥-301)

　そして、コンプレックス（複合教科）の学習活動の中に文学作品を取り入れればよいと考えていた。

　　もっともそのために何か特別の教科として現代文学をとり入れる必要はないのである。ただ、これらの文学をそれぞれのコンプレックスのドアや窓から押し入れてその世界と生活を満たすこと、挿し絵や現実生活から生徒が得る情報とともに物語文学の材料は教育のためのきわめてわかりやすい事実であるということ、に配慮すべきである。そこで、現代の、最新の、彼らの思考を未来に向け、明瞭に豊かに方向づける可能性を与える本が生徒にたやすく手にはいるようにしなければならない。たしかに、若いがすでに群生しているわが国の文学の中から生徒たちに自由に選ばせるのが望ましい。だが、その年令にふさわしい、芸術的な点や傾向の点から適切に選ばれ、序文か解説をつけた本を彼らのまわりに置くのも悪くはない。(⑦-301)

　と、彼は、このシリーズは選文読本でもなく教科書でもないが、三つのコンプレックスの窓から取り入れて教室において生かされることも望ましい

と述べている。彼は、図書の選択は生徒の自主性にゆだねるべきであると基本的には考えていたのであるが、大人が「芸術的な点」と「傾向の点」から選んでそばに置いてやることがあってもいいのではないかと言っている。

著作集の注記によれば、1925年に、В・イワーノフ（1895～？）、Н・リャシコ（1884～1953）、А・ノヴィコフ-プリヴォイ（1879～1944）、А・ヤーコブレフの短編小説集が、1927年に、А・ビビク、И・ヴォーリノ（1885～1931）の短編小説集が、それぞれ一冊ずつ計六冊刊行された（⑦-634）。いずれも革命と革命後の生活を素材として、ソビエトの新しい集団主義的な生き方を描いた、革命後の作家たちである。

序文と選ばれた諸作品には、ソビエト社会への認識を深めさせようとする、ルナチャルスキーの訓育重視の世界観が現われている。また、このシリーズは、1920年代の後半に「社会認識科 обществоведение」における「社会認識」と「文学」との総合の具体化に苦しんでいたソビエトの教師たちの要望に応えるものであった。

なお、一連のプーシキンやチェルヌイシェフスキーなどの古典作家、ゴーリキーおよびマヤコフスキーなどのソビエト作家についての彼の文芸評論は、教師たちの作品解釈や教材研究を助け、教材化への努力をうながした。

2 文学的表現の作文

ルナチャルスキーは、1927年1月の『学校における芸術』誌に「学校におけることばの芸術」⑥という論文を発表して、ことばの教育における作文の意義とジャンルについて述べている。

彼は、まず、言語の教育の内容は三つであると規定した。すなわち、

①語彙の習得、話しことばや文章表現による語句の正しい構成や語構成などの言語の基礎的な教育

②現実を正確に描写する能力と思考を論理的に表現する能力、つまり、言語で伝達する能力の教育

第三章　革命直後の文学教育

③言語を使って自己や環境を豊かにそして個性的に表現する能力、つまり、芸術的な表現力の教育

　この三分野のうち、③の芸術的な表現力の教育が文学の教育と深くかかわっていると彼は説いている。

　読みにあたって、古典は単に内容面だけでなく「語句の音楽性・美しさ・表現性、修辞の優美さ・力強さ」という〈かたち〉をも楽しむべきだと述べ、現代文学からは、〈かたち〉とともに、とりわけ「革命後の生活と意識に関する」追求のしかたを学ぶべきであると述べている。革命後約10年を経たこの段階になると、ルナチャルスキーはことばの教育における〈かたち〉と〈思想〉に関して、両者を過不足なく学ばせようとする、やや広やかな立場に進み出ているように思われる。単なる共産主義思想の伝達をめざすような皮相で性急な教育を抜け出て、〈かたち〉と〈思想〉の両面をとおしての世界観の育成の可能性を見ているようである。このようなとらえ方で理解指導と表現指導との関連を見ていたのである。

　ルナチャルスキーは、生徒の芸術的な表現（作文）については、二つの方法を見いだしている。一つは、リアリズムによる記録的な方法であり、いま一つは、ファンタジーの方法である。

　記録的な方法については、つぎのように述べている。

　　　リアリズムは、わたしの考えでは、芸術的な言語で語る時の学習の試みの基礎的な柱である。もし、この試みが書きことばだけでなく話しことばでなされるならばそれも結構である。体験したことの芸術的な語りは大きな力である。⑥-93

　ファンタジーの方法については、リアリスティックな方法とともにファンタジーの方法をも許容すべきであると主張したあと、つぎのように述べている。

　　　空想は子どものうそや作り話から始まり、青年の—彼の立っている場からの未知の生活への憧れが吐露されている—小説への熱中に終わる。その空想は、成熟した人の活動を予行する内的な運動であり、遊びであり、練習である。⑥-93

第二節　労働教育論と文学教育

そして、ファンタジーの方法はリアリスティックな方法では見いだすことのできない広い世界を開くことを可能にするので、「芸術的な方法がすばらしい生産性をもたらすこともあることを忘れてはならない。」(⑥-93)と述べている。事実以上の世界を開示するファンタジーの機能をファンタジー学習の意義の一つとしている。また、彼は、成長過程における予行機能をいま一つの意義として認めている。ファンタジーの表現活動は、子どもが青年や大人へと成長していくために必ず経験しなければならない訓育の重要な要素であると考えていたのである。

作文教育を重視し、その中でも文学的な表現であるファンタジーの価値を認めるのはソビエトの文学教育の特色であるが、その文学的な表現力の理論的な位置づけをルナチャルスキーも担っていたことが分かる。この面でのルナチャルスキーの論の特徴は、子どもが大人に成長する過程でファンタジーの創作が必要であると考えていた点である。

3　晩年の文学論

1928年の代表者会議における開会講演の後半は共産党中央委員会決定「文学の領域における党の政策について」⑧の解説にあてられた。その決定は、検閲を否定し、党による文学の指導を否定し、「さまざまな集団や潮流の自由競争を主張」したものであった。共産党中央委員会決定の決定には、ルナチャルスキーも参加しており、ひろやかな自由競争の中で文学を発展させようとした当時の党とルナチャルスキーの思想を読みとることができる。文学教育におけるマルクス主義的な理解の強調も教条主義的な狭量なものではなかった。ルナチャルスキーにおいては、それが文学の普遍人間的な価値へいたる道であるという美育論の根本的な観点からなされていたのである。

しかし、ルナチャルスキーの理想社会をめざす自由主義的な文芸政策や文学教育観、さらには人間の全面的な発達をめざす単一労働学校の思想は、1928年から始まった五ヵ年計画の達成を急ぐ政党や党とその指導下にあったコムソモール（共産主義青年同盟）のすぐに役立つ熟練労働者養成の期

第三章　革命直後の文学教育

待とのあつれきを激しくした。

ルナチャルスキーは1928年の8月、教育人民委員を解任された。

　　人間を経済的に利用する計画が要請されている。だが、われわれは、われわれの経済的利益によって要請されることだけでなくて、人間を不具にすることを許さないということも考慮していくであろう。(⑨-44)

という、1918年8月に第一回ロシア教育大会でルナチャルスキーが宣言した理念は敗れたのであった。

教育人民委員を解任されたあと、閑暇を得たルナチャルスキーは、矢つぎばやにいくつかの作家論を発表した。その一つ、『芸術家としてのゴーリキー』(1931年) では、ゴーリキー論を展開しつつ、つぎのような文学本質論を述べている。

　○　作家は開拓者・実験者なのであり、かれはわれわれの軍隊の先を進み、プロレタリアートの生活と経験のすべての面を深くきわめ、形象的思惟という自分の独得な方法でそれを統括し、われわれのまわりでどんな過程が進行しているか、われわれをとりまく生活の中でどんな弁証法的なたたかいがわきたっているか、なにか勝利しつつあり、それがどこへ発展する傾向をもっているかについて、明るいあざやかな普遍化をわれわれに提供しなければならない。…作家は、たんなる図解者であるばかりでなく斥候兵のような者である。ゴーリキーはそういう斥候兵であった。(⑩-316)

　○　彼が望むことは、あるがままの、ありえたはずの、あらねばならぬ生活について伝えることによって聴衆や読者の心をゆさぶることであり、現実の呻き、号泣、不平、悪夢、堕落、敗北、よりよきものへの志向、勝利を再現することによって彼らの心をゆさぶることである。ゴーリキーが望んでいることは、ただ現実の形象を提供することばかりではない。彼は現実というものを大多数の人間にたいする最も深い侮辱として解釈し、辱しめられた人々にたいしてこの上なく偉大な訴えを述べ、辱しめられた人々自身の努力によっていっさいの醜悪さを根だやしにすることを望んでいるのである。彼は抑圧された人々を、搾取体制に対抗する勢力の形象として、現実がそうありえたはずの形象として描き、人間の中にどのような可能性があるかを示している。(⑩-322)

「人間を経済的利益に利用」するのではなく、一人ひとりの人間性を開

第二節　労働教育論と文学教育

花させることを目ざしたルナチャルスキーは、芸術教育を、とりわけ文学教育を重視した。彼の「作家は開拓者・実験者」「斥候兵」という考え方は、ロシアに伝統的であった文学者を「社会の先導者」と見る考え方を継承しており、ソビエトにおける文学者の高い位置を保障するものであり、文学教育の意義を高く評価するものであった。

このような文学観は、ルナチャルスキーの文芸評論や作家論とともに、その後の文学教師たちの文学観形成を助け、その教育実践を導く役割を果たした。

ルナチャルスキーは、人間の全面的発達における芸術教育の役割を重視し、教育人民委員としてソビエトの教育建設に彼の教育思想が反映するように努力した。「経済的利益」のみに傾くのではなく、人間の全面的発達を図るべきであるとする彼の考えは、ソビエトの教育課程政策が訓育の手段として文学を教育内容に大きく位置づける方向を支えた。

注

①ルナチャルスキーの略歴
　1875年12月6日　ウクライナのポルタワに生まれる。
　1890年　スイスのチューリッヒ大学に学ぶ。
　1904年　パリでレーニンを知る。
　1917年10月25日　ソビエト教育人民委員（文部大臣）となる。
　1929年9月12日　教育人民委員を辞任する。
　1933年12月26日　没（58歳）。

②А. В. Луначарский, Еще о Пролеткульте и советской работе, Собр. соч. в 8 – ми томах, т. 7, М, 《Художественная литература》

③А. В. Луначарский, Советское государство и искусство, Там же.

④А. В. Луначарский, Что такое образование, А. В. Луначарский о народном образование, М. 《АПН》, 1958.

⑤Народном образование в СССР, общеобразовательная школа. Сборник документов 1917-1973 г.г. М. 《Педагоика》 1974.

⑥А. В. Луначарский, Искусство слова в школе, Я. А. Роткович, Методика преподавания литературы в советской школе, М, 《Просве

第三章　革命直後の文学教育

щение》1963.
⑦А. В. Луначарский, Об изданий современной художественной литературы для школьников и юношества, Собр. соч. в 8-ми томах, т. 2, М,《Художественная Литератера》1963.
⑧ルナチャルスキー著　藤井一行編訳『芸術表現の自由と革命』大月書店　1975. 5 .28.
⑨А. В. Луначарский, Речь на Всероссийском съезде по просвещению, А. В. Луначарский, О народном образование, М,《АПН》1958.
⑩А. В. Луначарский, М, Горький-художник, А. В. Луначарский, Русская литература, М,《Художественная литература》1947.

第三節　総合科教育の試行と文学科の消滅
―― 1923年「コンプレックス・プログラム」――

　教育人民委員部は、教育内容を統制せず地域の自主性に委ね、教科書を否定する方針をとった。1923年には、労働・自然・社会をコアとするコンプレックス・プログラム（『複合教授要目』）を試案として提示した。いわゆる革命の時代の「教育の革命」として、労働を核とする総合学習を学校に持ちこんだのである。文学はソビエト社会を知るための手段とされた。

　一　クループスカヤのコンプレックス「教授要目」案

　1922年7月、クループスカヤは、科学・教育部の機関誌『新しい学校への道』に論文を寄稿して、「労働」をコアとする意義を次のように述べている。

　　わたしたちはわたしたちの学校を労働学校と名づけている。それは、学校の教育が労働的方法によって行われ、また、労働が学校生活の不可欠の部分として存在しているからだけではない。学校の教授要目全体がそれをめぐって回転しなければならないほど、労働すなわち人間の労働活動が、生活的な軸であるからなのである。……中略……
　　第二段階の第一部は、生徒たちに自分の生活と労働を合目的的に組織し、

第三節　総合科教育の試行と文学科の消滅

　自然現象にも社会現象にも意識的に対応してゆくのを可能にする認識と習熟とを与える。
　社会生活の諸現象に対する情動的な興味を喚起する有力な手段である芸術文学は、広範に利用されなければならない。もっとも、文学史は、言語の授業から離して、歴史教育と結びつけるべきであろう。そうすれば、この分野の教育における多くの有害な伝統と手を切ることを可能にするであろう。(①-8)

文学については、「社会生活」学習の一つの有力な手段(Средство)、または材料と考えていた。個々の教科よりも「社会生活」の学習に大きな価値をおいていたのである。文学を歴史理解の手段とするクループスカヤ独自の考え方がここにも現われている。

つづいて、クループスカヤは新しい教授要目の素案を『新しい学校への道』のNo.3に発表した。それは、「労働」を核として「自然」および「社会生活」の三領域に分けられていた。第二段階学校（中学校）の「社会生活」は、5学年がロシア史、6学年が資本主義の発達と1917年の社会主義革命、7学年が社会発展の法則、を学習内容としている。たとえば、5学年は次ページの表のようなテーマとなっている。

従来の教科の位置づけについては、この三領域の中に含みこまれているべきであるとクループスカヤは説明している。

　「それでは、ロシア語、数学、地理、美術、労働はどこにあるのでしょうか」と教師は質問します。これらのすべては上述の領域の学習に含みこむべきであります。たとえば、文学は社会認識の学習や階級的な心理およびイデオロギーの学習と結びつけ(связать)、数学を物理・測地・調査等と緊密に結びつけなければならないということです。……中略……
　社会生活の領域においては、われわれは、この学年（一年次──5学年）のために、農奴制、つまり、工業の発達がきわめて弱く農民の耕作労働が中心となっていた時期を取り上げます。これはきわめて豊かなテーマです。それは生徒の情動的な側面にふれる文学と容易に結びつきます。このテーマにおいては階級問題、階級の心理とイデオロギーを容易に教示することができ、階級的支配の組織としての国家の役割を容易に教示することがで

第三章　革命直後の文学教育

きます。(①-9～10)
「社会生活」の認識を学習内容の上位概念において、それを学習させる

第二段階学校　五年次②

自然、その資源と力	人間による自然の資源と力の利用（人間の労働）	社会生活
1．鉱石、鉱物、泥炭、石炭。ロシア共和国にそれらのある地域。 2．土壌。ロシア各地域の土壌の構造の特質。 3．物理学と化学。気象、土壌構造の化学的変化を理解するために必要な、植物の生命を理解するために必要な。 4．気象の観察。気象学。ロシア共和国の気象。 5．植物の生命と周囲の条件との関係、つまり、熱、空気、光、水分、土地構造。ロシア共和国の植物分布。 6．動物の種類。 7．動物界の一員としての人間。解剖学。生理学、衛生学。	採取産業、その種類と形態。ロシア共和国の諸農業地域の特質。 耕作の要素（土地の成分、その構造、湿度、草木の手入れ）。 土地への人間の働きかけの方法。 肥料。輪作。 農業労働の道具。種子その他。園芸。野菜作り。 農業における動物。畜産業。小規模経営と大規模経営。土地測量。 西ヨーロッパとアメリカにおける耕作。農業への科学応用の成果。 土地改良。	土地の私有。農民と地主。ロシアの歴史。 　中心点。つまり、農民の苦役からの解放、農民の権利、解放の条件。土地と自由のための農民の闘い。 　農奴制労働と雇用労働。この基本的な問題の大体は別の問題に分類すべきである。つまり、社会の階級分化、労働者抑圧組織としての政府、階級イデオロギーと心理の問題に。それは宗教についても論じるべきである。<u>おそらく、同時代のロシア文学が広く利用されるであろう</u>。先行するすべてのロシア史は、農奴制の問題を際立たせるためにだけ利用さるであろう。 　西ヨーロッパにける労働者の解放。フランス大革命。アメリカの奴隷制度解放のための闘い。

（下線―引用者）

164

ための一つの材料として文学を位置づけている。農奴制社会における「階級的な心理やイデオロギー」を理解させる目的で「生徒の情動的な側面にふれる文学」の特質を生かそうとしている。

　文学を「社会生活」認識の手段として位置づけているところに、1920年前後におけるクループスカヤの文学教育観の特色がある。

二　1923年コンプレックス「教授要目」

　クループスカヤの考え方を土台にして作成された「統一労働学校のための新教授要目」が1923年7月16日に教育人民委員部の承認を得て発表された。この教授要目によって新しいソビエト学校の教育課程の枠組みが決定されたのであるが、それは、やはり「労働」をコアとして、「自然」認識と「社会」認識をすすめる次ページの表のような三領域のコンプレックス・システムであった。

　クループスカヤの1922年私案と1923年7月に公表された教授要目とを較べてみると、三領域に分けていることは共通しており、内容も九分通り共通している。しかし、配列のしかたや用語の使い方では公式のプログラムの方がはるかに整っている。「労働」の項目には番号が付けられて整序されている。クループスカヤ私案では「ロシア共和国の諸農業地域」となっていたのが、1923年教授要目では「ソ連邦の諸農業地域」となっており、学習対象をより広くしていることは注目してよいであろう。

　文学教育に関しては、私案では、農奴制理解のために「おそらく、同時代のロシア文学が広く利用されるであろう。」と文学にも言及し、しかも、当時のクループスカヤの考え方である手段としての文学観を書き込んでいたが、1923年教授要目にはそれが見られない。1923年教授要目は、テーマとは異なる具体的なレベルの内容や教育方法に関しては省いているのである。

　もっとも、この二つのプログラムによって、1923年以後のソビエトの教育課程が総合的なコンプレックス・システムに移り、教科の教育内容はそ

第三章　革命直後の文学教育

第2科学校プログラムのスキーム③

自然、その資源と力	人間による自然の資源と力の利用（人間の労働）	社会生活
a）第2科第1コンツエントルのプログラムのスキーム。 i）第2科第1学年は単一労働学校の第5学年にあたる。		
1．気候、土地、植物の生活を理解するに必要な程度の、物理学や化学。 2．土壌の構造と特質。ロシア各地の土壌の特質。 3．気象観察。ソ連邦各地方の気候。 4．生物学。植物の生活と、その環境への依存。ソ連邦の植物分布。動物界；動の体構造と生活様式との関連。有害動物と有益動物	1．農業的採取生産の種類とその諸形態。ソ連邦の諸農業地域の特質。耕耘と施肥。輪作。畑作物の手入れ。労働用具と農業上の道具、農作物。養畜。養禽。その他の畜産部門。小規模経営と大規模経営。 2．西ヨーロッパやアメリカの農業。農業への科学応用の成果。土地改良。	農民と地主。農奴制とその発生。地主に対する農奴の闘争。貴族。ツアールと貴族。専政制度。貴族独裁。クリミヤ戦争。農奴解放。農民の無権利。買取賦金。地主経営。戦前における農業統計。 　土地についての農民の思想。労農提携。権力の獲得。土地に関する法律。西ヨーロッパでの農民の闘争。ジャケリー。農民戦争。大フランス革命。

の中に再編成され、文学は「社会生活」学習の中に含みこまれた。

1923年教授要目では、教科制をとっていないにもかかわらず、教授要目の第二段学校についての解説では、「社会科」「文学」「自然科」「化学」「物理」「気象」「天文学」「数学」の八教科の項目を立てて、それぞれについて解説している。ここには、建て前と実際との矛盾が見られるように思われる。中等教育でのコンプレックス化は容易ではなかったのであろう。「教育を生活と結びつける」という建て前と教育実践の実際との矛盾が教科内容の融合を困難にしていたのである。

その困難に立ち向かった苦闘の試みが、1923年教授要目であり、1920年代の実践であったといえよう。

第三節　総合科教育の試行と文学科の消滅

　その難しさは「文学」の項目の解説においても知ることができる。
　第二段階学校第一年次用教授要目では、文学の活動はテーマにしたがっていて独自の意義を与えられていない。社会の領域「社会生活」の構成要素となっている。
　それにもかかわらず、文学の授業は社会認識過程の一連の挿し絵の標本のごときものにすべきではなく、芸術作品はその全一性と完全さにおいて中学生によって感受され体験されるべきである、としていた。
　芸術的情動性を育て、それへの美的感覚を高めること——これは学校の文学学習において議論の余地のない重要な独自課題の一つである。
　芸術作品は社会科学的な方法ではなしがたい独自の方法によって、人間生活の現われの多様さを、その複雑さを、中学生の認識を豊かにし強化する。
　正しく行われる芸術作品の慎重で巧みな選択は、結局は、それぞれの具体的な学年にとっては教師によってのみなされるのである。その時、二つの課題が解決されなければならない。つまり、芸術作品からの自然な満足を与えることであり、一人ひとりの人間存在や集団の意味と意義を明らかにすることによって社会的な視野を広げることである。
　　　第二段階学校の第一年次においては文学課程の全内容は次のようにしなければならない。
　　１）芸術作品の文学的読み。２）独自の文学的創作、および、３）あまり知られていない、時には歌謡、歌、昔話等とも思われないような民衆の創造した作品を集めることと書きとめること、である。
　　第一学年のすべての課業内容は農業環境の学習に集中されているのであるから、文学読みの教材は、次のような観点から選ばれるのが望ましい。即ち、第一は農民生活のもっとも典型的な側面、その真に強固なインターナショナルな・階級的な・「百姓」の生活習慣、歴史的に自然的にきわめて異なった状況において堅忍不抜さを現わす生活力が現われているものであり、第二の側面は時代のすべてが刻みこまれているロシア農村生活の一定の歴史的段階の基本的な特質がより鮮明により生きいきと子どもたちに体験されるものである。

第三章　革命直後の文学教育

このことから作品の二つの系列が導かれる。

一つは、ロシアの現実、とりわけ農奴制の時期、農村がはげしく崩壊した時期、現代の革命的現実の時期である。

いま一つは、「一般に」動きの悪い鈍重な農民の生活習慣が定着しているものである。(④-108〜109)

教材例一覧

Ⅰ

ウスペンスキー「土の力」

コロレンコ「マカールの夢」

メリメ「ジャクリー一揆」

ジャック・ロンドン「無知な人々」、「Ａ－ＭＯ」

アーホ「迫害の運命」

チェトマイヤー「洪水」

メルゲンセン「鉄の街」

「選集」(アフリカ物語)

レイモント「音楽師たち」(適当な章。例えば「森の盗伐」「母乞食の帰り」)

Ⅱ

グリゴローヴィッチ「アントンゴレムイカ」「農村」

ネクラーソフ「だれにロシアは住みよいか」

ゴンチャロフ「オブローモフ」

プーシキン「大尉の娘」

サルチコフ・シチェ「野蛮な地主」

ドリーン「一人の百姓が二人の高官をやしなった話」

レフ・トルストイ「旦那と労働者」「地主の朝」

レシェトニコフ「ポトリポーヴェッツ」

コロレンコ「くもり日に」

ゲルツェン「40人の女泥棒」

ワロポトキン「女革命家の手記」

Ⅲ

ゴーリキー「チエルカッシュ」

チェーホフ「悪漢」「農夫たち」「下士官プリシュベーエフ」

第三節　総合科教育の試行と文学科の消滅

　ワープリン「馬盗人」
　ウスペンスキー「生きている数字」
　タイ「赤と黒」
　コロレンコ「ことばなく」
　シンクレア「ジャングル」(出稼ぎの問題)
　ポレンツ「農民」
　シシコフ・ヴャーチ「塔の台のもとに」
　セイフリン「肥えた土」
　イヴァーノフ・フセイ「パルチザン」「装甲列車」

　文学教育について説明するにあたって、①「社会生活」学習の構成要素として位置づける、②文学の独自性を強調する、という二点から論じ、その調和を図るよりも前者を主とし後者を従とする論理はクループスカヤ私案の論理と同じである。この解説では、文学の独自性を強調して「社会認識過程の一連の挿し絵」にすべきではないとしながらも、教材選択の観点は、農奴制理解と農民生活の理解に役立つものという題材面が示されているだけである。形象性については配慮が少ない。実際において文学の独自の価値（おもしろさ）は生かされないという結果になっている。

　現実に、教育課程の急激な変化は、教育現場に不消化を招き、1923年グース教授要目のコンプレックス・システムの理念も十分には受けとめられなかった。1926年６月24日の新聞『プラウダ』に、「私はグースの教授要目に対して多くの非難があることを知っている。この教授要目が教職教育を受けていない教師には難しいと思われている。」(⑤-222)と述べているように、クループスカヤは困難な状況を承知していた。その上で、「平易さを追い求めながら、学校から革命的内容を骨抜きにし、その教授法上の成果をすべて投げすててしまって、詰め込み学校に変えてしまったら、誤りであろう。」(⑤-224)と困難に立ち向かうように教師たちを励ましている。

　このような現象は文学を教材とする授業においても現れていた。第二段

階学校の教師たちは「現代」を理解させることを目的とするグース教授要目を浅薄に受けとめて経験学習に埋没して文学を深く読むことができなくなっていたのである。1926年11月に発表された論文において、「現代学習への熱中は、歴史も文学も指導計画の後方に押しやってしまった。」⑥-250)と述べている。見学、調査、生活改造への子どもたちの組織化にとどまり、現代を発展の過程として相対的に把握することをできなくさせているというのである。

三　1927年「教授要目」

コンプレックス教授要目は、教師大衆に理解されなかったこともあって十分な成果を上げることができず、子どもの知識水準の低下を招いていた。学力低下は、一方では大学への通路としての中等学校の普通教育への疑問を呼び起こし、一方では熟練労働者の養成を求めていたコムソモール（共産主義青年同盟）からは総合（ポリ）技術教育よりも単科（モノ）技術教育への転換を要求されるようになっていた。また当時の教育条件は単一労働学校の理念にはほど遠かったのである。普通義務教育も7年制に短縮せざるを得ない状況でもあり、コンプレックスシステムは後退を余儀なくされていた。このような状況において、教育人民委員部は1927年に教育要目を改編した。初等学校

1927年七年制都市学校の教科課程

	教　科	学　年 V	VI	VII	全時間数
1	社会	4	4	4	408
2	国語・文学	5	5	4	476
3	数学	4	4	5	442
4	自然	3	4	4	374
5	化学	1	2	2	170
6	物理	4	4	4	408
7	地理	2	2	2	204
8	外国語	3	3	3	306
9	労働	3	3	3	306
10	図画	2	2	2	204
11	音楽	2	1.5	1.5	170
12	体育	2	1.5	1.5	170
	計	35	36	36	3,638

＊年間学習週36週　(⑦-120)

第三節　総合科教育の試行と文学科の消滅

においては、読み・書き・算の学習のミニマムを定め、第二階梯において
は教科制を採用した。その内容は左表のとおりである。

　教育の本質を考えると、初等教育では子どもたちに身のまわりのもの・
ことを理解させるとともに基礎教育に重点をおかなければならない。中等
教育では子どもたちに文化遺産を系統的に学習させなければならない。教
育の本来の要求がコンプレックスで一貫することを阻んでいるのかもしれ
ない。

　ともかく、1927年段階でコンプレックス・システムの一角はくずれ、革
命前の教科体系が中等教育段階で復活したのである。結果的には、1927年
プログラムは、コンプレックス・システムと教科・システムとを折衷した
ものであった。

　このような指導の混乱は現場にも動揺を招き、文学教育においても試行
錯誤がくり返された。

注

①Н. К. Крупская. К. вопросу о программе, 「教授要目の問題によせて」 "На путяв новоишколе" No.2. 1922, 7, М 《Государственное издательство》.

②Н. К. Крупская, Схема программы I-го концентра 2-ой Ступени, 「第二段階学校第一部教授要目のテーマ」, "На путяв новоишколе" No.3. 1922, 11. М. 《Государственное издательство》.

③НОВЫЕ ПРОГРАММЫ ДЛЯ ЕДИНОЙ ТРУДОВОЙ ШКОЛЫ утверждены коллегией наркомпроса 16. и юля 1923 г. выпуск 1. Государственное издательство, Москва Петроград 1923.

　この教授要目については、駒林邦男「ソビエト学校史における1931年」（『岩手大学学芸学部研究年報』第15巻〈1959年〉第一部）に詳しい研究がある。教授要目からの引用は同論文に訳による。

④拙訳。

⑤Н. К. Крупская, программы ГУСа для школ I ступени, 「グウス第一段階学校用教授要目」 "Педагогическая Сочинения ТОМ 3" 1959 М. 《АПН》.

⑥Н. К. Крупская, К вопросу преподавания литературы Во II ступени. 「第二段階学校の文学教育の問題によせて」 Пед соч, том3, 1959 М. 《АПН》.

⑦Н. П. Кузин, Очерки историй школы и педагогической мысли Народа СССР 1917-1941 гг. 1980. М. 《Педагогика》.

171

第三章　革命直後の文学教育

第四節　社会主義社会における文学教育の構想

1923年1月23日、第一回ロシア語・文学教師全国代表者会議が開かれた。この大会は、革命後十年が経過した、コンプレックス・システムによる新しい教育課程実施による長所も短所も含めての問題点が顕在化した段階で、1927年プログラムの「文学科」を実践するにあたっての方針を徹底するための会議であった。この大会で、クループスカヤ、ルナチャルスキー、ゴルーブコフ（モスクワ大学教授）の三人が講演した。教育人民委（文部大臣）他二名の大物が講演しているわけで、いかに重視された大会であったかがうかがえる。

一　クループスカヤ講演「共産主義教育と文学」

彼女の内容は大きく分けて3項目からなっていた。①
　1　ソビエト学校の当面している課題
　　　1）文学教育の後退を克服すること
　　　2）新しい人間の育成が期待されている
　2　社会科学としての文学
　　　1）文学科独立論について
　　　2）文学教師論
　3　文学教師の当面の課題
　　　1）文章を理解する力と表現する力を育てる
　　　2）作文力を育てる

クループスカヤは、社会認識を育てる観点から全教科内容を再編成したソビエト学校を評価した上で、文学は歴史理解や現代理解のための単なる挿し絵として利用され、「第二段階学校における文学教育はとくに正しくなかった」（①-319）と反省している。

第四節　社会主義社会における文学教育の構想

文学の機能について

　教育が具体的に行われたならば最上の形象でもって社会認識を知覚することができ、その特質が人間的な共体験のプリズムを通して行われるならば、少年少女は時代学習の特別な具体性を獲得するのである。人間を通して、その感情・気分の理解をとおして、全人間的な関係をとおして、少年少女たちは社会認識の理解へも全体としてよりよく接近できる。少年少女の社会認識にとって必要なものは、このような情動的な蓄積зарядである。(①-320)

と述べ、この文学の機能を生かさなかったが故に社会認識がひからびたものになってしまった、と指摘した。形象によって対象を把握し感情を豊かにする文学の機能についてのクループスカヤの認識が深まっている。

革命後十年にして、社会は人間の訓育を問題にしはじめ、新しい集団主義的人間の育成を求めていると述べ、とくに文学の教師には文学の機能を生かして「新しい世代の訓育の武器とする」ことを要望している。

しかし、それは、やはり文学を社会生活認識の手段として考える枠内におけるものであった。文学科独立論に対しては、「現在、文学は非社会科学的だと考えられないのであります。もちろん基調は社会科学的であるべきです。文学の教師は社会生活の諸現象がよく理解できなければなりません。」(①-321) と述べ、文学の社会科学的な学習の意義をふたたび強調している。グース教授要目の作成者の建て前をくずしていないのである。

だが、文学の機能へのクループスカヤの認識の深まりは、文学教師に社会科学的な素養以上のものの必要性を認めるようになっている。つまり「ことばの芸術としての文学」を理解し教える能力を求めているのである。ここに1928年段階のクループスカヤの文学教師論を見ることができよう。

　いろいろな時代の芸術作品の特質をとらえる、人間関係や人間的体験の表現技術、ことばで伝えられている生きいきとした形象を感受する——このようなことが必要な専門知識であります。経済学者はけっして文学教師には適しません。文学教師にとって社会科学の知識は必要条件ではありますが、それだけでは不十分であります。それ以外に専門領域、つまり文学領域の知識が必要であり、その領域の知識を少年少女に伝える能力が求められています (①-321)。

第三章　革命直後の文学教育

　文学の授業は、単に社会科学的な学習ではすまされないことに、この頃のクループスカヤは気づいていたのである。次節で触れることになるが、この講演における読みの指導論・作文指導論は文学の独自性への深い認識の上に展開されている。

二　ルナチャルスキー講演「文学とマルクス主義」

　この演説において、ルナチャルスキーは、文学教育を困難にしている三つの問題点を指摘し、それぞれの解決方法を示唆した。
　第一は、文学に関するマルクス主義的な科学を持ち得ていないことである。文学科はマルクス主義の教育を行うのに適した教科であるにもかかわらず、その科学を持っていないため、教育において十分な成果をあげていない、という。
　この問題については、
　　どのように作品の中に道徳的な動機と社会的な刺激とが融合しているか、それは何を教えているか、それはどこへ導くか。そして、作品が生まれた瞬間においてそれはどのような目的を追求していたか、事実としてどのような目的が固有のものであるか。もしそれを意識しない作家が存在するならば、彼の作品は社会発展の歴史においてどのような位置を占めるか、それが現れた時代にどのような位置を占めるか、なぜそれは現在まで生きているか、どのような意味で生きつづけているか。(②-79)。
などを明らかにしていくことが必要であると説いている。文学と社会との関係を追求していくことの必要性を説いたのである。そして、彼は、大学でなされるような純粋に研究的な観点を教育に持ちこむことは正しくないとし、生活との関わりにおいて考えていくのが教育であるとも述べている。
　第二は、文章語（Литературная языка）の習得に関する問題である。話しことばと文章語が一致していないロシア語の現状にあって、民衆の表現を文化にまで高め民衆に文化を享受する能力を育てることは、困難であるが重要な課題であるという。

第四節　社会主義社会における文学教育の構想

そのために、

> われわれは、わが文化とわが民主的な勤労大衆の巨大な達成との翻訳者・媒介者・伝達者になることが必要である。(②-84)

と訴えている。国民文化の継承と発展における教師の責任と役割を明らかにしたのである。

第三は、世界観形成と指導方法の問題である。人間の生き方に働きかける文学の力について述べている。

> 諸君には、文学が一定の理想や思想を示唆したり、一定の感情を教えたり、結局は人々の行為に反映する一定の基準を与えたりする、という意味においてたたかいの力であるということを適切に理解してもらいたい。(②-84)

そして、彼はそのような生き方に関することは社会に出て働くことをとおして学べばよいとする当時の「学校死滅論」を意識して、学校において教科としての「文学」をとおして学ばせることの重要性を指摘し、そのために必要な指導方法の実践的な解明を教師たちに要請した。

文学者でもあったルナチャルスキーは、さらに、歴史的な社会に生きている自己について考えさせる方法を例示している。

> われわれは、プーシキンが19世紀の20～30年代にどのような位置を占めていたか、また、20世紀の20～30年代にプーシキンがどのような位置を占めているかを知ることが重要である。このような問いを学校で与えられない子どもについて、諸君はどう考えられるであろうか。(②-88)

ある作家を取り扱う場合、①同時代の社会状況との関連においてとらえること、②現代の社会状況との関連においてとらえること、③その作家の目で現代を照射してみると現代はどう見えるかを考えさせること、④それらをとおして自己の生き方と社会との関係について考えさせること、などをねらっている。歴史社会との関連において文学の授業をおこなう方法を例示したのであった。

三　ゴループコフ講演「学校におけるマルクス主義学習の実際」

　ゴループコフは、マルクス主義的な方法の探求は、ここ一年くらいの間に始まったばかりであるので十分な答えを出すことはできないと前置きして、実践のための当面の課題として二つの問題について論じている。
　一つは、認識におけるマルクス主義的方法と文学との関係である。文学は階級の生活の反映であるが、それは客観的事実を描写しているのではなく文学の方法によって真実を認識しているのである。したがって、階級社会における生活の事実を知るための手段にすべきではない。社会認識のための材料として文学作品を取り扱うコンプレックス教授要目の文学の手段化を否定したのである。
　　マルクス主義的な方法が目的であり、文学が手段であるという見方をすべきではない、Не следует вставать на туточка зрения, что марксиский метод—цедь, а литература—средство. もし、このような見方をすれば、どのような作品を取りあげるかということはどうでもよいことになる。このことはすでに指摘されてきている。『イーゴリ公の物語』を取りあげても、プーシキンにしても、パンテレイモン・ロマノフのものにしても同じことになる。どれでもよいことになり、重要なことはマルクス主義方法を教えることだけになる、これは正しくないとわたしは考えている。われわれの生徒には芸術文学がいろいろな体験の源泉であり、彼らはその内容によって興味を喚起されているのである。つまり、彼らには、作品が何であるかはどうでもよいことではないはずである。したがって、方法は目的ではなく、あくまでも手段なのである。それは、文学を把握させる手段であり、マルクス主義的方法を適用して文学をとおしての生活の見つめ方を教える手段なのである。Поетому метод додрен являться не целью, а средством для того, чтобы обладеть литературой и научить учащихся через литературу приемами марксистского метода смотреть в жизнь. (③-301)
　文学そのものと文学をとおしての生活の見つめ方とを教えることが目的

第四節　社会主義社会における文学教育の構想

であって、マルクス主義的方法はそのための手段であると言うのである。手段と目的とを逆転させることによって、ゴールプコフは、文学の教育を目的とする「文学科」の意義と内容を明らかにしたのであった。

　いま一つは、文学作品の形象 образ のとらえ方の問題である。形象の研究をしなければならない。だが、それは、フォルマリストのようにテキストの内部だけに解釈を閉じこめるべきでなく、また、当時の社会学派のペレヴェールゼフ（1882～1968）が行っていたような作家の文体や思想についての全般的な傾向でもって作品を解釈すべきでもない。

　　つまり、テキスト分析の後で、形象のシステムを調べるのと同じように作者の社会的な本質を解明して、文学的な特質の分析によって明らかになった命題を検証するために作家とその生活にアプローチしなければならないのである。作者についてわれわれが持っているすべての資料とその作品に見いだすことのできることとの結合の基盤の上でのみ文学作品の社会的本質について語ることができる。(③-302)

作品分析と作家をとりまいている社会状況やその中での作家の生き方とを総合して形象の解釈を進めるべきだと主張したのである。形象理解における当時の二つの偏った潮流を否定して、作品研究と作家研究とを統合する研究方法と学習方法とを提示したのであった。

四　1929年プロジェクト「教授要目」

　1928年の大会での講演は、三者三様の表現ではあったが、新設された「文学科」を根づかせ、充実させようとする内容であった。

　しかし、1929年に、学校死滅論者シュリギン（1894～1965）たちによって出された「教授要目」はプロジェクト（構案法）システムのもので、コンプレックス・システムの一変種であり、教科制を否定するものであった。

　それを見たゴループコフは、落胆し、憤りさえ感じた。彼はその実感を次のように回想している。

　　初めから、わたしはシュリギンのプロジェクト法には反対していた、夏

第三章　革命直後の文学教育

の休暇の後、生産部門に必要がないものとしてホールの中央に山と積まれた教科教育方法研究の陳列物を見て憤慨させられたことをおぼえている。抵抗のため、わたしは研究所の〈定員外〉の部に移った。つまり、名誉ある撤退をしたのである。(④-64)

ここにいたると、1923年以来の「教育課程」改革が、〈教育の革命〉をめざした自由な模索であったとは言え、実際は混乱と動揺の歩みだったと言える。

1929年段階のソビエトでは、基本的な教育課程観の確立に迫られていたのである。

注

① Н. К. Крупская, Коммунистическое воспитание и литература. 「共産主義教育と文学」, Пед.Соч. том3. 1959. М.《АПН》.

② А. В. Луначарский, Литература и марксизм,「文学とマルクス主義」. Я. А. Ротковчч. Методика преподавания литературы в советской школе, 1969. М.《Просвещение》.

③ В. В. Голубков. Практика марксистского изучения литературы в школе,「学校におけるマルクス主義学習の実際」. Я. А. Ротковчч. Методика преподавания литературы в советской школе, 1969. М.《Просвещение》.

④ В. В. Голубков. Памяти Василиявасильевичаголубкова,「ゴルーブコフを記念して」"Литература в школе" 1968. 2. М.《Просвещение》. この文章は、ゴルーブコフの死を記念して再掲載されたものである。初出は不明。

第四章　社会主義体制確立期の文学教育

第一節　文学科の確立
——1931年党決定「小学校と中学校について」、
1932年党決定「小学校及び中学校の教授要目と学校の生活規則について」——

一　1932年決定「小学校及び中学校の教授要目と学校の生活規則について」

　1931年8月25日に全ソ連邦共産党中央委員会決定「小学校と中学校について」が出された。この決定は、教育の革命をめざしたグース教授要目を清算するものであった。教育課程は教科を設定して「明確な範囲の系統的な知識」を内容とする方針を打ちだした。それは、

① 学年制の維持
② 教科制の確立
③ 知識の系統的な指導
④ 教師の役割の強化
⑤ 共産主義的訓育の強化

などを内容としていた。1920年代の教育課程政策を根本的に改めたのであった。20年代の総合科的なコンプレックス・システムは一掃された。文学は文学科において独立して教えるようになったのである。このように改められると新しい「文学科」の教育内容の具体化が求められる。

　翌年出された中央委員会決定「小学校および中学校の教授要目と学校の生活規則について」①では、「教授要目に教材が過重に詰めこまれていること」の一例として、「文学では、生徒に消化できないむずかしい作品が教授要目に入れられている」と指摘したあと、母国語の教授要目について

179

第四章　社会主義体制確立期の文学教育

述べ、つづいて文学を次のように位置づけている。
　　一般社会・文学・国語・地理・歴史の教授要目では、ソ連邦諸民族の民族文化・文学・芸術・歴史的発展に関するもっとも重要な知識と、さらにはソ連邦の地誌の諸要素（自然の特色、工業、農業、社会・経済的発展など）をとりあげる必要があると認定する。①
新しく作られる教授要目の大綱がこのように定められたのである。

二　1933年「教授要目」と文学科

　政府は、1931年決定と1932年決定の二つの決定を具体化するために教科課程と各科の教授要目の作成にとりかかった。
　決定が出されたあと、ゴループコフは、科学的教授要目教育方法中央研究所Центральный научно-исследовательский программо-методический институт I（学校教育研究所の後身）の、Ф.ゴロベンチェンコが長をしていた文学部門に呼びもどされた。ゴループコフは、その部門の指導者となって教授要目を作成した。
　1933年に作成された「文学科教授要目」の概略は、グレチシニコフによれば、つぎのとおりであった。
　　小学校3〜4年　　ロシアと世界のすぐれた作品の読み
　　中学校5〜7年　　文学読みの組織的構造的な課程
　　　　　　5年　　現代のものから過去のものへ。子どもたちが親しみやすく理解しやすい作品。ソビエト作家の作品、クルイーロフ、プーシキン、ツルゲーネフ、ネクラーソフ。
　　　　　6〜7年　　19世紀と20世紀の文学作品
　　　　　8〜10年　文学史課程民衆の創作（口碑）、「イーゴリ軍記」、デルジャービン、フォンビジンからソビエト文学（ゴーリキー、ファジェーエフ、マヤコフスキー、ショーロホフ）まで。
　○課外読書のリストは、各学年の生徒に民話および古代から現代までの文学を紹介していた。

○文学研究の科学的な課題を考慮して、作品を例として5年から10年までに学習される文学理論の問題が含まれていた。②

1933年教授要目の構成原理は、

5～7学年	文学読み	5年　親しみやすい作品
		6年　19世紀文学
		7年　20世紀文学
	文学理論	課外読書
8～10学年	文学史	
	文学理論	課外読書

と、大きくは二段構造になっている。この構造の基本的なものは1980年代の現代でも踏襲されている。つまり、その後のソビエトの文学教育の内容の骨格がつくられたのであり、この教授要目によってソビエト文学教育の基礎がすえられた。この基礎をすえ、基本構造を確定したのがゴループコフであった。

三　1934年教育課程

1934年7月31日に次表のような教科課程（プラン）が発表された。

この教科構造は、その大すじにおいて現代でも変わっていない。つまり、ここには1920／21の教科観が生かされているが、ソビエトの教科課程の基本構造もまた1930年代の前半に定まったのである。

このように1930年代の前半に教科課程と各教科の教授要目を定めたことによって、ソビエトの学校教育は、それ以後、内容の充実と指導法の発展へと着実な歩みを進めていくことを可能にしたのである。

第四章　社会主義体制確立期の文学教育

教科＼学年	Ⅰ	Ⅱ	Ⅲ	Ⅳ	Ⅴ	Ⅵ	Ⅶ	Ⅷ	Ⅸ	Ⅹ
ロシア語・文学	9	8	7	7	7	5	4	4	2	4
数学	5	5	5	6	6(5)	5	4(5)	4(5)	5	5
自然	1	2	2	3	2(3)	2	2	2	3(2)	−
地学・鉱山学	−	−	−	−	−	−	−	−	−	1(2)
地理	−	−	2	3	2	2	2	2	−	−
歴史	−	−	−	−	2	2	2	4	4	−
共産党史	−	−	−	−	−	−	−	−	−	2
外国語	−	−	−	3	4	3	3	3	4	4
物理	−	−	−	−	−	3	3	4(3)	2(3)	3(2)
天文	−	−	−	−	−	−	−	−	−	2
化学	−	−	−	−	−	−	2	2	2	3
社会科	−	−	1	1	1	1	1	−	−	−
労働歌・図画	3	3	3	3	−	−	−	−	−	−
労働	−	−	−	−	3	3	3	3	3	3
図画	−	−	−	−	1	1	1	−	−	−
製図	−	−	−	−	1	1	1	1	1	1
体育	1	1	1	1	1	1	1	1	1	1
軍事教練	−	−	−	−	−	−	−	−	1	1
唱歌	1	1	1	1	1	1	1(0)	−	−	−
計	20	20	22	28	31	30	30	30	30	30

(③-284)

注

① Об учебных программах и режиме в начальной и средней школе. Постановление ЦК ВКП (б) от 25 августа 1932 г

　全ソ連邦共産党（ボ）中央委員会は、母国語および一般社会の教授要目ならびに教育実践が、ある程度の改善はなされてきたにもかかわらず、依然として、不満足な状態にあることを指摘するとともに、ロシア共和国教育人民委員部に対して、両教科の教授要目の検討と教育実践の改善とに格段の配慮をするように指令する。

　「母国語の教授要目は、教室においても家庭にあっても自主的に文章を書いたり文

法的解釈をしたりすることを生徒の学習活動のなかに組みいれて、真に体系的で厳格にきめられた一定範囲内の知識と、正確な読みかた・書きかた・話しことばの堅固な習熟とが身につくようになっていなければならない。」
この31年決定、32年決定の影響は大きかったので多くの研究がなされている。その代表的なもの二点を掲げておく。
○矢川徳光『ソビエト教育学の展開』1950．12．5．春秋社
○駒林邦男『現代ソビエトの教授―学習諸理論』1975．9．明治図書
②В. Речщиников, Литература в школе, О. Щомит. Больщая советская энчиклопедия. том 25. 1938. Л. М.《БСА》
③Н. П. Кузин, Очерки истории щколы и педагогической мысли народа ССР 1917-1941 гг. 1980. М.《Педагогика》.

第二節　人間理解の文学教育
——クループスカヤにおける教育課程観の形成と文学教育目標論——

クループスカヤНадежда Константиновна Крупская (1869．2．26〜1939．2．2) ①は、1917年10月、48歳の時に社会主義革命を迎え、教育人民委員部においてルナチャルスキーにつぐ指導者として、世界最初の社会主義国家における教育制度と教育内容を具体化していった。新しい学校の教育課程創出との関連において文学教育についてもしばしば発言した。彼女は、文学は生活と人間を理解させるものであるという観点に立って、歴史と結びつけて文学作品を理解させることを主張し、文学教科書のあり方、働く者の自己表現力を育てる作文教育、読書指導などについて発言し、ソビエトの文学教育の構築に大きな貢献をした。

一　文学教育観の源泉

1　**母親**　クループスカヤは、まず母親から本を読む喜びを与えられたと語っている。

　　最初、わたしは家で勉強しました。母が教えてくれました。早くから読むことを習いました。本はわたしの喜びでした。つぎからつぎへと本をむ

第四章　社会主義体制確立期の文学教育

> さぼり読み、本はわたしの前に全世界を広げてくれました。(②-15)

彼女は、少女時代に特にレフ・トルストイに傾倒していった。後に、彼女は、フランス文学から何を翻訳したらよいかと相談する手紙をトルストイに送っている。

2　文学教師スミールノフ　彼女は、オボレンスカヤ私立ギムナジアの生徒時代に出会った文学の教師を深く印象に残している。

> わたしたちの所には、とくにすぐれた先生——ロシア語と文学のスミールノフ先生がいました。彼は、わたしたちに文学・言葉の歴史・民話への興味を喚起し、作文を教え、芸術作品への意識的な態度を育てました。その上、彼はまるで学生と接するようにわたしたちに接し、わたしたち（娘）を魅了しました。彼はわたしたちと本気になって話し、しかも厳格でした。それと同時に、彼はわたしたちを自主的活動に目ざめさせ、集団活動を教えました。(③-575～576)

つづいて、スミールノフが、作文を生徒自身に評価させたことなど自主性を尊重したことを強調している。子どもたちの自主活動を最大限に生かそうとするのはクループスカヤの教育方法論の特徴の一つであるが、それはこの教師の授業が一つの遠因になっていると思われる。

クループスカヤは、この私立ギムナジア時代にベリンスキーその他の19世紀文学に出会っている。

> 16-17歳の娘たちは、その多くの者がツルゲーネフやレフ・トルストイ、ゴーゴリをとてもよく知っていたし、ベリンスキーやドブロリューボフを読んでおり、ゲーテ、シラー、ハイネも読んでいました。『アファナーシェフの昔話によるスラブ人の自然に対する神話的世界観』のような半ば研究的な40枚のレポートを書いていました。(④-441)

この期の読書が彼女の文学観を形成したと思われる。

クループスカヤは、女教師A・モロゾワ宛ての手紙で、「わたしはネクラーソフの詩によって育ち、チェルヌイシェフスキーの後継者になり、『イスクラ』の詩人たちの支持者になりました。」(④-643)と述べている。クループスカヤは、チェルヌイシェフスキーについては、レーニンが深く読んでいたことを引き合いに出しつつ、くり返し語っている。

また、彼女は、のちにゴーリキー宛ての手紙をつぎのように書いている。

> 1900～1901年、ウファでの流刑中に手に入れて、あなたの三部作（『幼年時代』、『人びとの中で』、『私の大学』——浜本注）を読みはじめたことを思い出しました。それはわたしを夢中にさせ、当時はまだ執筆をひかえていた時でしたが、『サマラルスカヤ新聞』に何か書いてしまいました。何を書きましたか、たぶん奇妙なものだったでしょう。文学が大変好きでわれを忘れて読みました。(④-452)

このように文学の世界に没入した時代もクループスカヤにはあったのである。

3　スモレンスク夜間・日曜学校　クループスカヤは、1891年、22歳の時、ペテルブルグの労働者が通ってくるスモレンスク夜間・日曜学校の教師となった。ここで、彼女は、労働者が自己を解放するにあたっての学習の意義を感じとっていった。社会科学だけでなく、読み書き能力、作文力、読書の意義をも労働者の自己解放の観点からとらえたのであった。

スモレンスク夜間・日曜学校における読書指導について、主として、図書の紹介と運搬をしたことを語っている。

> 私はらくだになって、町から村へ、村から町へと本を運んだ。要求はほとんど一定していなかった。どの本が誰に向くか、私自身が決めることもよくあった。案に相違して『戦争と平和』はきらわれた。『これはソファーにひっくりかえって読む本だ』と言われた。『スムーリノ村の記録』もきらわれた。青年たちは熱心にモルトツェフの『十二年』、ジュール・ベルヌを求めた。(⑤-47)

スモレンスク夜間・日曜学校における作文指導については、生徒がそれぞれ経験や思い出を書いたことを述べている。

> 生徒たちは、たいへんおもしろい作文を書いた。好きなテーマは『私の生活』だった。どの作文にも、農民と労働者の生活の明確な場面があった。ある者は詩を書いた。一人の生徒が、職長が労働者を愚弄したと詩に書いたのを、わたしは覚えている。一言で言えば、——工場からお払いばこだ、と。(⑤-47)

クループスカヤの個体史をとおして、19世紀末のロシアにおける文学受容の実態、民衆の読書活動・作文活動の実態がうかがえる。

第四章　社会主義体制確立期の文学教育

母親から教えられた本を読む喜び、ギムナジアでの文学教師との出会いが彼女の文学教育への関心を深め、日曜・夜間学校での教育活動と亡命中の教育研究（『国民教育と民主主義』〈1917年〉に結実した）とが彼女の生涯にわたる教育革命の事業を方向づけた⑥。

二　全面的発達論と文学教育

クループスカヤの40年にわたる教育活動を貫いていたものは、美しい喜ばしい社会主義社会を建設する全面的に発達した人間を育てるという、すでに1918年に明確にしていた教育観であった。

　　住民は、初等・中等・高等の学校が一つの共通の目的をもつことに関心を示している。すなわち、自覚され組織された社会的本能をそなえ、全一的な思慮深い世界観をもち、身のまわりの自然界や社会生活のなかでおこるすべてをはっきりと理解できる、全面的に発達した人間を──肉体的なまた精神的なあらゆる種類の労働にたいし理論的にも実践的にも準備ができており、理性的で内容の充実した、美しく喜ばしい社会生活をきずきうる人間を育成するということである。このような人びとが社会主義社会に必要なのであり、このような人びとなしには社会主義は完全には実現されえないのである。(⑦-11)

このような人間を育成するためにソビエト学校は努力してきたのである。1920年代の半ばころには社会生活の表面的な理解にとどまる教育が目立つようになっていた。クループスカヤによれば、それは文学の機能を生かしていないことが原因の一つであった。彼女は文学教育のいっそうの徹底を求め、文学の機能を生かすことによって全面的に発達した人間の育成に参加することを文学教育の目的としたのであった。

三　歴史認識のための文学教育から人間認識のための文学教育へ

革命前後の社会状況の中で、クループスカヤは子どもたちに社会と歴史について学習させることの必要性を痛切に感じていた。ロシアでは革命前

から文学は「文学史」として教えられていたのであるが、そのことを是認してであろうか、クループスカヤは、「文学史」は「ロシア語」よりも「歴史」と関係が深いと考えていた。

> 文学史は、はっきり言えば、ロシア語教育の領域とは関係がありません。文学史はむしろ『社会科』の領域と関係があるのです。文学史においてもっとも肝心なことは、あれこれの作品がある歴史的な時期を（その内容と形式をとおして）どのように反映しているかを教えることです。したがって、文学史は歴史と密接に結びついています。これはすでに言語の学習の領域ではなくて、社会的諸関係の認識深化の領域であります。(⑦-13)

形式や技能ではなく内容を教えるところに文学教育の特色を見いだしていたのである。それは、作品がある歴史的な時期をどのように反映しているかを教えることを内容とするものであった。文学史を教えるのは歴史認識の深化のためであると考えたのである。この考え方は、1923年のコンプレックス・プログラムの「社会生活」というシェーマの中に文学を含めることで具体化されたが、実際には文学科を失わせるものであった。

コンプレックス（複合）・プログラム実施とそれが招いた混乱の中で、なおクループスカヤは「歴史認識のための文学」という考え方を強調していたが、一面では「文学科は独立教科にすべきだ」という意見も耳にはいるようになり、1926年には、つぎのようにも話している。

> あることを歴史の視点から学ぶ時、その時代の経済知識やその時代を支配していた政治体制の知識の他に、その時代の人びとがどのように生き、何を考え、何を体験していたかを知らなければならない。このような知識なくしてはその構造を完全に理解することはできない。そのためにその時代の文学は疑いもなく役に立つのである。文学は学習している時代を『感情ぐるみ』与える。

> 文学は、その時代の同時代人によって書かれたということが重要なのである。

> 文学は、かつてあった時または現代の生きいきした生活の一断面である。それは同時代の生活と有機的に結びついており、それとの関係を無視した学習はありえない。『文学は独立した教科として教えるべきではないでしょ

第四章　社会主義体制確立期の文学教育

うか』という質問を受けたことがある。それは第二義的な問題であるとわたしには思われる。歴史の学習はその時代の文学の理解なしにはありえないのだし、文学教育はその作品と関わりのある時代の生活様式を的確に理解していなければならないのであるから、文学教育には歴史的な下地がなければならない。

十月革命後のわが国の教育実践は、すでに述べたように、歴史教育と緊密に結びついている。つまり文学教育も歴史教育と結びついているのである。((8)-251)

文学科独立論に対しては、依然として否定的であり、文学と歴史を関連づけて教えることの意義を強調している。また、すべてを歴史との関係において教えようと考える革命後の歴史主義ともいうべき教育思想を表明している。それにもかかわらず、ここには、文学は歴史を理解する手段であるという従来の考え方に微妙な変化が見られる。つまり、作品成立の歴史的背景を知ることが文学理解を助けるという述べ方に現われているように、文学理解を主目的としてそのために歴史理解が必要であるという文学教育方法観を芽生えさせているのである。

その後、しだいにクループスカヤは、文学の人間認識の機能を重く見る考え方へと進み出ていった。

コンプレックス・プログラムを清算した1931年の党決定「小学校と中学校について」が出されたあと、クループスカヤは、1932年の年頭に論文「文学教育について」を発表して、文学独自の教育的意義を明らかにし、文学科を構想していくための観点を示した。

　　　　文学──それは成長しつつある世代に影響を与える強力な手段である。文学は、彼らが生活や人間を理解するのを助け、人間が何によって生活し何によって息づいているかということを理解させ人間を追究することを教え、人間をゆり動かすものの理解を助ける。文学は、人間を熟知すること、人びとに影響を与えることを教える。文学は、モラル・行動・世界観に影響を与える。文学は、少年たちに、青年たちに（つまり、人間が形成されつつある年令に）とくに強い影響を与える。

文学の影響は、社会機構が変わり、それと関連して諸現象や人びとの相

第二節　人間理解の文学教育

　互関係に対する古い習慣的な見かたが変わる転換期にとくに強い力を及ぼ
す。すべての文学が「胸に火を灯し」、前進させるわけではない。後方へ古
いものへ後退させ、目を曇らせ惑わせる文学も現われる。この事実に目を
閉ざしてはならない。このような文学は毒薬に似た作用をする。このよう
な文学に対する、その影響に対する保険が必要である。
　これらのすべては、わが国の学校における文学教育を正しく組織するこ
との重要性を訴えている。(⑨-532)

このように文学機能をとらえ、教育課程としての「文学科」を正しく組
織することの必要性を説いている。この論文では、このあと、レーニンの
文学体験を手がかりにして、文学課程を組織していく観点として、（1）
批判力養成、（2）すぐれた芸術作品を選択するという教材論、（3）方法
としての自主活動力の重視と班活動の活用、などについて述べている。そ
れぞれに深く要所をついた見解となっている。この論文（1932年）におい
てクループスカヤの「教科としての文学教育」観は一応の成立をみたと言
えよう⑩。すなわち、生徒に感動を喚起し、感動をとおして人間への認識
と人間関係への認識を深めて感情の豊かな人間を育てることを文学教育の
第一の目的としたのである。

　この目的観については、さらに1933年の論文「成長中の世代の思い」に
おいても、つぎのように述べている。

　若者たちに、人びとの生活や人間の相互関係を理解する武器として文学
を習得させなければなりません。……中略……青年前期に文学は特に鋭く
感受されます。文学は、興奮させ、心を魅了し、夢中にさせ、時には心を
傷つけ、憤慨させてひとつづきの強力な体験を与えます。文学は生活をよ
り充実させます。(⑪-634)

そして、いま一つ、クループスカヤは文学的に文章語で表現する力と文
学作品を理解し評価する力とを育てることを文学教育の目的としていた。
　文学的に文章語で表現する力については二つのエピソードで語ってい
る。

　みなさんは、子どもたちには抑えがたい知識への渇望があるということ
を知っています。それと同時に少年少女は読み書きに弱く文章語になじん

第四章　社会主義体制確立期の文学教育

　でいないということも知っています。けれども、このことは彼らが言葉に
　弱いということを意味しません。現代の少年少女たちの手紙の中には、「文
　学を読みました。文学がなければ、太陽がなくなった時の草のように、わ
　たしたちはだめになります。」と形象性があざやかに現われています。――
　もちろん、「太陽のない草のように〈как трава без солнца〉」は形
　象性が十分であり、ふだんまわりの自然から得られるものです。少年少女
　のことばは色あざやかで表現的です。だが、彼らには文学的なことばは意
　識できていないのです。
　　労農赤軍政治局は「大地が喪につつまれていた〈земля оделась
　в траур〉」という文が労農兵士に読めなかったと言っています。ほとん
　どの赤軍兵士にこの表現が理解できなかったことが分かっています。農村で
　喪に服さなかったことにも問題があるのですが、このような文学的な比喩は
　理解できなかったのです。けれども固有の形象的表現は彼らにあります。
　　少年少女たちには文学的言語を時間をかけて注意深く学ばせる必要があ
　ります。(⑫-323)

このような文学的な表現を文章に書ける力の育成を、クループスカヤは
文学教育に求めている。それは作文教育とかかわっていく問題でもある。
　文学を理解し表現する力の育成については自立した読者を育成する観点
から述べている。

　　文学課程の課題の一つは、批判することを教えることである。だから、
　文学課程においては芸術作品の分析は重要な位置を占めなければならない
　のである。
　　現実の分析と不可分に結びついた作品の分析は、文学課程のもっとも重
　要な部分の一つである。多くの文学作品が教室で読まれることはそれほど
　重要ではない。典型的な作品をとりあげること、それを全面的にマルク
　ス・レーニン主義の観点から評価すること、生徒が芸術作品から生活の認
　識を引き出すように学ぶこと、生徒が深く多面的に生活を「見る」ように
　学ぶこと、このようなことが重要なのである。
　　文学を評価する能力はきわめて重要である。わたしたちは生徒に手綱を
　つけてつねに引廻すことはできない。彼がみずから作品を選び、それを正
　しく評価できるようにしなくてはならない。そうすれば、彼が何がらく

たを偶然につかんだとしてもそれほど不幸にはならないであろう。彼はがらくたの害悪から守られるであろう。(⑨-537)

クループスカヤは、文章語で自己の表現したいことを十分に表現できる能力の育成と、独力で文学作品を選び・読み・評価できる自立した読者の育成とを、文学教育の目的としたのである。

四　文学教育の内容と方法

1　生活と結びつけて創作過程の分析を

クループスカヤは、第一の目的から必然的に「人間を理解すること」を文学教育の内容とした。「生活を見つめること・まわりの複雑な諸現象に通じること・人間を理解することを教えることができ、人びとを結びつけ・親しくさせ・わたしたちの前に大きな目的をさしだすことができる、それほど巨大な力が芸術文学にあるということを生徒は知らなければなりません」(⑭-728) この「人間の理解」をとくに社会生活との有機的なつながりにおいて学習させようとしたところにクループスカヤの文学観の特色がある。人間は現実の社会状況の中で生きているのであるから、それを反映している文学は社会構造や生活習慣と結びつけて理解させるべきであるというのである。

文学と社会生活との関係を重視する考え方は、古い作品を扱う時には、その作品の生まれた政治や経済の社会状況と結びつけて、つまり歴史と結びつけて文学を理解すべきであるという主張となる。画期的な1932年論文「文学教育について」においてもその主張をくり返している。

> 文学史はなにか自己完結的な任務があるのではなく、一方では、現代、現代文学のすぐれた理解に役立つべきであり、他方では、歴史のすぐれた理解に役立つべきである。この後者の任務は、文学史の課程を歴史の課程と密接に結びつけることを要求する。教授要目の構成にあたってはこの結びつきが前提とならなければならない。(⑪-538)

文学を歴史との結びつきにおいて理解するという歴史社会学的な考え方

第四章　社会主義体制確立期の文学教育

はクループスカヤにおいて一貫していたのである。

　クループスカヤは、古い時代の、そして上階級の異なる作者の作品であっても、すぐれた古典を現代の少年少女に橋渡しをするのが教師の役割であると考えていた。彼女は、ゴーゴリの『イワン・イワーノヴィッチとイワン・ニキフォローヴィッチの喧嘩』(1834年)を例にして、その方法を述べている。

　　　もしこの物語を読ませるとすれば、物語を与えただけではイワン・イワーノヴィッチとイワン・ニキフォローヴィッチの間に相違があるのか無いのか分からないでしょう。ゴーゴリが「二人とも立派な人である。」「そして、こんなにも違っている人である。」と述べていることが彼らには理解できないでしょう。ゴーゴリの作品をどのようにして現代の生徒に近づけたらいいのでしょうか。彼らに作文を書かせ、働く人びとの生活を描かせ、それをイワン・イワーノヴィッチの生活と較べさせるのです。そうすると、農奴制時代の寄食している小土地所有者の生活と労働者の生活の根本的な相違が分かります。この作業のあと、生徒は二人を見つめ、イワン・イワーノヴィッチとイワン・ニキフォローヴィッチとの間には何ら相違がないこと、この人びとは同じ階級の人であることを理解します。(⑫-325)

　クループスカヤは、現代の労働者の生活を作文に書かせ、それとの対比において、ゴーゴリの作品の主人公たちが寄食している地主たちであることを浮き彫りにする方法を提案している。書かせ、比較させるという方法で架橋しようとしているのである。

　文学作品の分析については、まず当時の教科書の以下のような悪い例を掲げている。

　　　　第一章　総論
　　　レーニンの文学論
　　　ゴーリキーの中編『母』の短い考察
　　　　a）文学の特性（形象、理想）
　　　　b）文学の階級性とその意義
　　　　c）作家の言語と構成に関する作業は、作家の芸術的形象の創造に関する作業である。

第二章　詩の言語

階級性

テキストの考究と結論

　a）ことばの直接的な意味

　b）さまざまな語源

　　（1）古代風（2）粗野な言語（3）方言的表現（4）隠語（5）新造語

　c）ことばの比喩的な意味とその言語における役割

　　（1）形容句（2）比喩（3）メタファ（4）換喩（5）提喩（6）アレゴリー（7）象徴（8）イロニー（9）誇張法（10）語呂合わせ（11）対義語、類義語（12）言いかえ

　d）構文法的性格の現象とその役割

　　（1）ことばのあや（2）対句法（3）倒置法（4）省略法（5）修辞の問題（6）頭語重畳法（7）イントネーション（8）ポーズ

　e）音声配列の現象とその役割

第三章　コンポジション、テキストの分析と結論

形象の構造と諸形象の結合、思想的――形象的システムとしての芸術作品

　（1）描写（2）肖像（3）性格づくり（4）風景（5）直接話法と間接話法（6）モノローグ、対話（7）事件、発端、クライマックス、結末

　（8）すじ сюжет（9）エピソード（10）章、部分など。

第四章　文体

階級イデオロギーの芸術的形式化としての文体の概念。作家の個性の意味、芸術作品の種類と形式。

第五章　詩と散文

テキストの考究と結論 ⑪-636)

文学の言語的形式に留意した文学理論のかなり精緻な概説である。

これに対して、クループスカヤは、作者の状況と創作の過程を重視した立場からのダイナミックな分析の観点を次のように提示している。

文学研究の科学の基礎は、提喩法などにはないのであり、まったく別の

ものだとわたしには思われます。次のようなことを示すべきであります。作家は、だれのために、だれについて、何について書くか。作家はテーマとどのように結びついており、だれのために書くのか。何が彼を感動させ、何によって彼は生きているか。彼が書いているテーマとどのくらい深く結びついているか。どのように彼はそれを自分で体験しているか。どのような比重でその時代のための・社会主義建設のためのテーマが選ばれているか。彼はどのような形象で語り、それらの形象がどのように組み合わされているか、どのようにすじが生成しどの程度生きいきしているか。創作の過程でこれこれの創作手法がどのように発展しているか。それらがいろいろな階層のいろいろな年令の人びとにどのように感受されているか。創作のどのような新しい形式が生まれているか。等々であります。(⑪-637〜638)

　生活と結びつけ、創作過程に即して分析する観点である。この観点は、ソビエトの以後の文学教育においても追求され、深められながら継承されていった。

　クループスカヤは、彼女の教育論全体をとおして、生徒の自主的活動を生かすことの意義と必要性を強調し、集団主義的な人間を育てることの重要性を強調した。社会主義社会の建設をめざす人間を育てるための、この二つの方法的拠点は文学教育においても強調された。それは具体的には班活動をとり入れることであった。

　　文学課程の学習にあたっては、班活動を用いる必要がある。たとえばシチェドリンのある作品というような、なにかの芸術作品に二、三、四人の子どもたちが興味をもったとしよう。教師は教室でかれらに文学作品に近づく一般的規準を与える。そこで一定の芸術作品に興味をもった子どもたちによって班が組織され、この班は、教師が教室で与えた規準にしたがってその芸術作品を検討し討論する。討論の過程において子どもたちには新しい問題がでてくる。この問題を解決するために、彼らは教師に質問する。もし問題が重要であり、教師が生徒たちになにか一般的問題で理解しえないものがあると判断すれば、彼はそれを全クラスの討論にゆだね、子どもたちの思考を一定の方向にむける。とくに重要なのは、文学の夕べあるいは文学の朝の会を催すことであり、ここでは、班に組織された子どもたち

第二節　人間理解の文学教育

が自分たちの活動についての報告をおこなうであろう。(⑨-539)

2　教科書と作品

　クループスカヤは、自己の読書体験、現場の教育実践をふまえ、レーニンの文学体験を手がかりにして作品選択について述べている。彼女によれば、まず「現代作家のもっとも芸術的な、もっとも理想的な作品」を与え、ついで「古典の学習によって深化」させる必要があるのである。

　民話、チェルヌイシェフキー『何をなすべきか』、ドブロリューボフ、ゲルツェン、ネクラーソフ、ベリンスキー『ゴーゴリへの手紙』、ゴーゴリ、トルストイ、ツルゲーネフ、シチェドリン、ウスペンスキー、コロレンコなどを教材化すべきであると彼女は述べている。⑨

　現代作家としては、ゴーリキーとマヤコフスキーの作品の教材化をすすめている。⑬

　新しい教科書編集が具体化しはじめたとき、彼女は、編集のための二つの観点を与えている。

　　　第一に必要であると思われること、それは、文学研究的な難解な用語をすべてなくして、もっとも簡素な思考によって科学的な見方と解釈を与えようと試みる。<u>できるだけ簡素に書かれている文学の教科書であることです</u>。

　　　第二に、文学の教科書は無限なものを包みこむべきではない。全世界のすべての文学を評価しようとしたり、すべての文学思潮を紹介しようとしたりすべきではありません。「少なくても立派なのがよい」と言われているように、このことは文学の教科書にもあてはまります。多すぎる作品を評価することは、もっとも重要なこと——それは文学作品を自主的に解釈する能力です——これを学習計画のかげの方に追いやってしまうということを忘れてはいけません。(⑭-728)

　クループスカヤは、簡潔に記述された教科書と生徒の自主的な解釈をうながす教科書とを求めているのである。

　彼女は、さらに、教科書の付録のことにまで言及している。

　　　付録には、文学サークルへの動機づけのプログラムをつけるべきであり、

第四章　社会主義体制確立期の文学教育

文学作品の感想の書き方、読んだものとの何らかの結びつきにおける書き抜きのしかた、劇化のしかた、あれこれの物ごとを見つめることやあれこれの芸術作品を読むこととの結びつきにおいて生じる自分の考えの書きとめ方、などの示唆をするべきであります。(⑭-73)

このような周到な配慮にも、子どもの自主活動を育てようとする教育観を見ることができる。

3　作文教育

文学科の中に作文を位置づけて指導するのは革命前からのロシアの伝統的な考え方である。クループスカヤも文学教育の中で作文教育を行なうと考えていた。

すでに1910年代のノートに、クループスカヤは、生徒たちに作文力を育てることの必要性を説き、その方法に言及していた。

　　生きいきした形象的なことばで述べることを子どもたちに学ばせるには、何よりも彼らに見つめることと観察することを学ばせなければなりません。もし彼らが見ている森・川・街路を書くことを提起しても子どもにはそれができないでしょう。彼らはこまごましたことの多さに呆然として本質的なもの典型的なものを選び出すことができないのです。その時絵が見つめることを教えるのを助けるでしょう。もちろん、子どもに十分理解できる内容のすぐれた画家の絵を使わなければなりません。現実を観察した芸術家は、自然の奥深い無限の多様性から彼が選びとることのできる特に典型的な形象を取り出しています。(⑮-359)

その対象の切りとり方を絵画に学ばせようというのである。

クループスカヤは、新しく育っていく労働者には、生きいきと表現し伝達していくことができる能力が必要であるとして、そこに作文教育の目的を置いていた。

　　新しい行き方で生活にアプローチしている現代の生徒はやがて自らの生活を語ることになるでしょう。彼らには単に乾いた義務的な報告で自己の思想を述べさせるべきではありません。彼らには生きいきした形象で自分が体験したことを表現しなければなりません。……中略……生きいきした

形象をかりて、文学の助けをかりて、体験したことのすべてを、見たことのすべてを表現する能力を与え、その可能性を与えること——これが重要な課題であります。(⑫-326)

　生徒の自己表現の形式としては、ロシア・ソビエトの伝統的な方法である、「物語」を書かせることをクループスカヤは推奨していた。「わたしには、レフ・トルストイが次のように書いていることが思い出されます。農村の少年にどのように書くことを教えたか、どのように少年たちが集団的に物語を書いたか」(⑪-634) と彼女は、トルストイが農村の少年に人間理解を深めるために物語を書かせた例を引用して、文学的文章を書かせることの必要性を説いている。また、「創作は文学の学習において特別な意義をもっている。子どもたち自身がそのテーマを選定するようにしなくてはならない。」(⑨-539) とも書いている。さらに、1932年には、「わが国では下から新しく有能な大衆が立ち上がってきています。彼らは、現代について、社会主義のわが国に育っている新しい優秀な人びとについて、彼らの体験について書くであろうし、書いています。彼らには助力が必要なのです。その助力とは文学の教科書をさし出すことです。」(⑭-729) とも述べている。創作を書かせることを文学科に位置づけることは、その後のソビエトの文学教育に受け継がれている。

　そして、作文指導の方法としては、作家の創作過程に学ばせることを勧めている。教授要目がそのことに触れていないと批判もしている。「芸術的な形象がどのように創作されるかについてはほとんどまったく語られず、テーマの選択——その積極性、体験の契機にとっての重要性——については語られず、とくに典型的なもの、とくに特徴的なものをどのように書くか、どのように選び出すか、語られていません。」(⑭-729) 創作過程についての注目は、作品分析においても作者の状況と創作過程の関係を問題にしており、絵画製作の過程に学ばせようとしていたこととも一貫している。いわゆる、生活認識の方法や人間理解の方法を問題にしているのであり、その方法の獲得こそが文章表現力の上達の核心であると考えていたのである。

第四章　社会主義体制確立期の文学教育

クループスカヤは、文学作品から「形容詞」の表現方法を学ばせた例をあげている。

> 非常に興味深いことが起こったのです。彼は授業でツルゲーネフの断章をとりあげました。はじめそれを形容詞なしで与え、ついで形容詞のついたツルゲーネフの原文を与えました。この例によって、「いかに形容詞が名詞を生きいきとさせ、具体的にしているか」示したのです。それから烈しく燃えるようなマヤコフスキーの詩をとりあげ、マヤコフスキーにおける鮮明な情熱的な形容詞の選択ぶりを示し、その後でプーシキンの原稿によって形容詞の使われかたを示し、プーシキンがいかに入念に選んだかを示したのです。(⑭-729〜730)

このようにして、すぐれた文学作品をとおして文章表現の方法を学ばせようというのである。方法を学びとらせるところにクループスカヤの作文教育論の特色がある。

4　課外読書の指導

クループスカヤは生徒の自主性を育てる活動として、読書サークルの活動をすすめている。その一つとして、すでに1924年にサークル員が読書小屋で子どもたちや住民に本を読んで聞かせる活動を支持している。(⑮-110) 社会の一員としての自覚がいっそう学習意欲を伸ばすという観点から、社会的有用労働に子どもたちを参加せることをクループスカヤは積極的に支持したのであった。読書小屋の運動は、革命直後の住民啓蒙の面からも求められていた運動であった。

学校の与える知識だけでは子どもたちには不十分であるとクループスカヤは考えていた。

> 学校の教育計画がどんなに立派でも、青少年が知らなければならないことや、人びとが将来の生活のなかで知らねばならなくなることをのこらず与えることはできません。学校で教えられたすべての知識は自己教育によってたえず補充されなければなりません。人はたえず図書を利用し、図書の助けによっていっさいの領域の知識を知るようにしなければならないのです。(④-175)

第二節　人間理解の文学教育

　この自己教育の方法として、クループスカヤは読書を重視したのである。
　読書に習熟させる指導を学校の教師と図書館員がすべきである、と彼女は考えていた。その際、「学校教師の行きすぎた世話に対して不安です。」「図書館員もまた子どもの読書指導で度をすごしてはならないとわたしは考えます。」(⑯-180) と述べているように、教師や図書館員はあまり世話をやきすぎてはいけないのである。あくまで生徒の主体的な活動によって読書がなされていくように援助すべきであると強調している。
　その仕事は、推薦図書目録を作ったり、作らせたりすることが重要であると述べている。

　　　子どものための案内書は大切です。とくに子ども自身の手で書かれた推薦図書の目録は必要です。子どもは本を読みおえ、それに夢中になり、それが気に入ります。そこで彼はカタログに彼の批評を書きいれるのです。もし子ども自身が本を推薦している小さな推薦図書の目録が作られれば、ひじょうに重要なものになるでしょう。(④-175)

子どもに読書をさせるにはすぐれた本が子どものまわりになければならない。クループスカヤは教育人民委員部（文部省）の図書刊行の責任者として、出版目録の作成とそれらの本の出版に努力した。図書出版の事業をすすめるにあたって、クループスカヤがゴーリキーに援助を求めた手紙は有名である。

　　　自主的な読書は、人間の発達、つまり人格の発達にとって大きい役割を果たします。それは人間の成長にとって強力なてこでありましょう。わたしは指導には味方しますが、後見には反対です。
　　　わたしは、あなたが少年のとき、何をどのようにして読まれたかに触れたあなたの追憶をイリーチ・レーニンといっしょに読んだことを思いだしています。読書によって、しかも自主的読書によって、たくさんのことを学んだ同志は非常に多いし、たいていの同志がそうでした。
　　　出版所はわたしたちの手にあります。新聞も、図書の調達もわたしたちの手にあります。児童むけ定期刊行物もわたしたちの手にあります。——つまり、わたしたちは子どもの読書に影響を与えることのできる何千の方法をもっているのです。それなのに、わたしたちは「教育的締めつけ」の

第四章 社会主義体制確立期の文学教育

道を歩んでいるのです。子どもの自主的読書にかんする、あなたの論文が大きい意義をもてばよいとわたしは考えております。(④-490)

図書刊行事業と読書指導へのクループスカヤの熱意と配慮がうかがえる。

子どもの校外生活と学校の文学教育とを結ぶ、この考え方は、のちに「文学科」の中に「課題読書の指導」として位置づけられ定着していった。

クループスカヤは、革命直後の混乱期の教育を方向づけ、文学教育については、はじめは、コンプレックス・システムの中に解消する方向を支持したが、1931年以後は、教科として独立させる方向で指導し、その目的・内容・方法を明らかにしてソビエト文学教育の基盤を作った。文学教育の中に作文指導と読書指導とを含みこむ考え方は、彼女の文学教育論の特色である。その後のソビエトの文学教育の中で生かされている。

─────────────

注

①クループスカヤ略歴
　1869年2月26日　ペテルブルグに生まれた。
　1879年　ペテルブルグのオボレンスカヤ女子中学校へ入学。八年の課程ののち、一年の師範科卒業。
　1891～96年　スモレンスク日曜・夜間学校の教師をする。
　1894年2月　レーニンと出会う。
　1896年　逮捕される。
　1898年　シュシンスコエ村へ流刑。レーニンと結婚。
　1901～05年　亡命（ミュンヘン・ロンドン・ジュネーブ）
　1905年11月　「血の日曜日」。革命の始まり。
　1915年　『国民教育と民主主義』執筆。(1917年刊行)
　1917年4月　レーニンとともにロシアに帰る。
　　　　10月　社会主義革命。教育人民委員部（ナルコンプロス）部員。
　1918年　『新しい学校への道』編集。「学校における成人のためのロシア語教育」
　1921年　国家学術会議（グース）科学・教育分科会を主催する。
　1922年11月　「第二段階学校第一部のプログラムのテーマ」
　1923年　統一労働学校規定成立。国家学術会議、「新教授要目（プログラム）」を発表。
　1924年1月21日　レーニン死す。

第二節　人間理解の文学教育

　1928年1月23日　「共産主義教育と文学」（第一回ロシア語と文学の教師の全ロ代表者会議）
　1929年　「構案法プログラム」を発表する。
　1931年2月3日　「子どもの本は社会主義教育の強力な武器である。」
　　　　8月25日　ソ連邦共産党中央委員会決定「小学校と中学校について」
　1932年2月　「文学教育について」
　　　　8月25日　ソ連邦共産党中央委員会決定「小学校および中学校の教授要目と学校の生活基準について」
　1934年　全連邦に統一的教育制度成立。
　1938年7月　「文学の教科書について」
　1939年2月2日　モスクワにて没（70歳）。

②Н. К. Крупская Моя жизнь「私の生涯」, Педагогические сочинения в десяти томах,１, М,1960,《АПН》.

③Н. К. Крупская, О дружбе,「友情について」, Пед. Соч. том 5.

④Н. К. Крупская, А. М. Горькому,「ゴーリキーへの手紙」, Пед. Соч. том 11.

⑤Н. К. Крупская, Пять лет работы в вечерних Смоленских классах.「スモレンスク夜学校の五年間」, Пед. Соч. том 1.

⑥Н. К. Крупская, К вопросу о социалистической школе.「社会主義学校の諸問題によせて」, Пед. Соч. том 2.

⑦Н. К. Крупская, О преподавании русского языка в школах для взрослых.「学校における成人のためのロシア語教育」, Пед. Соч. том 9.

⑧Н. К. Крупская, К вопросу о преподавании литератуы во II ступени.「第二段階学校の文学教育の問題によせて」, Пед. Соч. том 3.

⑨Н. К. Крупская, О преподавании литературы,「文学教育について」, Пед. Соч. том 3.

⑩　クループスカヤが「文学科」の独立を認めたことは全教科の教科制を認めることを前提としている。それは教育人民委員部の幹部として、グース教授要目を作成し、実施に取り組んだクループスカヤの挫折または後退を意味すると考えられる。党中央委員会決定によって教育行政当局の施策を清算したことは異例であった。クループスカヤの苦衷が察せられる。グース教授要目の評価については、教育学的に見て本質的に誤っていたのか、あるいは機が熟していなかったという状況の問題であったのか、論議のあるところである。

　　ソビエトの教育史研究者ゴンチャロフは、「たしかにコンプレックスの教授要目がひろまった時期に、クループスカヤは、体系的な知識の教授＝学習を組織する必要性を、多少とも過少評価しました。しかし、このことは、おそらくは、ふるい学校では知識がいちじるしくばらばらに教えられていたので、ソビエト学校の条件のもとでは、なんとかして克服される必要があったという、当時の情況で説明できましょう。」（ゴンチャロフ『教育学史概説』Н. К. Гончаров, Историко педагогические очерки. М. 1963.《АПН》. с.235）と説明している。

201

第四章　社会主義体制確立期の文学教育

　　村山士郎は、グース教授要目の作成と実施においてクループスカヤの果たした積極的な側面として五つの原則を指摘している。
　　第一に、教授要目は科学的世界観にもとづいて内容が選択されねばならないという原則である。
　　第二は、教授要目の内容が労働と密接に結びつけられなければならないという観点である。
　　第三は、中央で作成された教授要目は、地域化されねばならないという原則である。
　　第四の原則は、教授要目が全体として子どもたちを集団主義と連帯の精神で教育することを保障しなければならないということである。
　　最後に教授要目の編成は、教育学的・心理学的配慮が加えられなければならないということである。（村山士郎『ロシア革命と教育改革』1980．5．25、労働旬報社．154〜157)

⑪Н. К. Крупская, Счет подрастающих покопений.「成長中の世代の思い」, Пед. Соч. том 3. с .634.
⑫Н. К. Крупская, Коммунистическое воспитание и литература.「共産主義と文学」, Пед. Соч. том 3.
⑬これらについては、1923年プログラムの教材例一覧にあげられている作家や作品と比較してみると興味深い。かなりの部分が重複している。
当時の教科書の一端を知るために、
Е. Е. Северин и Н. А. трифонов, Современная литература. учебник для средней школы 7-й год обучения.『現代文学　中学校7学年用教科書』М. 1934.《УЧЛЕДГИЗ》の目次を掲げておく。
　　　　第一部　現代のロシア文学
第一章　1、十月前の文学　2、マクシム・ゴーリキー
第二章　1、国内戦争と共産主義闘争期のソビエト文学　2、デミヤン・ベードヌィ　3、マヤコフスキー
第三章　1、復興期のソビエト文学　2、リベジンスキー　3、セラフィモーヴィッチ　4、リャシコ
第四章　1、再建期のソビエト文学　2、パンフェーロフ　3、ベズィメンスキー
第五章　ソビエト文学の基本的な歩みとマルキシズム理論の敵との闘い
　　　　第二部　ソ連邦諸民族のソビエト文学
　1、十月前と十月後のソ連邦ブラーツク民族　2、ウクライナ文学　3、白ロシア文学　4、ユダヤ文学　5、アメリカ文学　6、まとめ
　　　　第三部
　1、外国の革命文学発達の条件　2、ギダーシュの創作　3、ブレデリの創作　4、シンクレアの創作
⑭Н. К. Крупская, Обучебние по литературе.「文学の教科書について」, Пед. Соч. том 5.
⑮Н. К. Крупская, Детский клуб при избечитальне,「読書小屋のまわりの

子どもサークル」, Пед. Соч. том 5.
⑯ Н. К. Крупская, О детской библиотеке и детской книге,「児童図書館と児童図書について」, Пед. Соч. том 8.

第三節　文学読みの提唱と深化
——ルイブニコワの文学教育論——

　マリア・アレクサンドローブナ・ルイブニコワMapия Александровна Рыбникова（1885〜1952）①は、1917年の社会主義革命前後に教育思想を形成し、革命後の教育界の動揺と混乱の中で社会主義社会における文学教育を方向づけた。1923年から1930年までに実施された「コンプレックス・システム」による教育課程が、文学教育を社会認識の手段にとどめて文学教育の独自性を認めないことに抗議し、自らのプログラム（教授要目）を提示して彼女の主張を展開した。

　1931年に、プロジェクト・メソッドを否定して系統的な教育課程の追究を鮮明にした教育方針「小学校と中学校について」②が出されて以降、ルイブニコワの文学教育論はソビエト教育界に受け入れられ、当時のいま一人の指導者のВ・ゴループコフ（1880〜1968）とならんで、ソビエト社会における文学教育を理論と実践の両面において確立したのであった。その後のソビエトの文学教育はルイブニコワとゴループコフの方向づけの延長線上にある。

　一　文学教育の構想

　文学史教育の否定　ルイブニコワの文学教育論を貫いているものは、文学史的教育の否定である。それは革命前の暗記物としての文学史教育、革命後の唯物史観の機械的適用としての文学史教育を否定するものであった。

第四章　社会主義体制確立期の文学教育

　文学は人生について、つまり人間の生き方について学ぶものであると考えていた彼女にとって、年代順を墨守する教材の文学史的配列が原因となって結局は18世紀から19世紀前半の文学にしか触れ得ないようにしているのは許しがたいことであった。1922年の論文「学校における文学＝語学教師の仕事Работа словесника в школе」において、当時の文学教材の扱われ方について、次のように指摘している。「文学＝語学教師大会(1916～1917)から始められた現在の教授要目は、モノマフ、ドモストロイ、ラジーシチェフの教訓書を切り落として可能なかぎり古代文学を短縮しています。しかもなお、ほとんどの教師はロモノーソフとデルジャービンにたっぷりと時間をかけ、その結果、生徒たちとチェーホフ、ドストエーフスキー、ブロークを読むまでに至っていません。」③彼女は、生徒と近い時代の作家、すなわちオストロフスキー、ツルゲーネフ、トルストイ、ドストエーフスキー、チェーホフ、バリモント、ブロークなどに出会わせたいと願っていたのである。

　彼女が文学史的な教育を否定する根拠には、10歳から16歳の少年には17世紀や18世紀の生活についての知識も乏しく、作品を歴史的に位置づけて客観的に把握することは難かしく、またそれを好まないという経験に根ざした考え方があった。「16歳の少年には8世紀も18世紀も同じであるということを私は知っています。われわれの悪名高い歴史的客観主義はずっと遅くわれわれの身につくのであって、それを10歳から導入しようとすることはまったく無駄なことであります。歴史にそれを採り入れることは必要ですが、文学に採り入れることは許せないのであります。」(④-182) 少年期には作品に没入するのであって、歴史的な把握はできないというのである。この点は、文学史教育を否定せんがためのやや強引な主張のように思われるが、実践から出発した理論家らしい発想が見られて興味深い。教育実践に立脚し、子どもの心理的発達を考慮して理論化していこうとする実証的研究の姿勢を見ることができるからである。

　彼女は、「必要なのは歴史的なものでなく永遠なものであります。」(④-182) と言い、教材としては時間を超越した記念碑的な文学だけが必要なの

第三節　文学読みの提唱と深化

であると考えていた。ゴーゴリやトルストイなどにある「永遠なもの」に出会わせるべきであると主張したのであった。ここに、少年期の学習者に、すぐれた文学作品のみを与え、すぐれた文学者と出会わせて彼らの感受性を揺り動かし、目ざめさせ高めようとする彼女の文学教育観を見ることができよう。

　すぐれた作家や作品に出会わせようとする彼女は、同論文で、文学教育の目的について次のように述べている。

> 　教育の目的は、調和的で鮮明な感受性をもった若者の魂を成長させることにあります。この感受性は、19世紀と20世紀の生きいきした文学の大きな力によって与えられます。わたしは生徒に『エフゲーニィ・オネーギン』を読ませます。彼はそれを読んで、私と一緒に読み方を学びます。もし、彼がツルゲーネフやトルストイをたくさん読んだ後、古典文学への趣味を持つようになり、ヴェルビツキーに時間を徒費することを嫌うようになれば、さらに、もし新しい本が彼自身にとってすばらしいものであるかつまらないものであるかを、批評の助けを借りずに感じとるようになれば、私は勤めを立派に果たしたのであります。つまり、教師の課題は芸術的な本の読み方を教えることであり、文学を思想的にも形式的にもすぐれている芸術として評価する仕方を教えることであります。（⑤－180〜181）

　文学教育の目的は若者たちの感受性を育てることにあるとし、教師の課題を「芸術的な本の読み方を教えることであり、文学を思想的にも形式的にもすぐれている芸術として評価する仕方を教えること」に見いだしている。つまり、文学の「自立した読み手」を育てることを目的としていたのである。そのための方法は作者が生きたように作品の世界を生きることにあると考えていた。

　文学教育の構想ルイブニコワは、文学史の教育を否定して作品の読み方の指導を強調したが、その読み方を支える拠り所を文学理論に求めたのであった。ルイブニコワとゴループコフは、1928年に共著『第二楷梯学校の文学学者Изучение литературы в школе II ступени』を出版している。そこに掲載された指導計画（次頁表、六学年）は、ソビエトの文学教育史研究者Я. А. ロトコヴィッチによれば、М. ルイブニコワの作成

205

第四章　社会主義体制確立期の文学教育

六学年の課題プラン⑤

章	教材	テーマ	教授法の例
I	トルストイ『ハジームラート』 レールモントフ『議論』	『ハジームラート』の基本的なテーマとしての専横。トルストイとレールモントフの戦争描写。	問題に口頭で答える準備、テーマに関するものの抜き書き。原典とテキストとの比較。異なった方法で問題を解決している同一テーマの作品の比較。
II	トルストイ『舞踏会のあと』 プーシキン『なだれ』 『コーカサス』 レールモントフ『ヴァレリーク』 ネクラーソフ『オリーナ——兵士の母』	ニコライ皇帝時代の戦争方法。 ロシアの詩におけるコーカサス。 作詩法。	作品のテーマにおける類似性の比較。 形容語句の学習。
III	ネクラーソフ『鉄道の道』 『玄関わきでの思い』 『天候について』	作者にとってのテーマの特色（階級的矛盾）。	表現読みを通しての感知と分析。
IV	レールモントフ『逃亡者』 『ムツィリ』『帆』『松』	レールモントフ作品の主人公。詩の叙事性と叙情性、その関係。	固有の創作体験を通して、作品への参入。
V	レールモントフ『詩人の死』 『商人カラシニコフの歌』	創造的な変貌における現代詩人の活動	伝記の解説と集団読み。
VI	プーシキン『アンチャール』 レールモントフ『飛行船』 『三つのしゅろ』	バラードと詩。 バラードとその伝説との関係	バラードとの比較によって現代の伝説に引き寄せる。異なった作家たちの、同一ジャンルの作品の比較。
VII	オストロフスキー『貧困は罪悪ではない』	エピソードとドラマの構造、オストロフスキーの喜劇における商人。	中心となるエピソードを通して——ドラマ全体の分析へ。
VIII	ゴーゴリ『検察官』	喜劇の主人公の性格。喜劇の場面ごとの展開。ゴーゴリの喜劇の風刺的な意味。作家と階級。	その作家による作品の性格づけによる典型の複雑化。エピソードの置き換えの実践（喜劇のダイナミズムの解明のために）。
IX	プーシキン『大尉の娘』	物語の構造。そのテーマ。事件の語り手としてのグリニョフ。『大尉の娘』は貴族生活の年代記である。	挿入的部分の分析、エピグラフに対する学習、ある人物から別の人物への語り手の交替、物語をドラマ化する。
X	チェーホフ『音楽師』	チェーホフが光をあてた音楽師。作品のテーマと思想。	人物を守ることと告発すること、各章のお話化、つくりかえの実験。
XI	チェーホフ『新しい別荘』 『悪漢』 『下士官プリシベーエフ』	人物の性格の構造。チェーホフの人物の社会的本質。	作家の創作への個人的な観察の作成をとして、物語分析の方法としての役割ごとの分析読み。
XII	ゴーリキー『幼年時代』 『1月9日』『うみつばめ』 『イタリア物語』	『幼年時代』の中心人物たち、その階級的イデオロギー、対照性。 階級闘争の詩情。文学における新しい人物の集団の労働者。	一章の考察をとおして物語全体の分析へ。性格比較の一覧表作成。 シュプレヒコール、グループによる集団文。

によるものである。

　このプランの「テーマ」は学習課題を意味している。テーマの欄を見ると、文学理論が学習課題となっていることが分かる。Ⅰでトルストイのあとにレールモントフが置かれているように文学史的な教材編成の原理はとられていない。「戦争描写」のような内容（素材）と作詩法のような文学理論が教材編成の原理となっている。さらに詳しく見ると学習課題としては、

　　Ⅰ　テーマ　　　　　　　Ⅱ　作詩法
　　Ⅲ　テーマの特色　　　　Ⅳ　叙事性と叙情性
　　Ⅵ　バラードと詩　　　　Ⅶ　ドラマの構造
　　Ⅸ　物語の構造　　　　　Ⅹ　テーマと思想
　　Ⅺ　人物の性格の構造　　Ⅻ　人物・イデオロギーの対照性

などが配当されている。文学理論の中の作家研究、作品研究の観点の習得が学習課題となっている。

　ロトコヴィッチは、この指導計画の特色について次のように述べている。

　　著者たちの独自のアプローチは、テーマ、ジャンル、個性的な文体に応じてそれぞれの作品を考察しているところにある。テキストの独自性から出発して、その理解のカギを見いだす《内側から》の可能性を探求している。したがって、彼らが一つの作品の分析に用いた方法のシステムは、別の作品にはほとんど用いていない。それと同時に、一つひとつの作品に応じて使用した方法の間には継承的な関連がある。それらは段階的に発展しており、深められている――基本的なものから複雑なものへ。⑥－278

　ロトコヴィッチは、①それぞれの作品に応じて理解の観点を示していること、②歴史的背景や成立事情にではなく、作品の内部に理解のカギを求めていること、③しかもそれぞれの方法の観点は継承的にそして発展的に提出されていること、などにこのプランの特色を見いだしている。このような課題の学習をとおして、ルイブニコワは、文学教育の目的である作品の読み方と評価の方法とを身につけさせようとしているのである。⑥

第四章　社会主義体制確立期の文学教育

二　文学理論の教育

　1920年代の後半から30年代において文学史的教育を否定することは、歴史的にも社会的にも文学教育のオーソリティ（正統派）を否定することであり、ルイブニコワの文学教育論は論議の的となっていた。この時期の内容論と方法論の集大成が、主著となった『文学読みの教授法概説 Очерки по методике литературного чтения』（1941年）である。
　その書は、目次によって概観すると、次のような内容であった。
　　第一章　教育方法の基礎
　　第二章　文学読み
　　第三章　教材と教育方法
　　第四章　授業
　　第五章　授業の教授学的基礎
　　第六章　表現読み
　　第七章　5～7学年の文学理論
　　第八章　構成の学習
　　第九章　言語の課題の体系
　　第十章　作文指導の体系
　文学教育の基本的な問題のすべてについて考察し、実践的な提案をしている。
　本書において、彼女は、「文学——それは世界・人間生活・社会の認識であります。文学——それは世界観の学校であります。文学——それは感情の教育であり、意志の充電であります。」（⑥-28）と述べ、また、「文学作品は人間研究のすばらしい学校であります。そして作家は人間像を創造するが故に、読者を訓育するが故に『人間の魂の技師』であるとわれわれは考えています。」（⑧-192）とも文学の本質について述べている。「世界観の学校」「魂の技師」とは、人間の生き方についての認識を広げ豊かにする文学の機能を端的に言いあてたことばである。

第三節　文学読みの提唱と深化

彼女は、この考え方を基盤にして「文学読みЛитературное чтение」を提唱した。それは、（１）フォルマリズムの批判、（２）コンプレックス・システムの克服、（３）文学史教育の批判と定位、をとおして生み出されていった。「文学読み」の方法を自覚的に把握させようとするのが「文学理論の教育」であった。彼女は、それに教授学の面から考察を加えて文学教育の方法論を実践的に示したのであった。

ルイブニコワは、「1917年の文学教師大会は『社会学派』と『フォルマリスト』の戦いを特徴としていた。」(⑥-179)と回想している。フォルマリズムとは、1910年代、20年代に活躍したソビエトにおけるヤーコブソン、トマシェフスキー、エイヘンバウム等の言語研究・文学研究の運動である。1914年に出版されたシクロフスキーB. Шкловский（1893～）の『言葉の復活』が、その最初の理論的綱領であると言われている。⑦言語のフォルム（形式）と意味作用との関係に注目し、形式（フォルム）に文学の価値を見いだし、文学の自立性を主張し、「文体の科学」の確立を志向した。「言語と社会の関係」、「言語と人間の関係」「記号学」などに根源的な光をあてようとした世界で最初の運動として、近年、再評価されつつある。

ルイブニコワは、「われわれの10年代、20年代のフォルマリズムへの熱中に関して言えば、それは言語と文学の教授法に影響しないわけにはいきませんでした。」(⑥-179)と、フォルマリズムが、文学教育にも強く影響した事実を認めている。そして、「当時広く用いられた、トマシェフスキーの『文学理論』（1923年）は作品の形式の側面に注意を向けたが、同時に形式と内容の統一には関心を示さなかった。わたしの著書『母語の学習』（ミンスク、1923年）と『構成の問題によせて』（モスクワ、1924年）は、言語の表現方法や作品の構造への注目を強調し、しかもその作家の内面的な課題やその言語や構造を描いている作者への適切な配慮はなしでした。わたしの最初の教授法書『学校における文学＝語学教師の仕事』（1923年）は実践的研究でしたが、その実践は必要な原則的な基礎に立つものではありませんでした。」(⑥-179)とフォルマリズムの形式主義のみに陥っていたことを自己批判している。文学の内容と形式を統一的に把握できなかっ

たことを反省しているのである。内容とは、「作家の内面的な課題」や素材や主題のことである。

フォルマリズムは形式をとおして意味内容へ迫ろうとする方法であるが、ルイブニコワはフォルマリズムの内容への道すじを捨象して形式主義であると割り切った上で、文学の形式と内容を統一して把握する読み方として「文学読み」を構想していったのである。具体的なその試みの一つが、例えば、「作者の伝記を学習する場合、作者の育った社会環境と読んでいる作品との結びつけを行ないます。そのことによって作品を歴史的に解明するのであり、作品の将来におけるより深い完全な歴史的理解のための基礎となるように解明するのであります。」(⑥-181)作者の育った社会環境への目くばりの必要性を説いている。ここには、作品の内部徴表のみによって作品を理解しようとしていた、1928年の著作『第二階梯学校の文学学習』とは異なる、作品の成立過程をも考慮していく歴史主義をも含みこんだひろやかな作品理解の方法論を見ることができる。

コンプレックス・システムの克服　ルイブニコワの「文学読み」は、形式面からのそれではなかったが、芸術としての独自性を強調する読み方であった。それは、1920年代から30年代にかけての教育状況においては、コンプレックス・システムを克服するための主張でもあった。

国家学術会議ГУС（グース）の設置した、クルプスカヤを責任者とする教育科学局は第二楷梯学校の教授要目（プログラム）——のちに、グース・プログラムと呼ばれた——を発表した。このプログラムは、従来の教科別の教育課程をブルジョワ社会のそれであるとして否定し、生活のテーマ（単元）を中心に学習を組織するものであった。「教育と生活との結合」の観点から総合した、いわゆるコンプレックス（総合）・システムを採用したのである。具体的には、「自然と人間」「労働」「社会」の三つの領域を相互に連関させつつ素材を配列するものであった。

このシステムにおいては、文学教育は「社会系列」に入れられ、社会認識の手段として文学教材が位置づけられた。社会認識が上位目標となり、文学作品はそれに従属させられたのである。たとえば、ゴループコフによ

第三節　文学読みの提唱と深化

れば、6学年のシステムは「都市と農村の結びつき」から始まり、〈穀物の加工〉、〈市場の内と外〉〈商品取引所および銀行の意義〉などの学習内容と並列して、テーマ〈いろいろな作家の作品の中の都市〉が設定されていた。このテーマの学習のための教材として、プーシキン「青銅の騎士」、ブリューソフ「夜の上げ潮」、ゴーリキー「黄色い悪魔の町」「幼年時代」「人々の中で」、ポレターエフ「崩れた塀」などの作品が例示されていた。
（⑨）文学作品がその独自の芸術的な価値において教材化されるのではなく、都市と農村について理解させるためのサンプルとして扱われている。したがって、作品の芸術的な質の高さは問題にされず、古典は顧みられない傾向があった。このような傾向は、1931年に改訂された新しいプロジェクト（構案法）・プログラムにおいていっそう増幅されていた。

　教育課程における、このような1920年代の文学教育の位置づけを批判して、ルイブニコワは、芸術作品としての文学に出会わせる「文学読み」を強調したのであった。

　「文学読み」の具体的な内容は、構成と言語・文体の観点から作品分析をして、作品をよりよく理解することである。ルイブニコワは、「構成 композиция の問題は、文学読みの派生的な問題ではなく本質的に重要な問題であります。構造化された построены ものとしての物語、戯曲、詩、──その構造は理解されなければなりません。それは、単にわれわれがプランと呼んでいるものではなく、内的なプランであり、形象と場面との呼応の複雑な相互関係であります。」(⑧-30) と述べている。言語については、「思想表現としての、作者の感情と思考の担い手としての芸術作品の言語」「内容を生きいきと理解し共感し、そのように生きいきと表現されていることばを学ぶ」(⑧-30) と述べている。それらを把握する方法として、「表現読みや話しかえによって、発問に答えることによって、暗誦したりする方法によって作者のことばを再創造 воспроизводить すること」(⑥-30) をあげている。

　ルイブニコワの「文学読み」の特色は、思想─主題を解明していく手がかりとして言語と構成に着目していくところにある。

第四章　社会主義体制確立期の文学教育

「文学読み」の目的と性格について、「このような種類の作業のすべては、生徒が教材を把握し実感することを可能にし、そのことをとおして思想的に言語的に豊かにします。正しく設定された文学読みは、見方、考え方、そしてことばの学校であります。文学読み――それはおそらく、それ自身の教科としては実在しない美育のユニークな教科でしょう。」(⑧-30)と述べている。「文学読み」は、作品を実感させることをとおして、見方・考え方・ことばに働きかけ、訓育的な目的を達成する独特の美育であると主張しているのである。芸術としての文学に出会わせるのが文学教育独自の機能であって、それを成立させるのが文学科固有の目的であって社会認識のための僕ではないことを強調したのであった。

1931年8月の党決定『小学校と中学校について』によって、コンプレックス・システムから教科中心の教育課程へと大転換が指示されて以後、教科の独自性を生かそうとする方向にそって、文学の独自性を生かして「文学科」を自立させようとするルイブニコワの「文学読み」の理論は、ソビエトの文学教育の主流へと迎えられていった。

文学理論の定位と文学教育の批判　コンプレックス・システムを否定して新しい文学教育の独自の論理を構築するにあたって、20年代後半から1930年代にかけて多くの研究者たちは、ふたたびコンプレックス以前のロシア・ソビエトの文学教育で伝統的に行われていた「文学史の論理」に依拠しようとした。それに対して、ルイブニコワは、1920年代の後半に、「文学読み」を具体化するための「文学理論」を原理とする課程を5～7学年で学習させるべきであるとし、文学史は8～10学年（第三階梯学校）において教えるべきであると定位した。しかし、この「文学理論」による構造化は容易には理解されず、1930年代においても論議は続いていた。ルイブニコワは、彼女への批判を次のように要約している。

　　文学史の授業において生徒に歴史的に教えることの問題――これはまさに現在やかましく論議されている問題であります。すぐれた教育方法研究者たちが8～10学年の文学の授業に関して、文学読みの授業と連続すべきであるが、そうすると文学史的プロセスの知識を与えることができない、

と警鐘を乱打しています。わたしたちの生徒の力に十分な課程をどのように作るのか、彼らに史的唯物論の基礎をどのように保障するのか、文学領域の諸現象における史的唯物論をどのように教えるのかと。(⑧-22)

その論点の第一は、8～10学年で文学史を教えるためには5～7学年から既に文学史的に教えるべきであるという批判である。その第二は、社会主義社会の哲学である唯物史観を短絡させたものである。文学教育においても歴史的な発展をたどって史的唯物論を教えるべきであるとする新しい意味での文学手段説である。

ルイブニコワは、第一の論点に対しては教授学に依拠して反論した。彼女は四つの教授学の原則をあげている。

　第一の原則　教授＝学習は、生徒の知覚のあらゆる面に、あらゆる感覚器官に、意識の全側面に働きかけなければなりません。（いわゆる教授＝学習における「直観性」の原則）

　第二の原則　教師によって提起される課題は生徒が明確に理解できるものでなければなりません。このことが教師に要求しているもの――課題解決への教師の参加、教室学習の特色とその全体学習における一人ひとりの責任の諸段階への配慮。（自発性、集団学習と個別学習）

　第三の原則　教師の技術は、複雑なものは単純なものの中で教えられ、新しいものは既知のものの中で教えられるが、古いものの中では新しいものは決して理解されない、というところから導かれるべきであります。

　第四の原則　帰納法と演繹法の弁証法的統一。教師は、知識の整合性と体系性を保障し、そのことによって生活に意識的に取り組ませ、理論と実践を統一する力を育てます。(⑧-23・24)

ルイブニコワによれば、古い時代の作品は内容や言語において学習者には難しく、文学史的な教材配列ではその難かしいものから始めなければならず、また古い時代の作品の内容は生徒の直観に訴えることが少なく、第一の原則に反するのである。古いものから始める文学史教育では新しい社会の世界観は教えられず第三の原則に反するのである。このように教授学の原則から考えると5～7学年生に文学史的な教育をすることは適切ではない、と反論したのであった。この論理は、三節ですでに考察したように、

第四章　社会主義体制確立期の文学教育

1922年論文「学校における文学＝語学教師の仕事」に見られるのであるが、このたびは、子どもの側からの発想をいっそう進めて、科学としての教授学の原則に基づいて考察し、より説得力あるものとしたのであった。付言しておくと、このルイブニコワの四原則は、その後のソビエトにおける文学教育の内容を構造化したり系統性を考えたりする拠りどころとなったことで有名である。

　第二の論点に対しては、文学理論を軸にして文学の内容と形式を統一して教えれば、唯物的なものの見方も十分に教えることができると反論した。

　　文学読みの教授法において、わたしは、読み・プラン作り・話しかえを助ける、作品のテーマ・登場人物・場面の変化・その言語と構成（文学読みのあらゆる内的な部分）に対する研究能力を教師に育てることを課題にしています。われわれの研究は、それらの結びつき・変化・区分の研究の多様な方法を明らかにしています。いつもあらゆるところで作品の形式と内容を統一する文学理解は、思想的＝主題的な豊かさを強調しています。⑥-22

ロシア・ソビエトの作品は、それぞれに社会悪に対する批判と戦いを主題としており、内容と形式を統一的に理解してゆけば唯物的なものの見方が育つというのである。ルイブニコワによれば、文学教育においては内容と形式を統一して理解していく読み方こそが重要であり、唯物的なものの見方が育つのは、文学理論を駆使した文学読みの結果なのである。

　1939年の文学科プログラム——文学理論と教材——文学読みの教育論は、1930年代になってしだいにソビエトの教師たちに支持されるようになり、ルイブニコワは、1939年に教育人民委員部から出された5〜7学年用文学科プログラム（教授要目）の作成に指導的な役割を果たしたのであった。

　その「文学理論」の内容は、ルイブニコワによれば、四つの課題を基本としていた。

（1）作者の社会的な本質、文学の政治的な意義、文学の認識的な意義。
　　テーマ、思想、典型。
（2）文学の言語、表現手段としての言語。作者の内的な意図の表われ

としての芸術のことば。
（3）作品の構造。テーマ展開の方法としての構成。作品における事件の進展。人物形象。作品における形象のシステム。
（4）文学の基本的な種類と形。その思想的芸術的な特徴。⑧-180）

　文学理論の基本的な問題が四つに整理され、構造化されている。すなわち、（1）主題と思想、（2）芸術の言語、（3）作品の構造、（4）ジャンルと形式、である。四つの問題は、（1）から（2）へというふうに段階的に提出されるのではなく、それぞれが各学年において繰り返し学習され、教材となる作品との関連に応じて理論は単純なものから複雑なものへと進められていく。7学年で一つの完結をするのである。この構造の枠組みは、文学教育における内容としての「文学理論」となって、以後のソビエトに継承されていった。
　ルイブニコワは、文学理論と読む力・書く力・論理的思考力および訓育との関係について、

　　われわれは生きいきした人生、その有機的な姿を学び、われわれは文学の中に一連の社会的―政治的諸現象を見、作品をその複雑な統一において、その内的な力動性において考察するのであります。理論的に学習させることによって、われわれは生徒の論理的な能力を育てるだけでなく、その感情や意志や意識に全体として影響を及ぼします。文学理論によって、同時にわたしたちは生徒に読む力を育て、言語創造の力を育てるのです。⑥-192）

と述べている。ルイブニコワによれば、文学理論を中核として学習させることによって、作者や作品と感動をとおして出会わせることが可能となり、読みの原理に習熟させ、作者や作品を社会的に、歴史的に、道徳的に、そして美的に評価する方法を身につけた自立した読者を育てることができる。さらには、作文力（言語創造力）や論理的思考力を身につけさせることができ、人間の感情や意志を豊かにしていくことができる。したがって、ルイブニコワにとっては、文学理論を学習させることが文学科固有の課題なのである。
　1939年プログラムで採りあげられた主要教材は、『文学読みの教授法概

第四章　社会主義体制確立期の文学教育

説』によれば、次のとおりである。
　　第5学年——民話、なぞなぞ、ことわざ
　　　プーシキン「死せる女王の話」、「イリヤ・ムーロメッツの物語」、「偉大なアラブ・ペートル」、
　　　コロレンコ「地下室の子どもたち」
　　　詩「朝」(ニキーチン)、「夕べ」(アクサーコフ)
　　第6学年——単元「秋」(プーシキンとチュッチェフの詩)
　　　プーシキン「オレーグ公の歌」「ドゥブロフスキー」、チェーホフ「小役人の死」
　　　フールマノフ「チャパーエフ物語」
　　第7学年——トルストイ「舞踏会のあと」
　　　ゴーゴリ「検察官」
　　　ゴーリキー「母」「海つばめの歌」「チェルカッシュ」

　三　文学読みの授業

　ルイブニコワは、授業の実際に即して教育方法を科学的に解明しようとし、授業の法則を究めようとした。彼女は、「教育方法Методика——それは自問を大切にする方法であり、生徒の力を賢明に生かす方法であり、教材の中で基礎的なものと重要なものを見つける方法であり、教室の集団的な活動を組織する方法であり、それは多様な一人ひとりの生徒に働きかけることを考えつくしたシステムであります。」(⑥-48)と教育方法について、その本質を述べている。
　文学の教育方法を支える要素としては、
　（1）文学についての深い理解、
　（2）生徒の発達に即した指導計画、
　（3）子どもの興味・関心、
をあげている。
　ソビエトにおける文学教育の基盤を確立していく時期に、ルイブニコワは、まず（1）教師に文学についての知識を豊かにすることを呼びかけ、

その上で子どもを念頭においた教材研究の必要性を説いた。そして、(2)文学の授業内容を系統的に教えるための中核として、「文学理論」を提唱したのであった。(3)教育学的なアプローチは「(その必要性から)教育方法研究者は教師の活動の偶然性、非体系性、無自覚と戦っています。教育学的な対応策がありさえすれば、教科は、子どもにとって理解できる、好きな、有益なものになります。」(⑥-17)と述べ、また、一人ひとりの生徒の文学に対する心理発達の研究を要請し、「現在の児童心理学においても、われわれはまだ生徒の文学的興味や関心についての章を書いてはいません。」(⑥-18)とやや批判的に述べている。

このように教育方法学への理解と関心を示していたルイブニコワは、多くの課題を残しておりながらも革命後の実証的な教育方法研究の一応の成果をふまえて、1939年プログラムの主要教材を使って授業のあり方を示している。

それでは、ルイブニコワの構想していた「文学読み」の授業の実際はどのようなものであったのであろうか。単元「秋——詩と作文——」の実践例を取りあげてみる。

　　　　秋
　　　　　　プーシキン作　金子幸彦訳
　秋はさびしい季節
　美しいながめのとき
　わかれのきわのそのかがやきに
　わたしはいつも心をひかれる。
　しぼみゆくはなやかな
　自然のすがたのいとしさ。
　すべての森はくれないと
　金のころもをまとい
　森のかげには風がざわめき
　さわやかないぶきがこもる。

第四章　社会主義体制確立期の文学教育

　空は流れるきりにつつまれ
　ときおりもれるほのかなきざし
　身にしむ寒さがすこしずつ
　朝な夕なにおとずれはじめ
　はるか遠くには灰色の
　きびしい冬がまっている。

　　　　秋のはじめ
　　　　　　　　チュッチェフ作　金井幸彦訳
　秋のはじめにはおだやかな
　すてきな日々がつづく。
　昼のあいだは空気が水晶のようにすきとおり
　日ぐれになっても光がみちあふれている。

　はたけのムギはかりとられ
　見わたすかぎりの広野原(ひろ)
　かわいたみぞの上には
　クモの巣のほそい糸が光っている。

　あたりには一つのくらいかげもなく
　鳥たちの声もきこえない。
　けれどもつめたい冬のあらしの
　ふきすさぶのはまだ先(さき)のこと。

　いまは野原もやすらかに
　いきつきながら青くかすんで
　ときおりそそぐあたたかい
　しずかな雨にぬれている。

　ルイブニコワは、この単元を、生徒の半分が農家であったマロヤロスラーフツァ中学校の６学年のクラスで、次のような指導計画を立てて授業を

している。

　指導計画　明るい秋の日と雨の日または曇り日との比較。プーシキンとチュッチェフの秋の詩、詩。詩「秋のはじめには……」の解明。作文のテーマ「秋」によせて、プーシキンとチュッチェフからの引用の選択。作文の宿題。生徒作品の検討。
　授業の前に、二つの詩を大きな用紙に書いておく。教室に、赤いななかまどの枝、みざくら、かえでも置いておく。授業の前日は晴天であったが当日は曇天であった。授業は前日と本日との比較から始まった。
　T──いま、庭や森はどうなっていますか。木はどんな姿をしていますか。
　P──ぬれて枝がたれ下がり、しめった幹は黒く見えます。
　T──きのうは晴れた日でしたね。森はどうでしたか。
　P──木が生きいきとしており、太陽が輝いていました。
　T──秋の森は全体にどのようになっていますか。（教室にもってきた枝を見せます。）
　P──葉は、褐色、赤、黄色、黄金色、深紅色、こげ茶色です。がまずみの実のふさが赤く、ななかまどの赤いふさがたれ下がっています。みざくらの枝に黄金色の実がまきついています。
　T──夏の森と秋の森はどこが違いますか。
　　……中略……
　T──それでは、晴れた秋の日を描いたチュッチェフの詩を読みましょう。
　　……中略……
　T──チュッチェフは明るい秋の空をどのように表現していますか。
　P──「青く」と……。「青くかすんで」と言っています。
　T（生徒の答えをくり返す）「いまは野原もやすらかに、いきつきながら青くかすんで」
　T──なぜ、チュッチェフは「あたりには一つのくらいかげもなく」と言っていますか。これは何を意味しますか。
　P──それは声が満ちあふれていて、さわがしく鳥が鳴いていましたが、

第四章　社会主義体制確立期の文学教育

しかし、今は何もなく静かであるということです。
　　　……中略……
　ついで、教師はプーシキンの詩「秋はさびしい季節」が書かれている用紙を掲げます。読み、分析し、チュッチェフの詩と比較します。プーシキンも秋にうっとりとなっていますが、彼は秋の森の情景を贈ってくれています。チュッチェフはわれわれを野原に案内してくれます。
　教師は子どもたちにノートを出させ、学習した詩の本文から「秋」のテーマにあわせて引用語句を選ぶように言います。話しあい、調べたこと、問いと答えのまとめは時間の終わりにノートに次のように記します。

　　秋

晴れた日	くもった日
空―るり色の、すんだ、青い、《いまは野原もやすらかにいきつきながら青くかすんで》（チュッチェフ）	空は霧が流れ、雨雲、《空は流れるきりにつつまれ》（プーシキン）
空気―すんで、透明で、明るい、《昼のあいだは空気が水晶のようにすきとおり、日ぐれになっても光がみちあふれている》（チュッチェフ）	空中に霧が立ちこめ、暗い、《野原には霧がたちこめ》（プーシキン）
木―黄色、黄金色、深紅の、こげ茶色の、《すべての森はくれないと金のころもをまとい》（プーシキン）	裸の、むきだしの、黒くなっている《森は悲しいざわめきとともに裸になる》（プーシキン）
時―すてきな、すばらしい、《おだやかなすてきな》	《あじけなさいっぱいの時》――悲しい、退屈な、憂うつな

　周囲の自然を観察して作文に書く――作文の中で散歩を描くか、二つの異なった秋の日を比較する――という宿題が出される。教師は作文を受取り、読んで誤りを指摘し、訂正します。教室で三つの作文を選んで読み、生徒の力で推敲します。（作文2例は省略－引用者）

第三節　文学読みの提唱と深化

作文例3　秋の美しさ　　　　　　ブルニ・アルルィ

　わたしは目ざめ、ベッドから起き上がり、窓を見ました。すばらしい日です。ターニャをさそい、森へ行こうと思いました。彼女も行こうと考えていました。「森へ行きませんか」「行きましょう！」朝食をすませて、走りだしました。光あふれる太陽が私たちといっしょに走っているように思われ、大きく黄金色に見えました。空は高く、澄んで、青々としていました。私は思い出す。「秋のはじめにはおだやかなすてきな日がつづき、昼のあいだは空気が水晶のようにすきとおり」と。

　もう森です。色とりどりの葉のむこうに空がずっと高くずっと青く見えます。白楊の輝いている赤い葉がふるえています。白樺が黄色の服を着ています。はしばみの木の葉にしわがよっています。黒っぽいもみの木のまわりのあちこちにがまずみやななかまどが炎のように赤くなっています。あたりいっぱい金色です。ホップにまきついているまっ赤なみざくらにも松の幹にも太陽がいっぱいにふりかかっています。「すべての森はくれないと金のころもをまとい」のとおりです。

　小鳥の声は聞こえません。きつつきだけがとんとん音たてています。こくまるがらすが叫びます。葉っぱが舞いながらかすかにかさこそと落ちます。わたしたちは長い間森の中をぶらつき、野原に出ました。

　静かでひろびろとしています。空ではもうひばりの声は聞こえません。穀物はもうとり入れられています。「かわいたみぞの上にはクモの巣のほそい糸が光っている。」

　小道は谷間につづいていました。わたしたちはそこをまわって川に出ました。ターニャはけわしい岸をつたって下り、冷たい水をすくいました。「ああ、たまらないわ」彼女は叫び、そして笑いました。

　歩きました。ひどく疲れましたが、幸いなことに刈りとられた草原にそって家に帰りました。翌日、ターニャ、ダーシャ、ヴィーチャ、ムーラと秋の押し葉を集めに行くことにしました。

　けれども押し葉集めはその日には行けませんでした。次の日から天候が変わったからです。朝から小粒の雨が降り、一日中けむっていました。

　雲が暗く灰色にたれ下がっていました。霧がたちこめました。木の幹は黒くなりました。しめった葉がさっと落ちます。もう森には行けません。

221

第四章　社会主義体制確立期の文学教育

⑧ー75〜79)

　身近な秋の自然に気づかせてから二つの秋の詩の読みにはいっている。直観教授の材料を用意しているのは周到である。空の色や野原の様子などをこまやかに描き分けている新出の形容詞を一つひとつ取り出して教え、比喩などの表現の技法にも気づかせている。新出の形容語や新しい表現方法を教えることがそのまま、まわりの木の葉や空の色などの認識の仕方を教えることになっている。新しい語句や詩のすぐれた表現を使って作文させ、理解語句をさらに表現語句にまで定着させようとしている。書いてみることによって、自然の認識の仕方も深まり、詩のすばらしさへの感動も深まる。理解と表現の巧みな関連学習である。

　『小役人の死』(チェーホフ)の授業　ルイブニコワは、6学年の教室で、『小役人の死』を13の小場面に分け、それをカードに書いて子どもたちには四枚ずつ持たせて、それらからみんなで一つの小説を創りあげ(復元)させるという方法で授業を行っている。子どもたちは、自分のカードを手がかりに、すじСюжеетの前後を想像し関係づけていく。

　　T――だれから始めましょうか(生徒は手を上げる。)読んでごらん。
　　P――(机から離れて読む。)「あるうるわしい晩のこと、同じくうるわしい会計検査官イワン・ドミートリチ・チェルヴァコーフが、客席の二列目に腰をかけて、オペラグラスで『コルネヴィーユの鐘』をのぞいていた。のぞきながら彼は、無上の幸福に酔っていた。と、突然……。」⑪
　　T――これが始まりであるとどうして決めましたか。わたしたちは13の部分を持っていますが、他に手をあげません。その内容にみなさんは気づいたことでしょう。始めはどうなっていますか。手のあがった、きみ、言ってごらん。
　　P――「あるうるわしい晩のこと……」ということばで表現されています。
　　T――「時」が分かりますね。他のことは分かりません。それだけが描かれているのです。と同時に、さらに突っこんでいきますと、その人物とはこうです。「イヴァン・イリーチ・チェルヴァコフ(うじ虫という意味

第三節　文学読みの提唱と深化

がある）と発音しなければなりません。」ここでチェーホフはわれわれにチェルヴァコフが小役人であることを表現しているのです。そのあと、われわれは劇場で芝居の進行中に何かが起こることを予想します。これがこの話の序です。終わりの句はどうなっていますか。もう一度読んで下さい。

P——「と、突然……」

T——次を読む人？

P——（読む）「この《と、突然》に、物語の中では、実によく出会うものである。作者たちがそう書くのも当然で、人生はそれほど突然に満ちているのだ。と、突然、彼の顔がしわくちゃになり、白眼がむき出て息が止まったと思うと、……彼は眼からオペラグラスをはずしざま、身をかがめて、……ハックション！ごらんのとおり、くしゃみをしたのである。どこで誰がくしゃみをしたからと言って、悪かろうはずはない。百姓もすれば警察署長もやり、時には三等官でさえハックションとやる。人間だれもがくしゃみをするのだ。」

T——なぜ、そこを読みましたか。

P——彼は劇場に座っており、突然くしゃみをしました。

T——それからどうしましたか。だれでもくしゃみをしますね。有名な人も、そうでない人も、三等官でさえ、だれでもくしゃみをします。だれが次を続けますか。（二人の生徒が手をあげる。）

……中略……

T——まだ読んでいないカードが残っていますか。

P——（読む）「『出て行け!!』突然、勅任官が、青黒い色になってふるえながら、どなりつけた。『何でございます？』恐怖のあまり茫然自失して、チェルヴァコーフがささやくようにきき返した。

『出て行け!!』と勅任官が、足を踏み鳴らして繰り返した。

チェルヴァコーフの腹のなかで、何かが引きちぎれた。彼は何も見ず、何も聞かずに戸口へあとずさりすると、通りへ出て、とぼとぼ歩いて行った。……機械的にわが家へ帰り着くと、彼は略服もぬがずにソファに横たわって、……そのまま死んでしまった。」（笑い）

T——どうして笑うのですか？同情しないのですか。さあ断片に切り離さ

第四章　社会主義体制確立期の文学教育

れた話がどうしてうまくまとまったのでしょうか。言って下さい。

P——つながりのある話でしたから。

T——つながりのある話でしたね。それをどんな風に考えていきますか。

P——それが書かれた順序に並べます。

T——その関連性をとらえましょう。その関連性を何によってとらえたらよいか話してみましょう。どんなにして見つけますか。

P——その意味にそって。

T——よろしい。その意味はどのように表わされていますか。一定の順序で一つのものから次のものへと友だちが続けている時、何を考えますか。

P——彼が読んでいる間に次のを考えます。

T——一枚のカードについて考えて、次の答えを見いだすというのはいいですね。勅任官のところへ行ったという一枚のカードは、同時に、家に帰ったという別のことを暗示しているのですから。

……中略……

T——さて、次にこの小説の登場人物を言ってごらん。

P——チェルヴァコーフ、勅任官ブリズジャーコフ、奥さん、です。

T——だれが主人公ですか。

P——チェルヴァコーフです。

T——勅任官でなくて、チェルヴァコーフが主人公である理由を説明しなさい。

P——「小役人の死」と題されていますから。

T——他にどう説明できますか。なぜチェルヴァコーフであって、勅任官は主人公でないのでしょうか。

P——作品のすべての時間が彼に当てられています。

T——では、この話の語っている独特のものは。

P——彼の恐怖についてです。

T——彼は恐れから死にました。チェーホフはその恐怖から信じがたいことを導いたのです。この話は笑話 анекдот ということができます。人間の死、それをあなたがたは冷淡だから笑うのではありません。チェーホフがこれを笑い話風に解決しているから、笑いをさそったのです。この笑話は、恐怖をテーマにして作られています。チェーホフはその恐怖

を何によって表現していますか。
P——勅任官が彼より上であったこと。
T——彼は重要人物であり、高官でありましたが、この人物の方はどうでしたか。
P——小役人でした。
T——彼は下っぱ役人でした。そして下級官吏が上官を恐れて死ぬほどひどい生活の構造であり制度であったのです。彼は十回も謝罪し、それをどなられて、恐怖のあまり死んだのです。

　作品を小場面ごとに分割して、そのカードを持たせ次の場面を選ばせる方法は、子どもたちの想像力を伸ばし、作品の内的な連関を見いだす力を育てる。次の場面を予想し当てていく活動にはゲームのようなスリルもあり、楽しい授業になっている。ルイブニコワは、部分と部分の内的連関を見いだす手がかりとして、場面、人物、事件、を教え、事件を展開させる原因と結果の関係について理解させ、主人公と主題の関係に気づかせている。それぞれの読みの観点（文学理論）が作品の理解と感受を深くしているのであるが、それと同時にそのような理解と感受の方法全体を、つまり文学理論を楽しみながら教えているのである。

『検察官』（ゴーゴリ）の授業

　ルイブニコワは、教室で『検察官』を読んだあと、生徒と一緒に劇場に行き、その後で話しあいをし、最後に、次のような学習内容をノートさせている。

１．第一幕における役人の登場——導入部である。
２．若い役人についての報告——喜劇の発端である。
３．第二幕の初めにおけるオーシップとフレスターコフの登場
　　　　　　　　　　　　——第二の導入部。
４．フレスターコフと市長との出会い——事件の展開。

第四章　社会主義体制確立期の文学教育

　　5．フレスターコフのうそ——喜劇における事件の頂点（クライマックス）
　　6．フレスターコフへのわいろ——準大づめへの準備
　　7．フレスターコフの求婚——「検察官」の準大づめ
　　8．トリャピチキンへの手紙の朗読——「検察官」の大づめ
　　9．憲兵の登場——喜劇の終末。(⑥-189)

　1の導入部を理解させる授業は次のように行なわれた。
　　「喜劇の発端はどこにありますか。」すると教室は議論になりました。一人が第一幕の冒頭のことば「諸君、わしが諸君をお呼びしたのは外でもない」と言い、別の者が「そうではありません。検察官がやってきてホテルに泊まっているということをボブチンスキーとドブチンスキーが信じて駆け込んできた所です」と言います。これは興味深い授業の動因Моментです。「どこが発端ですか。」すぐさま冒頭部分の手紙の読みが喜劇の発端ではないことをわれわれは理解しました。なぜなら喜劇はフレスターコフを中心に組み立てられており、そのフレスターコフがまだ登場していないのですから。ボブチンスキーとドブチンスキーが検察官について話した時から市長とフレスターコフの相互関係は始まります。それでは、喜劇の冒頭——「諸君、わたしがみなさんをお招きした」は、どんな意味があるのでしょうか。子どもたちは、そこはわれわれが事件の進行を理解しやすくするための用意であると解明しました。わたしが発音すると彼らもくり返します。——「導入部экспозицияです」と。「導入部——それは発端に先行し、だれが、どこで、いつ、なぜ？に作者が答える作品の部分です。」と話します。「小さな都市で検察官を迎えるためにこのように役人たちが集まっていたということなどです。これが導入部です。(⑥-188)
　5、6、7、8は次のように実践された。
　　「それでは、この喜劇の頂点、クライマックスはどこでしょうか」「クライマックスはうそをつく場面です」とある生徒が言い、別の生徒は「フレスターコフが求婚する場面です。」と言う。教室は議論にわきましたが、恐れが頂点に達し、フレスターコフの性格が最高に発揮されるという意味でうそをつく場面が喜劇のクライマックスであるという結論にわれわれは至

りました。ここがクライマックスであります。「それでは、フレスターコフの求婚はどうでしょうか」わたしは、「それは準大づめです」と答えます。わたしは、ゴーゴリが観衆の注意を惹くために大づめであるかのようにしているのだと理解しています。役人たちも同じです。彼らはわいろを贈った時、すべてがうまく行くと笑みを浮かべていました。

　そのあと、第五幕について話しました。これは恐ろしい奈落への跳躍であります。郵便局長が持ってきた手紙——これが真の大づめです。ここで喜劇は終わりでしょうか。いいえ、そのあとに憲法が現われます。——「勅命によって」。わたしは、「この終末部はどの部分と呼応していますか」と発問します。終末部は導入部と呼応しています。そこでは検察官が出発していることが告げられ、ここでは到着したのです。それは喜劇の順序ではなく、そこに喜劇を入れる枠組みであります。喜劇は終わりますが、そこでわたしたちは喜劇の順序とは異なる事件の動きを感じます。⑥-189)

文学理論の概念（観点）である「導入部」「発端」「クライマックス」「大づめ」「終末部」などの指導が『検察官』を読み深めることと並行して進められている。文学理論の概念を理解させることが作品の読みを深めるようになっている。ここで、このような概念を理解させておけば他作品の読みにおいても応用されるのである。転移しうる学力としてルイブニコワが「文学理論」を考えていたことが肯かれる。読みを経験させながら、そのような学力を育てることによって、自分で作品や作者を評価できる自立した読者を育てようとしたのである。

『母』（ゴーリキー）の授業

　ルイブニコワは、長編小説『母』を教材にして7時間で授業をしている。

　　『母』（ゴーリキー）の授業計画（7時間——7学年）
　　○　導入——教師の話、生徒の話「ダンコの燃える心」
　　○　12章の読み（「沼のカペイカ」）
　　○　昔話とリアリスティックな小説の問題
　　○　小説の全章に題をつける（グループ）で

第四章　社会主義体制確立期の文学教育

- 小説の重要な場面をとりあげて、本文に短い話しかえをする
- ニーロヴナの成長と発展についての話し合い
- 小説の中のニーロヴナの役割、初めと終わりにおける形象、彼女の意識の成長の原因
- 作文（家庭学習）（⑥-119）

この授業の主要な活動は、

（1）導入──既習作品の主人公（ダンコ）についての話しあい、

（2）29章からなる長編の各章に題名をつける、

（3）重要な場面の話しかえ、

（4）主人公ニーロヴナの精神の成長過程の解明、

（5）作文、

などである。

ルイブニコワは、4時間めの（2）各章への題つけ、の授業を次のようにおこなっている。1章から8章までの担当はフィリモノーヴァという女生徒であった。

　　フィリモノーヴァ──第1章──工場村の人々はひどいつらい生活をしています。彼らを工場と居酒屋が吸いとっています。
　　T──考え方はいいのですが、もっとすっきりと言えませんか。表現は正しくないと思いますよ。彼らがなぜひどい生活をしているかが分かりません。どう答えますか。──工場村の人々はひどいつらい生活をしています。なぜなら……
　　フィリモノーヴァ──……すべての人の生活は工場と居酒屋によって吸いとられていましたから。
　　T──後から言ったのがいいですね。こちらに言いかえましょう。
　　フィリモノーヴァ──第2章──パーブロのお父さんのミハイル・ブラーソフは、その家族の怖れの上に粗野な生活をしていますが、その息子からの反抗にあいます。
　　T──この本全部を読みましたか。（みんなが読んでいました。）それでは、ミハイル・ヴラーソフの性格づけに当てられたこの章で重要なものは何

第三節　文学読みの提唱と深化

か、つまり、彼が息子の反抗に会ったことか、彼の全生涯が酒やつらさやみじめさや空しさの中で過ぎていったことか、言って下さい。

フィリモノーヴァ——もっとも重要なものは、ブラーソフの性格です。

T——そうですね。あなたはこの物語の第2章の登場人物がパーヴェルであるかのようにまとめたのでしたね。ミハイルが反抗に会ったこと、それに目をとめたのはよいのですが、この章そのものをまとめるには正しくないと思いますよ。「その息子からの反抗に会います」ということをまるごと除いた方がいいでしょう。けれども、ミハイル・ブラーソフという表題でよいでしょうか。

フィリモノーヴァ——ヴラーソフの生活。

T——どんな生活ですか。

フィリモノーヴァ——ひどくて……。

T——何と悪いんでしょう。彼には抵抗があるだけです。ゴーリキーはそのことによって彼がいらだっていることを表現したいのです。そのために彼は妻を殴り、そのために酒を飲みます。彼はパーヴェルがしたように正しい道を見つけられません。そのことがゴーリキーの言いたかったことです。

フィリモノーヴァ——第三章——パーブロのお父さんの死後ヴラーソフ家には村中のどこよりも静かさと平安がおとずれました。(⑥-126〜128)

5時間めは、次のような諸問題が話しあわれた。

1．息子の革命運動との最初の出会いの時、ニーロヴナはどんな感情にとらわれましたか。

2．メーデーのデモにおいてニーロヴナが体験したものを説明しなさい。

3．シーゾフ爺さんのことば、母が話したことばを思い出し、それを説明しなさい。

4．ニーロヴナが恐怖と不信から抜け出したことはどこで分かりますか。

5．(長編小説の第一部にそって、ニーロヴナが恐怖と不信から抜け出したことはどこで分かりますか。)

6．なぜ、工場にビラを運ぶことがニロヴナの生活にとって決定的な事件になりましたか。

7．けわしい生活の中で、母の本質がどのように発揮されていますか。

第四章　社会主義体制確立期の文学教育

　8．母と息子の相互関係をゴーリキーはどのように描いていますか。

(⑥-129)

　ルイブニコワは、このように事件や行動と人物の成長との関係についての問いを、6時間めと7時間めに出して話しあい、作品の読みを深めたあと、
　（1）ダンコとパーヴェル、
　（2）メーデーと裁判所におけるパーヴェル・ヴラーソフ、
　（3）ニーロヴナ——労働者パーヴェル・ヴラーソフの母。
　小説の初めと終わりのニーロヴナの相違 (⑧-130)
という課題の作文を書かせることによって授業をしめくくっている。各章に表題をつけさせる活動をとおして、作品の内容を理解させているのである。学習課題をそのまま課題とはしないで、活動に変えているところに、ルイブニコワの教育方法論が生きているのを見ることができる。教材として、革命体験を描いたゴーリキーの傑作『母』が選ばれているところに、社会主義社会建設をめざしているソビエトの訓育目標の具体化を見ることができよう。

　おわりに

　ルイブニコワは、20世紀初頭のロシア・ソビエトの革命期に文学教育実践の思想を形成し、革命後の社会主義建設期の教育における試行の混乱期に、その文学教育論を確立していった。それは、文芸至上主義のフォルマリズム、教科の本質を無視したコンプレックス・システム、古くからの文学史教育との理論的な批判と克服をとおしてなされ、その中核に「文学理論」を据えて教材の構造化と系統化を行い、教室において芸術としての文学の本質を生かした「文学読み」を成立させるものであった。彼女は、1939年プログラム（教授要目）の作成に指導的な役割を果たした。そのプログラムの精神を理論的に解説した『文学読みの教授法概説』(1941年)

には、多くの授業例が示されている。そこには作品の言語表現と構成に着目した、教材の特質に応じた教育方法が試みられており、彼女の「文学読み」の柔軟な性格がよく反映している。1939年プログラムと『概説』は、ソビエトの文学教育の基礎を確立した労作であった。その後のソビエトの文学教育の発展を方向づけ、基盤となったのである。

注
①ルイブニコワの略歴
　1885年2月8日　リャザン県で生まれた。
　1894年　モスクワ・マリン学校の寄宿学校生となる。
　1903年　同校卒業
　1904年　モスクワ高等女学院歴史文献学部入学。
　1909年　同学院卒業。ヴャジマ女子ギムナジアの教師となる。
　1916年12月～1917年1月　全ロシア文学＝語学教師大会に参加。「中学校の教師」を発表した。
　1917年　処女論文「民衆の遊び、歌および慣習を脚色する教育実践」(『教育通報』1917, No.3)。生徒といっしょに民謡を集めたこととそれらを課外の教育活動に生かしたことについて楽しく語っている。
　　　　　十月社会主義革命
　1918年　モスクワ近郊のマラホフスキー実験模範学校に移る。
　1921年　文学＝語学の教師大会に参加。「学校における文学＝語学教師の仕事」(プーシキン・ゴーゴリ・トルストイの生活と文学の研究)発表。
　1922年　『学校における文学＝語学教師の仕事』出版。
　1923年11月　労働組合インターナショナル（Профинтерн）名称教育技術学校の教師としてモスクワに移る。同校には、П.シンビリョーフ、Е.メディンスキー、В.ベイクシャン等の教育学者がいた。
　1924年　第二モスクワ国立大学（のち、レーニン記念モスクワ国立教育大学となる）専任教師となる。
　1927年　教育科学研究所のプログラム教授法研究員となる。
　　　　　『ロシア文学、その問題・主題・課題』
　1928年　В.ゴループコフと共著『第二階梯学校の文学教育』
　1930年　「教授学の対象としての創造的作文」(『芸術と子ども』1930年, No.8～9)、『文学教授法』
　1931年8月　全ソ連邦共産党（ボ）中央委員会決定「小学校と中学校について」
　1932年　『なぞなぞ』

第四章　社会主義体制確立期の文学教育

1933年2月　全ソ連邦共産党（ボ）中央委員会決定「小学校と中学校の教科書について」→国定教科書の作成を求める。
教科書の調査検討（ロシア共和国人民委員会）。
観点、①イデオロギー、②科学的かつ理論的であるか、③用語と文体、④装丁と製本。
1937年　『文体論入門』
1938～39年　5～7学年用文学新教授要目（プログラム）の作成に参加。
1940年　「作品の中の人物と事件」（『学校における文学』誌，1940，No.5）
1941年　『文学読みの教授法概説』1945年二版、1963年三版。
「高学年の文学科における作文学習」（『学校における文学』誌，1941，No.3）
7月第二次世界大戦始まる。人民委員会の委嘱により教育研究所の指導のためチュメニに移る。
1942年6月3日　没（57歳）。
1958年　『ルイブニコワ教育著作選集』

②1931年8月25日、全ソ連邦共産党（ボ）中央委員会決定「小学校と中学校について」。『決定』は、「学校の基本的任務」について、次のように述べている。
「ソビエト学校では、社会主義建設への自発的かつ積極的な参加者の育成を促進できるさまざまな新しい教授法をとりいれるとともに、いわゆる『プロジェクト・メソッド』を採用した場合に最近では特にはっきりと露呈されている点であるが、軽率な実現不可能な現場指導計画や事前に実践的な検証をへていない教授法の広範な宣伝普及に対しては、断乎とした闘いを展開していかなければならない。いわゆる『プロジェクト・メソッド』を学校教育のすべての基礎にしようとする試みは『学校死滅論』という反レーニン主義的理論から生れてきたものであって、それは事実上は学校の破壊をもたらしてしまったのである。」

③Сост. Я. А. Роткович. Методика преподавания литературы В советской школе. 1969.《Просве щение》. стр 180.

④Я. А. Роткович. История преподавания литературы в советской школе. 1976.《Просвешение》. стр 278～279.

⑤このプランでは、作品（テキスト）の言語と内部構造に着目して作品理解を進めようとしている。この方法には、1920年代にソビエトの芸術運動の主流となっていたフォルマリズム運動の影響を認めることができよう。

⑥М. А. Рыбникова. Очерки по методике литературного чтения. 『文学読み教授法概説』1963.《УЧПЕДГИЗ》.

⑦桑野隆著『ソ連言語理論小史――ボードアン・ド・クルトネからロシア・フォルマリズムへ――』1975年5月31日、三一書房、62ページ

⑧この20年代の教育課程の試行については、次の二書に詳しい考察がある。
矢川徳光著『ソビエト教育学の展開』1950年12月5日春秋社
村山士郎著『ロシア革命と教育改革』1980年5月25日労働旬報社

⑨В. В. Голубков. Методика преподавания литературы. 『文学教授法』

1962.《УЧПЕДГИЗ》. стр 56.
⑩1939年プログラムは入手していない、未見である。したがってルイブニコワによる。もっとも彼女の著書『文学読みの教授法概説』は、1939年プログラムの内容を解説するために書かれた諸論文が集められたものである。その意味では、この書はルイブニコワの文学教育論であると同時に1939年プログラムであるという性格も持っている。
⑪以下『小役人の死』は池田健太郎訳による。

第四節　文学教育方法論の体系化
——ゴループコフの文学教育論——

　ゴループコフВасилий Васильевич Голубков（1880.1.8〜1968.2.9）は、1931年決定が出されたあと、それを具体化するための「文学科教授要目」の作成をした。その後、ゴループコフは、文学教育方法学を科学にまで高めるために文学教育理論とその教育方法の考察を進めた。ソビエトにおける文学教育の指導者となったのであり、とくに、中学校の高学年8・9・10学年の文学教育について、指導的な役割を果たした。

一　文学教育論の内容と構造

　ゴループコフの仕事の集大成が1938年に出版された『文学教育方法』である。この書は1955年に第六増訂版（Ａ５版460ページ）を出し①、1962年には改訂版を出している。初めは教育大学のテキストとしてまとめられたが、多くの教師の支持を得て版を重ね、文学教育に関する第一等の基本文献であるとともにすでに古典的名著となっている。
　第六版（1955年）によって目次を概観すると次のような内容と構成になっている。

　　第一章　一般的原理
　　　Ａ　文学教育方法学

第四章　社会主義体制確立期の文学教育

　　　Б　教科としての文学
　　　В　文学教育の理論的基礎
　第二章　文学読み
　　　А　革命前の学校の文学読み
　　　Б　ソビエト学校の文学読み
　　　1　導入の授業
　　　2　テキストに対する作業
　　　3　まとめの授業
　　　4　5－7学年における理論的文学概念の形成
　　　5　話しことばと書きことばの能力
　第三章　高学年における文学史
　　　1　文学の講義
　　　2　テキスト分析への生徒の準備
　　　3　作品の分析
　　　4　8－10学年における理論的文学概念の形成
　　　5　まとめの授業
　　　6　復習
　第四章　文学に関する課外活動と校外活動
　第五章　授業計画と設備に関する諸問題
　　　1　文学の授業の指導計画
　　　2　教授用参考書
　　　3　文学のコーナー

　まず文学教育の原理的な問題を考察し、ついで、文学読みと文学史学習について学年ごとに具体的に教材研究と授業方法について論述しており、きわめて正統的でしかも網羅的な文学教育方法学となっている。このような原論をまとめることによって、ゴループコフは、ソビエト文学教育の目的・内容・方法について基礎的な理論を構築したのであった。

第四節　文学教育方法論の体系化

二　文学読みの内容と指導方法

1．文学教育の意義

　ゴループコフは、文学を学校の教科として教えることの意義を、①人間への認識を広め深める、②情動的な側面への働きかけ、③思考と言語を発達させる、という三点に見いだしていた。

　ゴループコフによれば、文学は、文法、歴史、心理学、論理学などとともに人間と人間社会への認識を与える「人間研究 человеко ведение」の分野の一つである。その中で、文学は、現実認識の方法において他の科学と異なる。すなわち、その形象性と情動性、さらには創造的想像力と感情に働きかける点に独自性があるのである。

　　　文学は生徒の視野を広げる強力な手段である。中学生は限られた生活経験を身につけており、その人間理解は貧しく不安定である。芸術文学は、彼をありふれた印象の限られた範囲から導き出し、彼の前に「新しい世界」をひらき、いろいろな時代の生活、諸民族および諸社会階級の生活に導く。人間と社会についての表象を広げ、それと同時に文学は生徒の経験を整理し深め、観察力を鋭くし、人をとりまく世界に対してその本質を見ぬくことを教える。(②-10)

　具体的な形象をとおして感性に働きかけて、生徒の認識を広げ、整理していくというのである。

　生徒の視野を広げることは、他教科でも可能なのであるが、文学は情動的な側面に働きかけて共体験させるところに特色がある、とゴループコフは考えている。

　　　現実認識の鮮明な情動的な色づけは芸術文学に固有のものである。この認識行為における道徳的─美的な評価の存在は、文学を社会的訓育の特に強力な道具の一つにする。(②-12)

　感動とともに生き方について目ざめさせ、生徒たちを高めていくところに文学の訓育的意義を見いだしている。

第四章　社会主義体制確立期の文学教育

さらに、文学の授業過程において、

 作家の仕掛けた問題をどのように熱中して解決していくことか。どのような激論が作中の人物をめぐって起こるか。芸術的なテキストの読み自体が生徒に想像と思考のきわめて強い積極的な活動を呼び起こす。(②-13)

というようなさまざまな分析と総合の活動が生徒の思考力を育てると述べている。

 芸術文学に対する作業は、とりわけ言語表現力の育成に多くのものを与える。全教科で正しい文章語が育てられる。学校の各教科は生徒の語彙を豊かにし、彼らのことばの能力を高める。しかしながら、生徒は、文学の授業ですぐれて形象的な文章語と出会うのであり、文学作品の解釈は生徒の口頭ならびに文章による表現のための豊かな材料を提示するのであるから、ことばの能力を高める仕事では文学と言語の教師に主として指導的役割がある。(②-14)

思考力と言語表現力とを伸ばす面においても、文学教育の意義を高く評価していたのである。

2．「文学読み」の位置・教材・課題

　全学年をとおして文学教育は行われるのであるが、5～7学年の文学教育は「文学読みЛитературное чтение」としておこなわれることになっていた。ゴループコフによれば、それは、1～4学年（初等教育）の「解明読みОбъяснительное чтение」——作品の全体的意味の把握、プランづくり、難しい語句・表現の理解——とは異なり8・9学年（後期中等教育）の文学史学習とも異なる独自のものである。「文学読み」とは、作品を分析的に読んだり、作品を味わって読んだりすることである。「文学読み」の教材は、テーマ（単元）、民衆の口承文芸、内容の三つの観点から次のような作品が選ばれる。

　　1）ソビエト文学作品によるテーマ：「十月社会主義革命」、「国内戦争」、「大祖国戦争」、「社会主義建設」。ここでは、ゴーリキー、マヤコフスキー、フールマノフ、ファヂェーエフ、オストロフスキーなど、および、同胞諸民族のジャンブールЖамбул、スレイマン・スタリスキーСул

第四節　文学教育方法論の体系化

ейман Стальскийなどの詩人の作品が与えられる。
2）ロシア口誦詩作品の諸形象：英雄叙事詩、昔話、ことわざ、なぞなぞ、歌。
3）わたしたちの過去、わが民族の生活と性格、外国からの侵略者との戦いを描き、古い生活習慣の欠点を明るみに出し、ロシアの革命運動を映し出している、——そのような古典作家たち（プーシキン、レールモントフ、ゴーゴリ、ツルゲーネフ、ネクラーソフ、Л・トルストイ、チェーホフ、その他）の作品。これらの古典作家たちの作品の中では祖国の自然の風景に多くの注意が向けられている。また、それらの物語や詩の中では登場人物が子どもや少年である。(②-61)

テーマとしては、革命体験と戦争体験が中心になっている。社会主義社会へと向かっていく新しい世代を育てようとしていたのである。

民衆の口承文芸を教材化している。1917年の革命の担い手が民衆であったことを確認し、その上で民衆の文芸を継承・発展させようとしているのである。

19世紀の古典に関しては、革命前のロシアの生活習慣を知らせることと革命運動との関連において文学作品を学ばせることをねらいとしている。その際、学習者に親しみやすい作品を選ぼうとしている。

「文学読み」の課題として、ゴループコフは、三つの課題を出している。一つは、「典型的な形象の鮮明な蓄積」、つまり、典型的な形象に多く出会わせることである。二つは、「ソビエトの生徒に必要な思考と感情の領域をたがやすこと」、つまり、ソビエトの人間に必要な思考力を高め、感情——集団のために献身すること、そしてそれを美しいと感じる感覚と感情——を豊かにすることである。三つは、「文学学習の基礎の習得 Уяснение」つまり、文学作品の読み方を習得させることである。革命前には、文学教育は、主として文学知識と思考力の育成が目ざされていた。革命直後には、革命のための社会認識を深め、意欲を高めることが目ざされていた。ともに文学を手段として見なしてきたのであるが、1930年代から1940年代にわたる時期において、ゴループコフは、訓育の道具としての課題を

237

第四章　社会主義体制確立期の文学教育

中心にすえながらも、それらの課題を相対化して位置づけつつ、①文学に出会わせること、②文学の読み方を身につけさせることとを課題として取り入れて位置づけ、文学の機能を生かすことと文学独自の学習内容を明らかにすることとを試みている。「文学読み」の課題がそれまでよりも広げられ豊かになっている。

3．「文学読み」の方法の原則

　ゴループコフは、「文学読み」においては、まず第一に、読者の直観的な印象を大事にすべきであるという。したがって、教材は、学習者の興味や関心と一致する作品を選ぶべきであり、とくにソビエト現代文学は適しているという。授業においては学習者の印象の組織化を図るのである。

　ついで、読者の印象の意義づけを行って倫理的な理解を形成させる。そのために社会的背景や政治的な状況についての教師の説明も必要になる。

　しかし、彼は、それらの説明はあくまでも生徒の読みから得た印象と作品の表現とにもとづくべきであって、社会状況と人物との関係を直結させて「道徳の授業」に変えてはいけない、という。彼は、革命前のウシンスキーК. Ушинский (1824——70) の、つぎのような警告を引用している。

　　　道徳的感情には、文学作品そのものが直接的に働きかけねばならない。文学作品が道徳におよぼす影響はきわめて大きい。作品のなかに表現されている道徳的な行為・道徳的感情・道徳的思想を子どもに愛させるような文学作品は道徳的である。そればかりか、優美な作品の心からの享楽は、それそのものがすでに道徳的感情の源泉となる。ひからびた格言は、何の助けにもならないばかりか、反対に、かえって有害であるにすぎない。
　　（③-349）

　ゴループコフは、これを受けて、つぎのように補足している。

　　　したがって、作中人物の分析やそれと結びつけて行われる道徳的なテーマに関する教師との話し合いは、文学的事実や読みの過程で生まれる生徒の生きいきした質問から自然に引き出されるべきである。（②-64）

作品の外的な状況から読むのでなくテキストに即して読むべきことを強

調しているのである。文学研究者としての主張であるとも解することができよう。

4．「文学読み」の基本的な指導事項と指導過程

ゴループコフは、文学の授業における基本的な指導事項と指導過程をつぎのように示した。

  Ⅰ　導入の授業
  Ⅱ　テキストの学習
   1）家庭の読み
   2）教室の表現読み
   3）プランづくり（あらすじ）
   4）話しかえ
   5）テキスト分析の諸側面
    a）主題と思想内容
    b）形象
    c）構成
    d）言語
   6）暗誦
  Ⅲ　まとめの授業
   A　総まとめと知識の定着
   B　評価
   C　書く学習（③-71〜72）

ゴループコフは、これは、あくまでも一般的な指導事項であって、すべての文学学習に必須のものであると考えるべきではないと言い、作品の特色や学習者の発達や興味に応じて教師が取捨選択し適切に組みあわせなければならないと注意をうながしている。

ゴループコフが、このように基本的な指導事項を明確にしたことは、ソビエトのその後の文学の授業実践における指導事項を揺るぎのないものとした。それは、指導事項研究の基礎を築くことでもあった。

第四章　社会主義体制確立期の文学教育

5．「文学読み」の基本的な順序

ゴループコフは、五段階の基本的な順序を示している。

1）家庭学習の確かめ
2）新しいテーマへの導入
3）新教材の提示
4）認識と習熟の強化
5）宿題

ゴループコフは、この順序を実践する具体例として、5学年の教授要目に『死せる王女の話』のあとに置かれているプーシキンの詩『秋』を一時間で授業する例をとりあげて説明している。

1）家庭学習の確かめ
　授業は、『死せる王女の話』の話しかえまたは分析という課題を出すことから始められる。一人または数人の生徒が答える。課題の性格を考えて7〜10分を要する。他の生徒は注意深く聞いていなければならない。答えが終わると補足が行われる。質問によって評価がおこなわれ、点がつけられる。

2）新しいテーマへの生徒の準備
　教師はきわめて短いことばですでに習ったことと新しいテーマとの関連性について話す。彼は次のように語ることができよう。「プーシキンがいかに立派に、あざやかに、そして美しく古い民話を再話したかについてわたしたちは見てきました。プーシキンは祖国を愛し、民衆の話と歌をひじょうに高く評価していました。そして、それ以上にプーシキンは祖国の自然を愛していました。

　彼はその中でも秋をとりわけ愛していました。この季節を好む人は少ない。ほとんどの人が、秋に、ぬかるみ、じめじめした空気、自然の凋落を見ていたのでした。プーシキンは、秋の自然のそれらの中にある美しさを見いだしたのでした。

　こんどはプーシキンの詩『秋』を読みましょう。彼が120年以上も前（1883年）に書いたこと、当時はまだ農奴性であったこと、したがって、古い生活の情景や多くの解明を要する古いことばに出会うことを頭において

第四節　文学教育方法論の体系化

おきましょう。では、読みますよ。

3）新教材の提示

　教師は次のことに配慮しながら詩を暗誦する。第一節「十月が来た Октябрь уж наступил……」と第二節「うれしい季節、美しいながめの時……уны лая пора！Очей очарованье！」とを区切る間を置く。そして、第一節では「はだかの枝に散り残った葉 посяедние листы с нагих своих ветвей」、「秋まき作物は狩りのあそびに気負いたつ人や馬に踏みつけられる и страждут о зими отбещеной забовы」、第二節では「美しいながめの時 Очей очарованье」、「しぼみゆくはなやかな自然 пыщное природы увяданье」、「森はくれないと金のころもをまとい в багрец и в золото одетые леса」などにアクセントをつけて強調する。

　教師はその教室のすぐれた読み手を指名し、読本の詩の読みをさせる。生徒は、そのあとをたどりつつどこで詩が二つに分かれるかを考え、プーシキンがそれぞれの節で表現しようとした基本的な意味をとらえる。

　その後、生徒たちはもう一度第一節を読み直し、その意味を明確にする。教師は、教室の関心を「枝の葉 листы деревьеь」、「秋の寒さ осенний хлад」、「村を遠く離れた野原 отъезжие поля」のような一般にはあまり使われないことばに向け、それらを自分のことばに変えさせ、とくに「秋まき作物は狩りのあそびに気負いたつ人や馬にふみつけられる」という表現には立ちどまり、地主の好きな遊び——百姓の畠に甚大な損害を与える犬追い猟——について話す。ここで教師の助けを得て、生徒は、プーシキンが表現を生き生きとさせるために生き物の面から自然を描いていることを明確にする。生徒たちは、絵のようなことば「林は散り残った葉をはだかの枝からふり落とし、秋の寒さが吹きつけて」などのことばをとり出す。

　その後、第二節が読まれる。その全体の意味を明確にし、プーシキンの秋に対する態度が明らかにされる。そして、難語句——багрец 赤紫色、в сея у леса 森のかげには、など——が解明される。生徒たちは、詩人に秋をこころよく感じさせているものを示している表現、そのために詩人に秋を好きにさせたものの美しい表現を取り出す。

241

第四章　社会主義体制確立期の文学教育

　4）知識と習熟の強化
　　5年生が詩「秋」から得ることのできる知識と習熟には二つの流れがある。読んだものを理解するためには、すべての表現、とくに情景を描いている表現と作者の感情を伝えている表現を解明しなければならないことを生徒たちは学び、それと同時に、詩人の思考と感情を伝えるために詩をどのように読まなければならないかということを学ぶ。
　　これらへの習熟を強化するために、教師は二人の生徒を指名する。一人には、彼は、第一節と第二節で秋を描いている、とくに美しいことばを全部数えあげさせ、自然の情景を描いていることばの例、作者の感情を伝えていることばの例をあげさせる。いま一人の生徒には、これらのすべての美しいことばにイントネーションをつけてきわだたせることによって詩を表現的に読ませる。
　　習熟の強化についで、授業の終わりのパートへ、宿題へと進む。
　5）宿題
　　教室で詩を何回か読み、よりよく味わった後、教師は、詩の暗誦を課題として与えるのがよいであろう。
　　このように、あまり大きくないテーマで、一時間で読む授業を組み立てることができる。(②-72~74)

1）前時の学習内容の確認
2）それと関連させながら新しいテーマへの導入
3）新教材の提示
4）語句および表現の理解と読み方への習熟
5）暗誦の宿題
という順序で授業が進められており、指導計画に教授学の成果がきちんと取り入れられていることがわかる。
　作品の読みにおいては、難語句・新出語句を丁寧に理解させる（解明読み）とともに、その美しい表現性を味わわせている。構成を理解させて各節の意味を正確に把握させようとしている。ただし、「秋まき作物は狩りの…」の解釈で、地主の遊びと百姓の損害とを対比させて説明しているの

は、やや階級闘争の視点に引きつけすぎているようにも思われる。社会主義建設期の解釈の特徴を示していると見るべきであろうか。

詩の授業例としてこれを見ると、音読・暗誦に力を入れているところに特徴を見ることができる。

総じて、読みの過程の本質にかなった自然な、そして語句をたしかにおさえる手がたい指導過程になっている。

ゴループコフは、このような基本的な指導の順序を示した。それは、多くの教師の指導計画にヒントを与え、その根底を支えるものとなった。ソビエトにおける文学の基本的な指導過程の成立において重要な役割を果たしたであろうことがうかがえる。

6．「文学読み」の実際と授業

実際の授業においては、プランづくり、口頭話しかえ、表現読み、など多様方法が採られるが、それらを通してなされるテキスト分析の内容はゴループコフによれば、次の6項目である。

  1）思想内容と芸術的形式を統一する完結体としての作品の解釈　разбор
  2）人物形象に対する作業と性格を明らかにする。　изучение образов
  3）風景描写とその他の描写の分析　анализ
  4）構成に対する作業　работ
  5）作品の詩的言語の探究　изучение
  6）基本的な詩的ジャンルの探究　изучение（②-126）

これらの事項を、教師は、事前に教材研究において究めておくのであり、授業において生徒に学習させるのである。

ゴループコフは、『文学教育方法論』(1955年) において、十数編の作品をとりあげて、「文学読み」のための教材のモデルを示している。ここでは、『ベージンの草野』（ツルゲーネフ）と『ドゥブロフスキー』（プーシキン）の二例をとりあげて考察する。

『ベージンの草野』については、プランづくり、性格づけ、成分の明確化、人物の比較を行なっている。プランづくりは、作品の構成をとらえさ

第四章　社会主義体制確立期の文学教育

せるための作業である。

　　ツルゲーネフの物語『ベージンの草野』をおおっている夏の日の有名な描写は次のように始まっている。「それは天気がながくつづいたときでなければ見られないような、7月のよく晴れた日のことだった。」彼は人々や草木について語らず、空・雲・空気についても語っていない。彼は、それらの特徴（「空は晴れて」「朝焼けがおだやかな紅色にみなぎっている」「太陽は輝き、にこやかに光を放っている」……等）をはっきりさせるだけでなく、一日の三つのモメント（朝、昼、夕方）における変化を示している。
（②-111）

　この三つのモメントによって構成されている『ベージンの草野』のすじは、語り手である猟人が見知らぬ土地に迷いこむことから始まる。そこで馬番のために夜営している子どもたちに出会い、焚き火を囲む輪の中に入れてもらう。焚き火のまわりで子どもたちの怪談を聞く。その間に、パブルーシャは馬で狼を追っぱらいに出かけ、ついで川に水を汲みに行き、不思議な音に驚いて焚き火の所へ帰ってきた。翌朝、猟人は子どもたちと別れた。残念なことにパブルーシャはその年に馬から落ちて死んだ。語り手は、「惜しいことをしたものだ！」と結んでいる。

　この作品のあらすじをさらに詳しくとらえるために、ゴループコフは、つぎのように分析している。

　　○　まえがき「7月のよく晴れた日のことだった。」
　　　1　早朝
　　　　1）「おだやかな」朝焼け
　　　　2）「にこやかに光を放つ」日の出
　　　2　真昼
　　　　1）「るり色」の雲
　　　　　a）むらなく青みがかっている空の間に
　　　　　b）水平線
　　　　2）「うす紫」の水平線
　　　　3）「見えるか見えないほどの雨」
　　　3　夕方

第四節　文学教育方法論の体系化

　　1）「煙のようにおぼつかない」残りの雲
　　2）夕焼けの輝き
　　3）夕べの星
　○　結び7月の日のよい面
　　1）やわらかい明るさ
　　2）むっとする暑さが消える
　　3）乾いて澄みきった空気
　　4）穀物の取り入れに都合のよいわけ

　このようにプランをつくってみると、あらすじがしっかり把握できるとともに、この作品の骨格のたしかさもはっきりと見えてくる。分析によって、よりはっきりと作品の形が見えてくる。そういう分析をしている。

　文学作品の場合、作品理解の中核は何よりも登場人物の理解であろう。ゴループコフは、人物（パブルーシャ）の「性格づけхарактеристика」の授業を、観点を示して、その観点に関する表現をテキストに即して抜き書きさせることによっておこなっている。

　次頁表のようにパブルーシャに関する表現を抜き書きしたあと、これらを関連づけて性格を明らかにする。生徒たちは、つぎのような口頭の性格づけをおこなった。

　　物語『ベージンの草野』において、ツルゲーネフは百姓の子どもパブルーシャを描きました。
　　パブルーシャは農奴制の時代に長く生きていました。彼は、けっして美しい少年ではありませんでした。「パブルーシャは、もつれた黒い髪の毛に、灰色の眼をし、…。少年はどう見ても見ばえがしなかった。」だが、「まことに利口そうに、悪びれることなく人の顔を見つめ、その声には力がこもっていました。」
　　彼の家は貧しかった。「服装は人前で自慢できるようなものじゃなかった。身につけているものとしては、粗末な麻のシャツとつぎはぎだらけの股引（ももひき）だけです。」
　　パブルーシャは、昔の村の少年と同じく迷信を信じていました。彼は家魔を信じていました。イリューシャが家魔について話した時、彼は、「だが、

245

第四章　社会主義体制確立期の文学教育

1．容貌	「パブルーシャは、もつれた黒い髪の毛に灰色の眼をし、……少年はどう見ても見ばえがしなかった。」だが「まことに利口そうに悪びれることなく人の顔を見つめ、その声には力がこもっていた。」
2．服装	「服装は人前で自慢できるようなものじゃなかった。身につけているものとては、粗末な麻のシャツとつぎはぎだらけの股引だけである。」
3．迷信	「だが、そいつ（家魔―в.г）はどこで見たんだい？――パブルーシャが聞いた。」
4．迷信を信じる人々のばかげた話への理性的で皮肉な態度	「そのうちお知らせが始まった。……みんなはいきなり『おーい、トリーシカが来たぞ！おーい、トリーシカが来たぞ』とわめいて、てんでに逃げだしたことよ！百姓頭は溝の中へはいこむ。百姓頭のおかかは門の下をくぐるとき扉にひっかかって動けなくなり、大声で叫んだ。……ところがその男は村の桶屋のワヴィーラだったのさ。新しい木壺を買って、空の壺を頭にかぶって来たのだったんだよ。」
5．大胆さ、決断力	「いきいきとなった不器量な顔は、剛胆と堅い決意に燃えていた。棒きれ一つ持たず、夜中に、少しもためらうことなく、たった一人で狼をめざして馬を飛ばしたのだ。」
6．語り手のパブルーシャへの態度	「私は思わずパブルーシャに見とれた。」 「『なんというすばらしい子だろう！』と私は彼を眺めながら考えた。」

(③-136)

そいつはどこで見たんだい？」とたずねました。

　でもパブルーシャは賢い少年でした。だから、彼は、日蝕が始まった時のような一般的な恐怖にはとらわれなかったのです。彼は迷信深い人々が桶屋のワヴィールを「トリーシカ」と思ったことを嘲笑しました。「そのうちお知らせが始まった。……みんなはいきなり『おーい、トリーシカが来たぞ！、おーい、トリーシカが来たぞ』とわめいた」と言って。

　パブルーシャは決心したのです。彼は狼を恐れませんでした。彼は馬の背にまたがって追いかけはじめました。不器量な顔はいきいきとして、剛胆と堅い決意に燃えていました。(②-124～136)

第四節　文学教育方法論の体系化

　これに対して、授業のいま一つのヴァリアントとして、ゴループコフは、プランに従って集団で性格づけを行う例を紹介している。すなわち、
　　生徒は引用文を捜すだけでなく、記憶にそって事実を配列し、人物のあれこれの行為の原則性を明らかにし、それを関連づけて「自分たちのことばで」一定のまとめをする。(②-136～137)
と、生徒のイメージに残っているものを手がかりに人物の行為の総体から一貫した性格を見いださせているのである。
　いずれにしても人物の行為をテキストに即してつぶさに読みとらせ、そこに一貫しているものから性格を明らかにさせ、人物像を理解させている。人物の性格を理解させる方法として、ゴループコフは対照的な登場人物を比較させる方法も示している。『ドゥブロフスキー』におけるトロエクーロフとドゥブロフスキーの比較、『タラス・ブーリバ』におけるオスタップとアンドレイの比較などである。『ベージンの草野』においては、パブルーシャとコスチャとを比較している。パブルーシャとコスチャは、個性を持っていると同時に、当時の農村の子どもの性格の共通性も多く持っている。
　パブルーシャとコスチャの比較はつぎのようにおこなわれる。
　　1　似ている性格
　　　a）いつの時代の、どのような環境にパブルーシャとコスチャは住んでいるか。
　　　b）貧しさ
　　　c）無学、迷信深い
　　2　違っている性格
　　　a）コスチャの臆病とパブルーシャの大胆さ
　　　b）コスチャの悲観的な気分とパブルーシャの快活さ
　　　c）コスチャの神秘的なもの、詩的なもの、およびしみじみとさせるものへの興味とパブルーシャのつくり話へのイロニックな態度。(②-139)
　類似点と相違点を明らかにするという、常套的ではあるが重要な方法を示している。このような比較によって、それぞれの人物の性格がくっきり

第四章　社会主義体制確立期の文学教育

と浮かび上がるのである。

　ゴループコフによれば、この作品ではすじ сюжет はそれほど重要ではなく、重要なのは成分 компонент である。成分とは、物語性（事件）、作者の性格づけ、会話、人物のエピソード、肖像 портрет、風景 пейзаж である。授業では、次のように黒板の右側にプランを書き、生徒と話しあいながら左側にそれぞれの成分を考えて書きこんでいく。

　これらのすべてを教室で行うわけではない。前半をやってあとは宿題にすることもある。一部分をとりあげて学習して、あとは各自の学習に任せることが多い。この役割の分析のあと、肖像や作中話がどのような役割りをしているかについて話し合いによって追求する。この作品では、事件や風景が少なく、それらは重要でないことが分かり、作中話、少年たちの対話、肖像が重要な役割を果たしていることに気づかせる。

　ゴループコフは、このような「成分」の分析のあと、作品の意味するもの、作者の意味するものを、次のように導き出している。

　　a）作者の基本的な目的は、農奴制の状況下に育った百姓の少年たちを、教養もなく野蛮な迷信に支配されているが、自然な知性を持ち、好奇心に富み善良で勇敢な人（パブルーシャ）として示すことにあった。（1852年に『猟人日記』は出版された）。少年たちの性格は、彼らの作中話、対話、肖像、作者の性格づけをとおして明らかにされている。

　　　これらのすべての話の成分は一定の順序に並べられており、すじの面からだけでなく、論理的なプランによっても配列されている。

　　b）風景は、行為が行われる状況を示すとともに、暗い知性や感受性をもつ人々の間では森の精やルサールカなどの像がどのように生まれているかを語っている。このように、風景も話のすべての内容と論理的な原則にそって結びあわされている。(②-147)

　成分 компонент という観点が生かされて作品の内質がとり出されている。鋭い分析の観点が有効に働いているわけで、このような観点を生み出す文学研究の広い土台があることをうかがわせる。ゴループコフは、文学研究の理論を中学校に取り込み、教材研究と授業を深いものにしている。

　いまひとつの『ドゥブロフスキー』については、語句の解明、叙述 из

第四節　文学教育方法論の体系化

プラン	成分
1．7月の日	風　景
2．見知らぬ土地の猟人	事　件
3．夜のおとずれ	風　景
4．ベージンの草野の描写	風　景
5．夜営の焚火のそばの猟人	事　件
6．夜の情景	風　景
7．少年たちの描写	肖　像
8．少年たちの会話	対　話
9．イリューシャ――家魔について	作中話
10．コスチャ――ルサールカについて	作中話
11．少年たちの会話	対　話
12．夜の不思議な音	事　件
13．イリューシャ――白波について	作中話
14．とつぜんの騒ぎ	事　件
15．パブルーシャに対する話し手の態度	作者の性格づけ
16．イリューシャ――死んだ旦那とイワンフェドセーエフについて	作中話
17．焚火の近くに白鳩が現れる	事　件
18．トリーシカに対してのパブルーシャとイリューシャ	作中話、対話
19．夜の描写	風　景
20．青さぎの恐しい叫び声	事　件
21．少年たちの話――水の精と森の精について	対　話
22．フェージャとヴァーニャの話――アニュートカについて	対　話
23．少年たちの話――水の精と水死人について	作中話
24．パブルーシャは川で何を聞いたのだろうか	事　件
25．少年たちの会話	対　話
26．夜が終わり、朝になる	風　景
27．猟人が夜営から去っていく	事　件
28．パブルーシャの死	事　件

(②-146)

第四章　社会主義体制確立期の文学教育

ложениеによる内容の把握、人物関係の構造化をおこなっている。

　ゴループコフは、作品『ドゥブロフスキー』の冒頭部分をつぎのように分析している。

　　教師はトロエクーロフの全般的な性格を含んでいる第一章の初め（最初の段落）を声に出して読み、その後、教室対話で生徒たちは次のような結論を導く。

　　読まれた断片の中にトロエクーロフについて、その社会的な位置について、彼の周囲に対する態度について、彼の性格について、語られている。ここに表現されている重要なことばを見つけよう。

　　「古い家がらのロシア貴族」、「財産はたくさんあるし、家がらはいいし、親戚・縁者にも有力な人たちが多いので、かれは、じぶんの持ち村のある県の中では大きな勢力を持っていた。」

　　このようにトロエクーロフの社会的地位は、はっきりと正確に定着されている。三つの条件は、かれの社会的「勢力」をあきらかにしている。かれは金持ち（かれは少なからざる領地を持っていた）であり、貴族（「古い家がらのロシア貴族」）であり、「親戚・縁者」を持っていた。つまり、かれには親類があり、かれに支持と援助を与える政治家と貴族たちのとりまきを持っていた。これらの条件のどれもが、トロエクーロフが、地主、官吏たち、さらに多くの百姓たちのとりまきの中で大きな位置を占めるにはまったく十分であった。この三つの条件をその一身に集めて、トロエクーロフは彼の社会的勢力に似つかわしくふるまったのである。(②-161〜162)

　まず、貴族であり、金持ちであり、親戚が多いという語句に着目させて、副主人公であるトロエクーロフの社会的勢力の大きさを読みとらせている。

　つぎに、その社会的勢力がトロエクーロフの取巻き連中の態度に現われていることを検討している。

　　トロエクーロフの社会的勢力が取り巻き連中の彼に対する態度によっても説明される。「近くに住む地主たちは、彼のどんな気まぐれな要求にもよろこんで従うし」、「県庁の役人たちは、彼の名まえを聞くと、ふるえあがったものである。」、「客たちは、この家の主人の、さわがしい、ときにはらんぼうな気ばらしのあいてをつとめたものである。」、「だれひとりとして、

250

第四節　文学教育方法論の体系化

あえて彼の招待をことわらなかった。」、「百姓と召使は彼に身を従え、自分の主人の富と名声を鼻にかけていた。」

ここで勢力家トロエクーロフの取巻き連中の卑屈さの性格づけのためにプーシキンが選んだ語の正確さと表現性に注意すべきである。彼らは彼に<u>よろこんで従っている</u>（単に「従った」ではなく）。彼らはふるえあがったтрепетали（このことばは「恐れたбоялись」ということばより強い）のであり、彼らは彼の気ばらしのあいてをつとめたготовы（「喜ばせるпринуждены」でなく）のであり、だれひとりとして、あえて彼の招待をことわったりしないне дерзал（не дерзалは、同意語のне рисковаяやне осмеливалсяよりも強い従属関係を示す）。

百姓と召使いは地主や役人と反対に、トロエクーロフに<u>心から従い</u>、彼の富と名声を鼻にかけていた。トロエクーロフの権威は、全般的に農民を搾取することによって屈従させている程度の偉大さであり、彼になれなれしくさせているような親しみなのである。(②-162)

表出語句、たとえば「よろこんで従う」と単なる「従う」との違いに注目させて、その語のニュアンスとすぐれた表現による意味の微妙な違いを把握させている。

また、「トロエクーロフの権威は、全般的に農民を搾取することによって屈従させている程度の偉大さであり、彼になれなれしくさせているような親しみなのである。」と、ことばによって間接的に表現されている人間関係の真のすがた（支配と屈従）を読みとらせようとしている。

ゴルーブコフは、読みに書く活動＝叙述изложениеを採り入れることをとおして、深い読みを成立させ、読みへの積極性を引き出している。『トゥブロフスキー』の有名な次のエピソード（第八章）を教材として叙述学習例を示している。

　　トロエクーロフの屋敷には、いつも何びきかのクマが飼ってあって、このポクローフスコエの領主の、おもななぐさみの一つになっていた。なかでも子グマは、小さいうちは、まいにち客間へあげて、トロエクーロフがそれに猫や子犬をけしかけたりして、何時間もつづけて遊びあいてにした。大きくなると、彼らはくさりにつながれて、そのうちに本式に狩りたてら

251

れて、殺されてしまうのであった。
　ときによると、彼らを家の窓さきへ引っぱりだして、くぎをたくさんさした、からの酒だるを転がしてやる。クマは、はじめはにおいをかいでいるが、やがてそっとさわってみる。すると、くぎが前足をさす。クマは怒って、こんどはもっと強くたるをおす。それにつれて痛みはだんだんはげしくなる。クマはすっかり猛り狂って、ほえたてながらたるに突っかかっていき、いかりのたねをこのあわれな動物の手から取りあげるまでは、どうしてもやめようとはしない。
　また、ときには荷馬車にクマを二匹つけて、客たちをむりやりそれに乗りこませ、クマをいちもくさんにかけさせる。
　しかし、トロエクーロフのいちばん得意とするいたずらは、つぎのようなものであった。
　それは、はらをすかせたクマを、からっぽの部屋に閉じこめてつないでおく。そのつなの長さはほとんど部屋ぜんたいに届くほどで、反対がわの一すみだけが、わずかにこの恐ろしいけものの攻撃からまぬかれるようにしてある。そして、たいていは新顔の客を、この部屋の戸口までつれてきて、いきなりその部屋へおしこんで、ドアの錠をおろし、不幸な犠牲者を、毛むくじゃらの隠者と二人きりにしてしまう。
　あわれな客は、服のすそを引き裂かれ、手を血だらけになるほど引っかかれたあげく、しばらくして安全な片すみを見つけるのだが、ときによると、まる三時間も壁にへばりついたまま、目の前二歩のところで、いきりたったけものが、ほえたり、跳びはねたり、あと足で立ちあがったりして、彼に跳びかかろうと、もがくのを見ていなければならなかった。このロシア貴族の優雅な楽しみとは、こういうものだったのである。（第八章）
　授業では、このエピソードを教師が音読したあとで表題をつける問題を出す。『地主の遊び』『ロシア地主の優雅な遊び』などがつけられる。このあと、場面分けとプランづくりが行われる。プランは、次のように、トロエクーロフの『優雅な遊び』のリストになった。
　1）子熊を狩り出すこと
　2）たると熊の闘い
　3）一組の熊がつながれた荷馬車の客

4）部屋の中で熊とさし向かいの客（②-224）
　このようなプランづくりは、要約の作業でもある。生徒たちには、各部分が表わしているものが分かり、トロエクーロフがどのような「慰み」にふけっているかが分かる。そして、このエピソードの意味するものとそこに含まれている基本的な理想が明らかになる。
　その後、ゴルーブコフは、言語の分析に移り、とくに「同意語」の使用に対しては生徒の関心を向けている。

　　第一文では、作者はトロエクーロフを名前キリール・ペトローヴィッと呼び、二回目には、ポクローフスキーの領主と変えている。熊は、「あわれな動物Беяный　зверь」、「恐しい動物страшный　зверь」、「毛むくじゃらの隠者косматый　пустынник」、「たけり狂ったものразъярённый　зверь」と、いろいろな場面でいろいろに呼ばれている。これらの呼び方が事実の経過――熊は実際にはじめはあわれなものであり、次には恐しい熊になったという風に――を表しているということを教師は明らかにする。
　　熊とたるの闘いの描写にプーシキンが使った漸増法に生徒の注意を向ける。熊はそっとさわってみる。怒っていっそう強く押す。――ついにはうなりをあげ身をなげつける。熊の動きと並行して、その様子を「怒ってосербясь」、「憤激してбешенство」、「激怒してярост」と描いている。
　　トロエクーロフの「慰み」の残酷な性格をとくに表している次の場面を想像させる。「あわれな客は服がぼろぼろになり、手を血だらけにし、……まる三時間も壁にへばりつき、目の前二歩のところで、いきりたったけものが、ほえたり、……もがくのをながめていなければならなかった。」（②-223）

　このような語句についての分析のあと、もう一度この話を通読する。そして、最後に叙述изложитьの課題を与えるのである。
　　物語を書いて叙述しなさい。それぞれの新しい段階は改行しなさい。よく思い出すように努力し、とくに強く、そして鮮やかに思われるプーシキンのことばを物語の中に使いなさい。（①-226）
　類義語の使い分けの効果、語句の選択による漸層法の効果、状況描写の巧みさに注目させ、気づかせる。単に理解語句にさせるだけでなく、さら

第四章　社会主義体制確立期の文学教育

に表現語句にまで高めている。この叙述学習は、プーシキンの作品をより深く読ませる方法であると同時に、プーシキンの表現技法を学ばせ、微細なものを表現しわけるロシア語のしなやかな表現力を身につけさせる方法でもある。単なる鑑賞学習に止めるのでなく、作文教育にまで発展させているのである。ゴループコフは、このような具体例を多く示すことによって、教室において文学を読むとはどうすることか、という実際例を提出したのであった。

ゴループコフのこのような教材解釈と授業例は、1940年以降のソビエトにおいて、多くの教師にとって文学の授業の指針となった。

ソビエトの文学教育の実質を形成し充実させたのはルイブニコワとゴループコフの二人である、と言っても過言ではない。そのゴループコフの『文学教育方法論』(1938年初版)は、理論的にも実際的にもソビエトの教師たちを導き、ソビエトの文学教育を質の高いものとしていった。

―――――――――――――――

注

①ゴループコフの略歴
1880年1月8日　鉄道員の家族に生まれた。
　　　　　　　シュー工古典ギムナジア卒業後、コストロムスカヤ男子ギムナジアの教師となる。コストロムスカヤで革命運動に参加し、検束され、流刑になった。
1906年　　　　モスクワに呼び戻され、教育施設の限られた部署でのみ働くことを許された。ゴループコフの教授法学者としての活動は、十月革命後に広範に展開された。
1925年　　　　第一モスクワ国立大学の教師となる。
　　　　　　　ナルコンプロスの主任研究員として教育プログラムと指導書の作成に積極的に参加した。
　　　　　　　ルイブニコワとの共著論文「第二階梯学校の文学教授」によって文学教育のマルクス主義的再構築をおこなった。
1928年　　　　全ロ文学教師会議で「学校におけるマルクス主義学習の実際」を講演する。この講演によって、一躍有名になる。
1935年　　　　『中学高学年の文学教授法の探究』を出版する。
1938年　　　　主著『文学教授法』を出版する。196巨年には第7版が出版された。
1943年　　　　『大祖国戦争期における中学校のロシア文学教授』出版。

1946年　　　『中学校文学教授法の理論的基礎』出版。
　　　　　　『学校における文学の読み』（5－7学年の教授要目に掲げられた作品の指導法）。出版。
　　　　　　＊　ロシア共和国教育科学アカデミー会員
1968年2月9日　没（88歳）。
②В. В. Голубков, Методика преподавания литературы, М, Просвещение 1955.
③К. Д. Ушинский, О первоначальном преподавании русского языка, 《Педагогический сборник》.

第五節　感情教育としての文学教育
―――スホムリンスキーの文学教育実践―――

　スホムリンスキー（Василий Александрович Сухомлинский 1918.9.28～1970. 9.2）①は、1948年から1970年に死去するまで、ウクライナのパブルィシュ十年制中学校（日本の小・中・高の各段階の学校を含む）の校長を勤めた。彼はマカレンコの教育の影響を受けて教育活動を始め、第二次大戦後にソビエトの社会主義建設期の子どもの教育にうちこんだ。個性を最大限に尊重し、最大限に伸ばして、「他人に幸せをもたらすためにつくすことに喜びを感じる」市民の教育を行い、大きな成果をあげた。個性の全面発達を目標とする教育においては、思想・道徳の訓育、労働の教育、美の教育を重視し、人間の発達における感情・情操の教育を土台にすえた。感情・情操を培うために彼はさまざまに工夫して自然に触れさせ、言語と文学に出会わせる教育実践を行なった。スホムリンスキーには、ソビエトの1960年の文学教育の質の高い典型が見られる。その実質をとり出せれば、ロシア・ソビエトの文学教育の最高の到達点を見ることができよう。

　一　言葉による世界への参入

　スホムリンスキーは、複雑な心情や現象をとらえさせるためには、言葉

第四章　社会主義体制確立期の文学教育

とそのニュアンスへの敏感さを育てなければならないことを強調している。「言葉の繊細さに対する敏感さとは、それがなければ世界を見ることも他人の心を理解することもできない目であり耳であります。」(②-372) と述べ、さらにこのように説明している。

　　言葉は明確に理解することにおいては訓育の唯一の手段であります。このことは、思想、諸原理、一般的な真理を認識する年齢――少年期には特に強い関係があります。複雑な現象と関係をとらえたいという願望は、言葉とそのニュアンスに対する強い敏感さを必要とします。少年の道徳教育・情緒教育・美育は、他者の思考と感情のニュアンスを感じる能力を彼らの中に育成することなしには考えられません。この敏感さは、言葉の役割つまり言葉に内包されている意味の豊かさ、情緒的なニュアンスを人が理解し感じたときに育つのであります。

　　言葉とそのニュアンスへの敏感さの教育は、個性の調和的な発達の前提条件であります。言葉の教育と情緒の教育から道徳的感情と道徳的関係の教育へ――知識と道徳性の調和的な教育の道すじはこのようになっています。(②-471～472)

言葉の教育によって情緒の教育が進み、それらを基盤にして道徳教育がなされると考えている。

スホムリンスキーは、教師たちに、言葉の教育にあたっては、豊富な言葉を的確に使い分けて指導することが大事であると呼びかけている。

そして、「自然への旅」をして、自然との触れ合いにおいて言葉が生まれる経験を子どもたちにさせている。スホムリンスキーは、秋晴れの日や夏の朝、子どもたちを近くの草原や森につれていった。

　　①静かな夏の朝、私たちが見た森のはずれの1日のはじまりと日の出を、だれも忘れることができません。少年少女たちはまるで魔法にかけられたように朝焼けの光のたわむれから目をそらすことができませんでした。空の色合いや朝の美しさを映し出している池の鏡のような水底の色合いのきらめきが、彼らをとらえていたのです。静かでなごやかな秋の日に、晴れた空の14の色合いを区別することを学びました。ターニャはそれらの色合いの1つを『冷たい、落ちつかない空』と名づけ、ダーニコは『おだやか

256

第五節　感情教育としての文学教育

な空』と名づけ、フェージャは空の色合いを識別するために『深く、そして動かない』という言葉を見つけました。

　②『森の薄明』の旅はけっして忘れられないでしょう。暑い７月のある日、私たちは森に行き、人間の足が踏みこんだとは思われない一角を見つけました。嵐で倒れこけにおおわれた大木、木でおおわれた神秘的な谷間、谷底のどこかから静かにかすかに聞こえる小川のせせらぎ、森の奥からの山鳩の歌とかっこうの『くうーくう』と鳴く声、木のかさこそと鳴る音、日中は薄暗い所に隠れていてわたしたちをびっくりさせた夜鳥の翼のばさばさと鳴る音——これらのすべてを少年少女たちは息を殺して聞きます。彼らは、見ること、感じること、体験することを望みます。そこで私は、森の泉について、泉の木について、森の神秘的な生命について話します。——すると、少年の心に情緒の記憶に国民のはかりしれない精神的な富——言葉がはいっていきます。それは単にまわりの世界をよりよく見ること、思うこと、認識することを助けるだけではありません。それは人間にインスピレーションを与え、人間が感じ、体験し、考えるということに喜びや誇りの感情を喚起します。(②-473)

このような自然への感動とともに生まれた言葉が世界の美を見る体験をいっそう深くする、とスホムリンスキーは考えている。

　彼は、感動によって生まれた言葉を詩にまで発展させている。学校で「詩作の夕べ」を催したのである。彼は、経過と結果について、

　　感動の瞬間に生まれたものを、男の子や女の子たちは集団で分かち合うことを望んだのでした。詩が記憶の中に持続されたことが、生徒の精神世界に言葉が生きていることを証明しました。(②-473)

と説明している。それらの中の１つとしてつぎのような詩が紹介されている。

　　　　ひばりの歌
　雨が空を洗った。
　青い空になった。
　まるで歌のようなこころよいひびきと楽しさ、
　麦の穂に雨のしずく。
　そのしずくに小さな太陽がおどっている。

第四章　社会主義体制確立期の文学教育

　……中略……
　私はるり色の空を眺め、
　小さな丸いものがふるえているのを見る。
　それは太陽に会っているひばりだ。
　春の鳥についてのすばらしい話がある。
　暗い空に花火が落ち、
　太陽から花火が落ち、
　地上では丸いものが生きかえり、
　空に向かって小鳥が飛び立つ……
　ひばりは、母なる暖かい大地について歌い、
　輝く太陽について歌い、
　どこか小麦畑の巣の中で
　あまい眠りについているひなどりたち、
　わが子について歌う。(②-473〜474)

スホムリンスキーは、言葉やその陰影の豊かさへの敏感さが鋭くなればなるほど少年少女の自然や人間に対する感受力は深くなると考えていた。

二　文学教育の目的——自己を尊ぶ心を育てる——

スホムリンスキーは人間の行為や社会の諸現象から正しいものを感じとったり、道徳的に美しいものを感じたりする心душаが、人間と社会とを調和ある発展へと導く社会主義社会に生きる市民гражданинの条件であると考えていた。そしてその心を育てるのが芸術であり、とりわけ文学であると考えていた。

　　文学——それは人間学であり、同時に自己認識、自己教育、自己確立のもっとも繊細な手段の一つなのです。もし道徳的、美的理想の観点から人間が自分自身を評価しないならば、文学は教育的な力ではなくなってしまいます。
　　このような評価は、何らかの自責とか、『心をさらけ出す』こととか、自分自身の行為についての雄弁さという形をとるのではなくて、人間のなか

の美の感情の体験とか、人間の尊厳を傷つけるあらゆる嫌悪すべきものに対する妥協を許さない態度という形をとって現われるのでなければなりません。文学の授業で人間の内的世界に訴えかけるには、大いに教養とこつが要求されます。ここで『わかりきったことをくどくど説く』ことは、文化的価値を低俗化するだけでなく、人間性を喪失させることにもなります。文学を教えることの世界観的意義は、人間を高めて彼が自分のなかに道徳的な美を確立するのを助けること、そして私なら道徳的な美への感嘆と呼ぶであろう段階にまで彼を持ち上げることにあるのです。真の人間になるためには、少年は自分自身を尊ばなければならないのであり、そのことなしには人間の教養というものは考えられませんし、人間の尊厳を傷つけるあらゆるものに妥協を許さないという態度も考えられません。(②-371)

このような目的観に立って、スホムリンスキーは、文学的な感受力、文学的な認識力を育てることに努力し、文学的な方法をさまざまな生活指導の場にとり入れて生かしたのであった。

三　幼年期の文学教育——空想を媒介にして世界を認識させる——

スホムリンスキーは、校長として新学年を迎えるにあたって、就学前の子どもを集めて、「喜びの学校」という青空学校を開いた。

その第二日目の模様をつぎのように語っている。

　二日目、子どもたちは夕方学校にやって来ました。静かな九月の日が暮れようとしていました。私たちは村から出て、高い丘の上にすわりました。目の前には、太陽の下で燃える広い草原や形の良いトーポリの木々、地平線上の遠い丘などの絶妙なながめが開けました。私たちは、思考とことばの泉へやって来たのです。お話、空想は、この泉を発見することのできる鍵であり、泉はこの生命を与える鍵によってあふれ出すのです。昨日カーチャが、『お日さまが火の子をまいている……』と言ったことを思い出しました。ちょっと先廻りして言っておくと、12年後に学校を卒業する時、彼女はふるさとの土地について作文を書きましたが、そこで自然への愛情を描きながら、この形象をくり返しています。これは、子どもの思考におい

第四章　社会主義体制確立期の文学教育

　ておとぎ話の形象が、どんな力を持つものであるかを示しています。まわりの世界に空想的形象を住まわせ、またそれらの形象を創造しながら、子どもたちは美だけでなく真実をも発見していくのです。子どもはおとぎ話なしに、空想遊びなしには生きられないし、おとぎ話がなかったらまわりの世界は子どもにとって美しいけれども、カンバスに描かれた絵にすぎなくなるでしょう。おとぎ話はこの絵に生命を吹き込むのです。
　おとぎ話とは、たとえて言えば、子どもの思考力とことばの灯を吹き起こす新鮮な風です。子どもはお話を聞くのが好きなだけではありません。自分でも創ります。(③-48〜49)
ここで、スホムリンスキーは、
　　（1）自然は言葉の泉である、
　　（2）お話や空想は自然発見のカギである、
　　（3）子どもはおとぎ話の形象的認識をとおして美の発見と真実の発見をしていく、
　　（4）お話を聞かせるだけでなく作らせることも大事である、
という四つのことを述べている。
　お話が子どもたちに働きかける原因について、彼はつぎのように考えていた。

　なぜ子どもは喜んでおとぎ話を聞くのでしょう。なぜ子どもは空想をわき起こさせる夕暮れを、こんなに愛するのでしょう。なぜおとぎ話は、他のどんな方法よりも強く、ことばと思考を発達させるのでしょう。それは、おとぎ話の形象は情緒的に鮮明に色どられているからです。おとぎ話のことばは、子どもの意識の中に生きています。空想的光景を描き出すことばを子どもが聞くことも創造することもないような学校での勉強など、私は想像することができません。ここに、『喜びの学校』が始まってから2ヵ月の間に小さな子どもたちが作った、おとぎ話や物語があります。これらには子どもの思考、感情、願望の世界が存在します。
　　小うさぎ
　お母さんが小さなぬいぐるみの小うさぎをくれました。それはおおみそかのことでした。ぼくはもみの木の枝に小うさぎをのせました。みんな寝

第五節　感情教育としての文学教育

ました。もみの木の上では、小さな小さなランプが光っていました。見ると、小うさぎが枝からとび下りて、もみの木のまわりを走っています。とんだり、はねたりして、またもみの木の上にもどりました。(③-51〜52)

　情緒的に鮮明に色どられているおとぎ話の形象は、子どもの感動をさそい、それが子どもの空想を刺激して、ことばと思考を発達させると言うのである。また、子どもは思考・感情・願望の表現としておとぎ話や物語を作るとも言う。

　子どもの思考を情緒的に鮮明にするために、彼は、「お話の部屋」を学校に作っている。

　　第三のコーナーには、青い海があり、その海辺に善良なおじいさんといじわるなおばあさんが住む古い家が建っています。しきいの所には古い桶があり、家の外におじいさんとおばあさんがすわっています。海の中では金色の魚が泳いでいます。
　　第四のコーナーは冬の森で、雪山の間を、雪にうまりながら小さな女の子がやっと歩いています。まま母が彼女をいちごとりに厳寒の中へ送り出したのです……小屋の窓からやぎがのぞいています。ねずみが住んでいる大きな手袋もあります。ねずみのところへめずらしいお客がやって来ます。ベニヤ板で大きな切株が作ってあり、その上に人形が乗っています。赤ちゃん、灰色のうさぎ、きつね、熊、おおかみ、やぎ、わらの牛、赤頭巾などです。
　　これらはみんな私たち自身で少しずつ作ったものです。私が切り、絵を描き、のりづけし、子どもたちが手伝ってくれました。子どもたちが物語を聞く環境の美しさという点に、私は大変大きな意味を持たせていました。どの絵も、どの形象も、芸術的なことばに対する感受性を鋭くし、物語の思想をより深めてくれました。(③-178)

　お話の世界を再現した部屋を作り、子どもたちが空想の世界に遊べるようにしている。

　この試みは、パブルイシュ中学校では、図書館を充実させることによって実現させている。そこでは、授業において一つの机に本が一冊ずつ行きわたるように15冊ずつ購入していた。読書指導への配慮をしていたことが

よく分かる。
　子どもたちに教えこむのではなく、子どもたちが感じたり、考えたりする場を用意するところにスホムリンスキーの教育の実践の特色がある。

四　少年期の文学教育——世界と人間を認識させる——

　スホムリンスキーは、物語・小説の機能を、それらの言葉と美が人間の感情を高潔にすると考えていた。
　　私の見解によれば、若い魂に影響を与えるもっともデリケートなものは、言葉と美でありました。文学科が学校教育をだめにしていると非難していた時代がありました（現在でもその残響は聞こえます）が、この非難は誤解によるものです。……
　　人間の内的世界のデリケートさ、道徳的、情動的な関係の高潔さは、言葉の高い教養なしには確立できません。言葉の教師が子どもに、そして中学生、青年男女に、人間の感情（人々と同じ喜び、悲しみ、面白さ、貧しさの深い心情体験）を目覚めさせるということを、私は長年の経験で信じています。人間の感受性の覚醒、育成、段階的な耕しは、人間への感動なしには、人間の美しさ、勇気、ヒロイズムへの感動なしには不可能であります。私の生徒は人間の美しさについての物語を聞き、偉大さに対する誇り、人間のヒロイズム、共産主義思想への信頼を深く体験しました。(②-39)
　ことばが人間の内的な世界の微妙さを全体的にまた同時に微細にきり開いていき、人間的な感情を目ざめさせるのであり、ことばが美的に凝縮された文学作品は子どもたちに感動を与え、その感動が人間の偉大さを確信させ信念を形成していく、と彼は考えている。その際、彼は単なる感動ではなく、感動の深さを求めている。
　そして、そのような質の高い感動は、自分自身の内的なすばらしさを発見する土台になると考えている。より質の高い感動を求め、内面へ働きかけて「自己自身のすばらしさ」に気づかせるところに彼の考え方が現われている。
　少年少女の内面に働きかける方法として、スホムリンスキーは、作中人

第五節　感情教育としての文学教育

物と共体験переживаниеさせることを重視していた。

彼は、ある時、自作の作品によって作中人物と共体験させる指導をしている。

「文学——これは心の芸術です。」とレオーノフは書いています。高潔な感情を育てるためには、人間が世界の最高の価値であるという考えを子どもに目ざめさせる芸術作品が必要であります。

人間の愛情は、共感・共体験なしには、他者の微妙な心の動きを受けとめる能力なしには目ざめません。1941年にヴォルガで起こった事件にもとづいてつぎのような話を書きました。一歳半と三歳の娘をつれて疎開していた母親がほんのしばらくの間その子たちを駅の待合室に残して水を汲みに行きました。その時、敵の飛行機がおそいかかり、母親は死にました。子どもたちは孤児になりました。彼女らはベンチに残り、涙を浮かべて、駅にはいってくる女性を見ては、「わたしたちのママはどこ？」とたずねていました。

ことばは、まさに子どもたちに心情体験の微妙なニュアンス（悲しみ、不安、いまいましさ、絶望、憂い、失望、孤独）を人間の眼の中に見いだす能力を目ざめさせるやわらかな用具でもあります。わたしの物語の全頁は孤児となった少女の眼にあてられています。物語の読後、子どもたちが周りの人々に注意深く目を向けるようになったのを、わたしは好ましい気持ちで見ていました。これは涙もろい感じやすさを育てるために必要なのではありません。感情の広い十分な幅なくしては完全な人間にならないのです。(②-298)

このような作中人物との共体験が、子どもたちにやさしさの感情を育てたので「子どもたちが周りの人びとに注意深く目を向けるようになった」と説明している。虚構の中の人物との共体験が現実の社会の他者と共体験する感受性を育てると言うのである。他者の生き方を共体験することによって個人の感情の幅は広く豊かになり、少年たちは人間的に成長する。

スホムリンスキーは、文学教育において感情の幅の広い人間を育てることをめざしている。この感情の幅が「他人のためにつくすことに喜びを感じる」やさしさと強さの基盤である、と考えていたのである。

第四章　社会主義体制確立期の文学教育

　彼は、文学作品を与える時には場所を選ぶとともに朗読してやっている。音声をとおして言葉が心にひびいていくことを大切にしたのである。

　　ゴーゴリの「ディカーニカ近郷夜話」、ツルゲーネフの「猟人日記」、コロレンコの「盲音楽師」、チェホフの「ステップ」、プリシュビンの短編、プーシキン、レールモントフ、ネクラーソフ、シェフチェンコ、レーシャ・ウクラインカ、ヘンリッヒ・ハイネ、アダム・ミッケービチらの詩などの文学作品を、私たちは子どもらに3〜4度ずつくり返し読んでやる。自然美を歌っている文学作品の朗読を、私たちは非常に重視している。朗読の時、作品に描かれている自然の光景を思いうかばせてくれるような環境を選ぶ。ことばは自然の美の微妙なニュアンスをより深く感じ取るのに役立ち、一方自然の美は、子どもたち、少年少女、若者娘たちの意識に、ことばの持つ情緒的色彩を定着させ、ことばの音楽、芳香を意識と心にまで届ける。学年毎に自然のふところで朗読する作品（あるいは大きな作品からの抜すい）を選んでいる。この朗読はことばの情緒的色彩に対する敏感さを育て、子どもの精神世界にことばがもっと深く入り込んで、思考の道具となるのを助ける。(④-355)

　　少年たちは表現読みを聞くのが好きです。作品の理解は、聞き手がどれ位いるか、いつ本が読まれるかにかかっています。聞き手が一クラス以上であってはなりません。彼らは共通の精神的な興味をもっていなければなりません。雪におおわれた庭のなかの快適な明るい部屋、夕刻の薄明り、うっそうと繁った木や草、木の葉のささやき、夕焼け——これらすべてが美的感受性を強め、言葉の美しさへの感覚を鋭敏にします。(②-389〜390)

「表現読み」を大切にすることは、ロシア・ソビエトの文学教育の特色である。それをスホムリンスキーも継承していたのである。

　少年少女たちは、他者への認識を深め、人間と社会との関係について認識を深めていくことをとおして、しだいに自己確立をしていく。その成長過程における人間認識の一方法として、スホムリンスキーはお話づくりと創作の重要性に気づいていた。彼は、「創造の問題は教育学の未開拓の一分野であります。」とことわりながらも、創作の意義について、幼年期のお話づくりと少年期の創作の質的な相違について述べ、作品例を紹介している。

第五節　感情教育としての文学教育

　個人の自己表現と自己確立としての創造活動の重要な根源は言葉であります。すでに児童期に味わう創造の感動は、個人の精神的な財産としての言葉が何かを作る構成材料となることから始まります。創作とお話づくりは創造活動の第一の面であります。それによって児童は自己の能力を主張し、自分自身を認識し、何かを作るということに最初の誇りを感じます。自然に生れた児童のお話は、私の見方によれば、思考・感情・経験の内容と傾向が規定しているまさに精神的な世界そのものであります。児童期に私の生徒たちの一人一人は、20から30のお話を作りました。少年期にも少年少女たちは自分が好きなお話の世界から離れたがりませんでした。しかし、少年少女たちのうち先端を行く者はすでに児童期にとどまっておらず、同じようなお話にとどまっていませんでした。事物と現象をより深く認識し概括しようとする傾向は、創作にも影響を与えています。私の生徒たちは少年期にも多くのお話を作りましたが、そこには深い思考と一般化への志向がはっきりと現われていました。たとえば、カーチャは次のような物語を作っています。

　　美と醜

　太陽の輝く野原に美女のクラーサが住んでいます。彼女のまわりには多くの花があります。世界にあるかぎりの花が――すべての花が彼女の花壇に咲いていました。たそがれ時になり、すべての生き物が眠りについている時、クラーサは人の所へ行きます。家に立ち寄り、眠っている人に近づき、頭のそばに花を置きます。もし目ざめやすい人ならクラーサの近づく音を聞き、目ざめ、花をとり、それが好きになるでしょう。けれども、風のうなりにも雷鳴のとどろきにも目ざめないほど眠りこんでいる人は、けっしてクラーサの贈り物を見つけられないでしょう。なぜならクラーサの後から醜いウロードストヴォがついて歩いているからです。これは人に気持ちを悪くさせるものであります。ウロードストヴォの目には人々への悪意と軽蔑があります。それは悪臭を放つ沼地に住んでいます。クラーサ（美）を感ずることなく、目ざめることなく、花を持つことなく、好きにならない人――そのような人に彼は近寄るのです。まるで巣から落ちた鷹のように花をつかみ、がつがつ食べつくすのです。ウロードストヴォ（醜）

265

の近づいた人の眠りは苦しく不安なものになります。裸になった木の枝とやせこけた畑の夢を見るのです。

　ここには、一般化しようとする好奇心に富んだ思考や芸術的な形象に思想を具象化しようとする意志がうまく表現されています。(②-523〜524)

評価に関しては、生徒たちの感情に培う文学教育においては態度の変容に求めるべきであると考えていた。

　教師の出した問題に対する答えによって、生徒のものの見方や信念を判断することはできません。(もし事実の暗記によって世界観を形成することができるのなら、教育はまことに簡単なのですが)まして文学の授業での解答から世界観についての結論を引き出すことはできません。わたしはほんの一瞬間でも重要な心理について忘れることを恐れました。それは、文学はある人が学んだものを学校修了後数年たってから暗誦できるように訓練するためのものではまったくないということです。人生はその各段階に試験を用意し、人間は自己の行為や行動によって合格します。文学の学習の最終的な目的は、人間の内的世界の確立——モラル、文化、美の確立であります。

　中学生が芸術作品にふれて興奮し、感動していたり、また作品を聞きながら自分の運命について考えていたりするのを見ると、私には、彼らが正しい答えを示すよりもずっと重要なことに思われました。(②-371)

文学教育は、知識の暗記の教育ではなく、感動体験の教育であると言っている。自己について、自分と社会について深く考えるようになることに高い評価を求めている。文学教育に対するスホムリンスキーの深い考えが現われている。

スホムリンスキーの実践は、伝統に根ざした、しかものびやかな芸術教育としての文学教育である。彼の理論と実践について、四つの特色を指摘できようか。

第一に、ことばをとおして、自然認識の仕方、人間認識の仕方を育てる、と考えている。

第二に、そのことばのうち、幼年期——少年期における昔話や物語によ

る形象的な表現をとおしての認識が重要であると考えている。子どもたちは、昔話・物語・小説の形象的表現をとおして自然の表情にことばを与えることを学び、人間としての感動の仕方を学び、感情をことばにして自己確立していくその仕方を学ぶのであると考えている。そのような形象的な認識を土台にすることによって、美的な感受性、科学的真理探求のことばが身についていくと考えているのである。

　第三に、文学教育の方法を固定的に考えないで、環境を整えること、感じとる場を作ることに配慮していることである。それは、おとぎ話の部屋や図書を充実させ、朗読を重視し、即答を求めないで態度の変容に期待しているところに現われている。

　第四に、「市民」を育てる教育として、内面の確立——モラル・文化・美——をめざしていることである。内側からの人格の形成を大事にしている。外側からの形式的な教育よりも内面から自己確立をさせることをねらい、その教育内容の一つとして文学を考えているのである。

注
① スホムリンスキーの略歴
　1918年9月28日　ウクライナに生まれる。
　1934年9月　クレメンチューク教育大学付属予備コースを経て、同年文学部に入学。
　1935年　同上、病気退学
　1936年　ポルタワ教育大学（通信制）に入学。
　1938年　完全中学校の教師資格をとる。
　　　　　オヌフリエカ中学校でウクライナ語と文学を教えた。
　1940年　ポルタワ教育大学で知りあったヴェーラ・ペトローヴナと結婚。
　1941年7月　大祖国戦争はじまる。赤軍に加わる。
　　　　　　　ヴェーラが息子とともにドイツ軍に殺される。
　1942年2月　クレピニノ村の戦闘で胸を撃たれる。
　1948年　パブルイシュ中学校の校長となる。
　1958年　『中学校の教師集団』
　1969年　『パヴルイシュ中学校』
　1969年　『まごころを子どもたちに捧げる』
　1970年　『市民誕生』

第四章　社会主義体制確立期の文学教育

1970年9月2日　没（52歳）。
②В. А. Сухомлинский, Рождение гражданина,『市民誕生』Избранные педагогические сочинения 1.『スホムリンスキー教育学選集1』M. 1979.《Педагогика》
③В. А. Сухомлинский, Сердче отдаю детям,『まごころを子どもたちに捧げる』, Избранные Педагогические сочинения 1. M. 1979.《Педагогика》
④В. А. Сухомлинский, Павлышская средная школа『パブルイシュ十年制中学校』, Избранные пеагогические сочинения 2. M. 1980.《Педагогика》

第六節　文学教育方法の多様化
――「問題的教授＝学習」論争――

　クドリャーシェフНиколай Иванович Кудряшев（1904～1981）①は、文学教育研究誌『学校における文学』の1970年4号に「文学の授業の有効性について」②を発表して、授業方法としての問題的教授＝学習Проблемное обучениеを提案した。

　問題的教授＝学習は、子どもたちを既知のものでは解決できない状況において未知のものへの探究意欲を喚起する。そして意欲的に問題を解決させる。その過程をとおして探究の方法を子どもたちのものにしようとする。この教授法では子どもの認識過程と科学の追究過程との統一をはかり、学習量よりも探究の方法の習得に重点をおいている。受身の知識や受容の学習ではなく、創造的な思考、自立学習ができるような能力を育てようとしたのである。

　問題的教授＝学習は、現代科学の急速な発達にともなう教育内容の量的な増大と質的な高度化に対するソビエトなりの教育現代化の試みであった。

　クドリャーシェフの提案は、ソビエトの文学教育の授業方法に多様さをもたらした。

第六節　文学教育方法の多様化

一　「文学の授業の有効性について」の要旨

　クドリャーシェフは、文学教育に問題的教授＝学習の方法методをどのようにとり入れ、どのように生かすかという課題に対して、（1）創造的な読みと創造的な課題の方法、（2）発見法、（3）探究的方法、（4）説明的方法の四つの方法がある、と言う。
（1）創造的な読みと創造的な課題の方法　метод творческого чтения и творческих заданий.
　芸術作品を直観によって形象として感受し、それを表現読みによって表現したり、他の人の表現読みを聞いて感動を深めたりする。また、感受したものを感想文によってまとめたり、絵画化や脚本化、上演化したりすることである。一人ひとりの受けとり方を大切にしていくことによって創造的な読み方は育つ。
（2）発見法　метод эвристический
　教師との話しあいによって生徒たちは文学作品を解明し、解明の仕方を学ぶ。
　文学作品の全体と部分の関係、作品の主人公と作者の関係、作品の構想、文体の分析などをとおして一人よがりの読みをため直し、より正確な理解にもとづいた読みへと導くのである。教師の問いは厳密に体系的に考えられている。
　その例として、『大尉の娘』（プーシキン）に対するベレニキーの設問をあげている。
　①　あなたの意見によれば、なぜ物語『大尉の娘』は語り手の人物描写からでなく、グリニョーフのそれからはじまっていますか。
　②　プーシキンはプガチョーフと農民の蜂起について、何を正しく理解し、何を理解しませんでしたか。
　③　シバーブリンはプガチョーフの味方になったにもかかわらず、なぜわたしたちに軽蔑されるのでしょうか。

第四章　社会主義体制確立期の文学教育

　　④　つぎの資料を読んで何がプガチョーフの乱にプーシキンの興味を引きつけましたか。(プーシキンの手紙が引用されている。)
　　⑤　つぎの資料を読んで、何がモラルの問題に対するプーシキンの高い関心を喚起したか、ということについての結論を出しなさい。(プーシキンの手紙が引用されている。)
　　⑥　物語のエピグラフ（題詞）をどのように理解しますか。名誉について語るとき、詩人はどんな考え方をしていますか。ただ軍人の誓いへの誠実さだけですか。
　　⑦　遠い昔の18世紀の事件についての物語が、なぜ、こんにち絶えない興味をもって読まれるのですか。(③-103〜105)
　(3)　探究的方法　метод исследовательский
　文学作品を自分で読みこなし、主体的に評価ができるように比較・分析などをする。
○『猟人日記』(ツルゲーネフ)における作者—語り手の形象
○レールモントフとトルストイの表現における戦争
○トルストイが人間の複雑な矛盾した内面世界をいかにして伝えているか、小説の場面の一つの例で示しなさい。
　このような問いによって文学研究の方法の習得がはかられる。卒業後も生徒たちが自力で文字が読めるように批評（評価）の方法を習得させるのである。
　(4)　説明的方法（再生的—創造的方法）метод излагаюший (репродуктивно-творческий)
　理解したり、調べたりしたことを文章に記述することによって文学把握を主体化する。講義の要約、調べたことのまとめ、自己の評価をまじえた感想の記述などの作業がある。文学理論、文学史の考え方などをふまえて、享受したものを再表現していくのである②。
　以上が提案の要旨である。四つの方法はともに自発的な学習をさせようとしている点で共通している。例にあげられているベレニキーの教科書の設問の特徴的だと考えられることは、

① 「あなたの意見によれば」と、まず主体的な意見の形成を求めていること
② 作者と作品との関係について問うていること
③ 作品のみではなく関連文献をも用いて、作品内容と作者のモチーフとを考察させていること
④ 作品のテーマについて考えるとき、観点として題詞と名誉の問題とを指摘して、考える手がかりを与えていること

などである。

クドリャーシェフは、問題的状況の設定によって生徒を自主性と積極性に目ざめさせようとしている。自主的な姿勢をもって四段階の教育システムに取り組ませ、文学研究の基礎的な方法を習得させようとしている。この提案は、生徒の創造性を伸ばそうとする目的と、文学研究の方法（科学の論理）を習得させようとする目的を、同時に達成しようとしている。学び方を創造的に学ばせようとする新しい提案であったので、多くの注目を集めた。

二　クドリャーシェフ提案に対する意見と実践

　文学の授業を活発にし、問題性проблемностьの原理を具体化するための研究の必要性を認めて、その趣旨を生かす方向でさまざまな意見が『学校における文学』誌に寄せられた④。
　その中から本質的な意見であると思われるものをとりあげてみる。
　その一つは、指導過程に関するМ．И．イッポリトワИпполитоваの意見である。

　　教授＝学習の方法に関する問題において教師の実践を一般化する試みは、В．А．スホムリンスキーによってなされている。彼は教授＝学習のすべての一般教授学の方法を二つのグループに分けることを提案した。つまり、生徒による知識や技能の最初の感知に備える方法、知識を理解させ、発展させ、深化させる方法である。

第四章　社会主義体制確立期の文学教育

　　スホムリンスキーとクドリャーシェフに同意する実践を踏まえて、わたしたちは少し異なった分類方法を提出したい。クドリャーシェフの分類方法から離れるのではなく、この方法をわたしたちの観点で単純にし、広げ、活性化するのである。わたしたちは教授＝学習方法の三つのグループを提案する。仮につぎのように名づけたい。
　Ⅰグループ——最初（はじめて）の感知の方法
　Ⅱグループ——探究的・分析的な方法
　Ⅲグループ——再現的な想像（再生産）と創造の方法
　　わたしたちの分類は、認識過程の論理——ある作品（作家、テーマ）の生きいきした感受から深い学習へ、そしてさらに理論的ならびに文学史的な一般化と芸術的創造へ——にもとづいている。それは学校における文学への二つのアプローチ——概念的と芸術的——を一つに結びつけており、それらは分かつことができない。そこには、今日にいたるまでの革命前の教育方法学者やソビエトの教育方法学者によって提案され承認されてきたすべての多様な教科の活動がはいっている。⑤-57）

イッポリトワは、スホムリンスキーの指導過程観をふまえつつ、一般の教師たちにも理解しやすい常識的な三段階の指導過程を提案している。
　つづめて言えば、
　Ⅰ——作品と出会わせる、
　Ⅱ——分析読み、
　Ⅲ——印象の表現
となる。イッポリトワ自身が述べているように、革命前の教育方法学者やソビエトの教育方法学者たちが提案してきたものを包括しなおしたにすぎない。それだけに安定はしているが新鮮味に欠ける。とくに、クドリャーシェフの「問題的状況を設定する」という提案の真意は汲みとられていない。
　イッポリトワの提案に対して、クドリャーシェフは「論争の総括によせて」でつぎのように述べている。
　　学習活動の論理的な方法と考えられている、分析、総合、帰納法、演繹法などは生徒と教師のそれぞれの内容に対するすべての知的な活動を性格づけ

第六節　文学教育方法の多様化

るものであり、これらの徴表によって教授＝学習の方法を区別するのは不可能である。イッポリトワの論文に見られる教育方法システムのように、いろいろなこと——教授＝学習の方法と論理的なすじみち、教授＝学習の方法と知識習得の心理——を混同すべきではない。彼女は（１）最初（はじめて）の感知の方法、（２）探究的・分析的な方法、（３）再現的な想像（再生産）と創造的な方法とを区別している。まず彼女が教授＝学習の目的と教授＝学習の方法とを区別していないことに注目しておこう。再現的な想像力と創造的な想像力を育てること、これは教授＝学習の目的の一つであり、再現的な想像の教育方法はなく、また心理学にも教授学にもありえない。想像力を育てることは作品感知の契機とすべきであるが、イッポリトワはこの課題を三つのうちの最終段階においている。(⑥-30)

　クドリャーシェフは、①教授学習の方法と論理的な方法とを混同すべきではないこと、②想像力（創造力）を育てることは教育の目的であって、すべての段階に求められているので単なる方法ではないこと、の二つを指摘してイッポリトワの対案提出による批判をしりぞけている。

　批判の二つめは、「読み手の創造的な働きかけ」の評価と「創造的な読みの方法метод творческого чтения」という用語に関するレニングラード教育大学教授З. Я. レズ⑦たちの批判である。

　まず、レズたちは「読み手の創造的な働きかけ」について、こう言っている。

　　周知のように、文学は他教科にくらべてきわめて表現的な特質を持っている。このことによって、『芸術作品への読者—生徒の創造的なアプローチ』として組織される生徒の認識活動の方法と性格の独自性が明らかになる。クドリャーシェフの論文には、文学学習にあたっての読み手の創造的な働きに対してわずかしか関心が示されていない。この問題はとくに彼には興味があり気にかかるはずである。なぜなら、授業の有効性は、『作業と創造』としての作品の読みと分析を組織する教師の能力と決定的にかかわっているからである。文学の授業を活発化させる必須の条件としての生徒の創造的な積極性と自主性の目ざめの上に、この読みと分析がなされるべきである。この面の作業が問題的方法と深くかかわっていると思われる。(⑧-40)

第四章　社会主義体制確立期の文学教育

　レズたちは、読みにおける読者の創造的な働きかけの問題にクドリャーシェフが関心を示していないことを指摘している。レズたちは、読みにおいて生徒の主体性・自主性を生かして創造的な働きかけを可能にしていくべきだと主張している。そして、生徒一人ひとりの〈自分〉の読みと参考書や教師の〈他人〉の読みとをくらべつつ高まっていくのが真の読みであると述べている。ここには、読みにおける「読者の働きかけ」を高く評価する立場がある。「作者の意図」や「作品のテーマ」を感じとったり客観的に明らかにしたりしていくのが読みであると考えていたクドリャーシェフには、このレズたちの考え方は理解しがたかったようである。「創造的な読み」を生かして文学の読み方（文学研究の方法の基礎）を習得させるのである、と焦点をずらせている。
　ついで、レズたちは、「創造的な読み」という用語について、こう述べている。
　　　クドリャーシェフは、作品分析の方法と教授＝学習の方法、つまり文学自体の問題性と教育方法上の原則の問題性とを混同しがちだということに気づいていて、用語の混乱に正しく注意している。にもかかわらず、著者独自の用語には同意しがたい。とくに、用語『創造的な読みの方法』という言い方には同意しがたい。なぜなら、芸術作品の創造的でない読みというものはありえないからである。『創造的』という形容句はすべての方法に本質的に伴うものでなければならない。したがって『創造的な課題の方法』という用語の使用にも同意しがたい。(⑧－42)
　レズたちは、文学の読みはもともと創造的なものであるから、「創造的」という形容句は同語反覆で無意味であると言っている。レズたちの「読み」に対する考え方が現われていて興味深い。しかし、この点に関して言えば、読みの「創造的」な側面をとくに強調しようとして「創造的」という形容句をつけて立論していくことは許される、とわたしは考える。「総括」において、クドリャーシェフはこのレズたちの指摘を紹介するにとどめて意見を述べていない。そして「創造的な読みの方法」という用語は改めていない。提案の主張をとおしているのである。

第六節　文学教育方法の多様化

　ただし、「創造的」という形容句にこめられている意味については、クドリャーシェフとレズたちには食い違いがあった。この食い違いは「読者の読み」を評価しない立場と高く評価する立場に分かれるので、文学教育論としては大きな相違である。これからのソビエトの文学教育における大きな課題と言えよう。
　批判の三つめは、フマルスキーやブラジェによって出された教育方法の第三「探究的方法」と第四「説明（再生）的方法」は入れかえるべきであるという意見である。フマルスキーは「知的な能力の段階と思考活動の型」とを区別すべきであって、教授＝学習における「最高のものは説明的な方法ではなく探究的な方法であるから」後者を最後に位置づけるべきであると言う。（⑨-46）
　これに対しては、クドリャーシェフはつぎのように反論している。

　　わたしは知的な活動の型についての考察に反論したい。提案した論文につぎのように書いている。『生徒のより広範な文学的形成と発達のために、彼らの探究的な活動が、本や教師から直接に得た知識にもとづいて、その年令の水準よりも高い可能性に導かれるように努力されねばならない。このことから説明的（再生的―創造的）方法と呼びうる教授＝学習方法が必要なのである。』このように考えて、わたしは、精神活動の型としての創造を再生的な精神活動よりも上位に位置づけている。だが、生徒の創造的な思考力は探究的方法の比較的狭い可能性に限定されるべきでないというところに問題がある。芸術作品の生きいきした感知は生徒の思考を活発にしないのであろうか。文学の批判的な読みは独自な思考をもたらさないだろうか。……中略……
　　再生的方法（指示された条件のもとでの）の大きな意義は、習得されたものを一般化すること、それをシステムの中に組み入れることを助けることにある。この方法の助けをかりることによって生徒の前にひらける、その状況、広い視野がこの方法を認識過程の論理における最後の段階と見なさせるのである。くり返しになるが、生きいきした教育過程の中で再生的な方法の助けによって、教師はあれこれの時期の複雑な文学的な過程の理解に生徒たちを導き、作品創造の過程などを知らせるのである。（⑥-34）

第四章　社会主義体制確立期の文学教育

探究的な方法よりも説明的（再生的）な方法がより広い可能性を含んでいるので価値が高い。したがってこれを最後に位置づけるべきだと述べている。感知したものや探究したものを、生徒は、自己の思考をとおして再現（説明）するのが望ましいと主張しているのである。わたしには、この第三と第四は生徒の実態や教材の特質などによって変わりうるので、固定的に考えない方がよいと考えている。フマルスキーの意見にも一理あると思われる。

批判の四つめは、さきのフマルスキーの意見とも関連するが、トドロフの教授＝学習過程固定化反対の意見である。トドロフは、クドリャーシェフの提案を、科学的な研究の観点からのすぐれた分類であると認めた上で、それだからこそ固定化するおそれがあるとして、つぎのような意見を述べている。

　　教育方法の分類は、これ以外にも教師の活動に基礎を置くものと生徒の芸術作品感知の水準――初歩的な感知から文学理論の特別に複雑な概念の形成まで――と結びついているものとがある。したがって、教授＝学習の実際においては、唯一の（統一的な）論理的な一貫性をとるべきではなく、生徒の認識活動と教師の指導の諸特性を特徴づけることを可能ならしめる合成的な原理または《諸原理の結合》がなされるべきである。（⑨-41）

トドロフの意見はもっともであると思われる。これに対して、クドリャーシェフは直接には反論しないで、『総括』において効果性の観点から実践を分析することの必要性を訴えている。

　　方法の根拠づけの目的は、その過程の法則性研究を求めている教授＝学習過程の効果を高めることにある。これらの法則性を深く理解すればするほど実践の正しい指導がよくなる。教授法の中には、それぞれの科学がそうであるように高度な規範―真理がある。教授法の根拠づけに際しては、それが教授＝学習の法則をどの程度正しく反映し、また表現しているか、したがって実践においてどの程度の効果があるか、という問題と対決すべきである。われわれの課題は実践でとられている方法のさまざまな分類の可能性を探究することにあるのではなく、教育方法のシステムを科学との関係において、とりわけ実践における効果性との関係においていかに正し

第六節　文学教育方法の多様化

く根拠づけるかにあるのである。論駁の余地があったり、さらに探究しなければならないような結果を出すのではなく、真の探究の方法をさぐっていこう。(⑥-29)

よりよい授業を生み出すためには教授＝学習の効果的な法則を探究すべきだと教育方法論を述べて答えとしている。一つの教授＝学習の過程を画一的に採用するかしないかは現場の問題で、研究としては教授＝学習過程の法則性を明らかにすべきだと説いている。

クドリャーシェフは、「提案」において、科学の論理（文学教育の場合は文学研究の方法）を習得させるべきだと強調していたのであるが、それを受けて、「総括」後ではあるが、ジリベルマンが「文学の授業における問題的課題」という題で実践報告をしているのでとりあげておきたい。

この報告で、ジリベルマンは、作品の人物と現実の人物とを容易に結びつけてはいけないことを強調している。作中人物は、あくまでも作品の内的な論理にしたがって生きているのであって、フィクショナルな構成体としての作品の中の人物について断片的にその行動を論じあうのは無意味であると言う。

例えば、『父と子』（ツルゲーネフ）の教授・学習をつぎのようにおこなっている。

　　長編『父と子』の学習の中で「なぜ終りにバザーロフは死ぬのでしょうか」という問いが生まれる。『病気と死』――について生徒たちは答える。
　教師――生きている人間について話しあいがなされたら答えを出せるでしょうか。バザーロフは長編小説の人物です。しかも芸術作品では筋を含めてすべての芸術的形式の要素が思想内容を展開しています。この立場に立つと『なぜ作者は終りにその主人公を破滅に向かわせたのでしょうか、偶然にそうなったのでしょうか』ということを考える必要があります。
　生徒Ｐ――ツルゲーネフが未来の革命的民主主義者を信じられなかったからです。彼はバザーロフの生きられる時代ではないと考えていたのです。
　生徒Ｃ――ツルゲーネフがその人物の遠い将来の勝利を知らなかったからです。
　教師――バザーロフの苦しみは、単に『病気になるか死か』ではなかったのです。筋の進め方に作品の思想的立場が現われており、それは筋の転

第四章　社会主義体制確立期の文学教育

換の一つを分析することによってはっきりします。(⑩-55)
　作中人物は作者が創造したのであり、その人物をとおして作者の意図や思想を解明しようとしている。作中人物と現実の人物との関係を区別して考え、芸術作品を統一体として把握する文学研究の科学的な方法を子どもたちに理解させ、習得させようとしている。
　ジリベルマンは、問題的課題を提出することによって、『父と子』の読みを深めていくと同時に文学作品の読み方を学ばせているのである。

　以上、提案に対して出された意見のうち、本質的だと思われる四点について、すなわち、
　　（1）教授＝学習過程の分類の問題
　　（2）読み手の創造的な働きかけの問題
　　（3）説明的方法を探究的方法の前過程に位置づけるべきか、という問題
　　（4）教授＝学習過程の固定化の懸念
についてそれぞれの論点と内容を明らかにし、一つの実践例を見てきた。

三　クドリャーシェフ提案の再確認と研究課題の確認

　クドリャーシェフは、1972年の「論争の総括によせて」において、三つのことを確認し強調している。
　第一は、学習の場として問題的状況проблемная ситуацияを作ることの意義の確認である。クドリャーシェフは、つぎのように述べている。
　　　文学教育の過程では、いろいろに名づけられているそれぞれの教授法の中に一連の問題的状況を作ることによって生徒の創造力の発達の可能性を与える、という命題は論争の諸論文の中で述べられ確認されている。(⑥-28)
　多くの論者に支持されたことを確認している。そして、適切な問題的状況において新しい知識や技能を獲得させるには、「問題的課題の体系の創造」が必要である、と述べている。

第六節　文学教育方法の多様化

　第二は、文学認識の論理を習得させることである。一般的には、科学の論理を習得させる問題と通ずるものがある。この教育の現代化の観点を具体化するには、子どもの論理と科学の論理の共通性、子どもの思考とおとなの思考の共通性を見いださなければならない。クドリャーシェフは、それを「芸術的感知の法則は子どもにとってもおとなにとっても同じ」という教育の現代化の立場で押しきっている。きわめて1970年代的な考え方であるので、やや長くなるが、引用によってクドリャーシェフの主張を聞いてみたい。

　　教師は生徒に知識の総和を教えるのではなく、知識の学び方、習得のしかたを教えるのである。学ぶ力はすべての学習対象に共通の多くの成分から成っている（注意力の発達、集中する能力、記憶、思考力）。しかし、学ぶ力には、それぞれの学習対象に固有な何らかのものも含まれているのである。それは対応している科学の方法の獲得、われわれの教科では文学研究の方法の基礎の獲得である。文学作品の感知や分析および文学史の習得の方法は、提案論文でふれているように組織された部分として文学の課程の内容に含まれている。したがって、生徒は作品の学習過程において分析の方法を学習し、しだいにそれを深く自己のものとし、作品の自主的な探究に応用する。学習する科学の方法論と論理は、生徒の認識活動の論理の基盤に横たわっているのである。

　　子どもの思考がおとなの思考と同じ法則に基礎を置いていないならば、われわれは子どもを教えることができない。児童文学の高度な形象はおとなのための作品と同じ芸術的法則によってつくられている。芸術的感知の法則は子どもにとってもおとなにとっても同じものであり、ただ発達水準と生活経験に違いがあるだけである。芸術的認識の基礎にあるものは何であろうか。個々の芸術文学作品の感知は読者によってなされる。もし、人が芸術的形象の感知を学ばなかったならば、もし彼がすぐれた作品と拙劣ではあるが〈おもしろい〉読物とを区別できないならば、いくら講義をしてもいくら説明しても彼は芸術に無感覚のままである。したがって、文学認識の論理の最初の段階は芸術作品感知力の耕やしである。これは文学的な過程の基本的な事実であり、それなしの文学の理論や歴史の知識は宙ぶらりんのものとなる。

第四章　社会主義体制確立期の文学教育

　　したがって、生徒の認識活動の論理の視点からは作品の創造的な感知を定式化している創造的な読みの教授法が自然に第一のものとなるのである。しかし、このことはそれぞれの学習テーマの実際の教育過程において当然この方法で始めなければならない、ということを意味しているのではない。しばしば、とくに高学年ではテーマの学習は教師の話や講義によってはじめられる。つまり再生的な教授法がとられるのである。
　　教授＝学習の四つの方法のそれぞれは、理解しうる段階における生徒たちの文学研究の方法の習得を助成し、卒業後も自主的に知識を獲得しうる学ぶ能力を助長するだけでなく、文学の領域における能力、技術、習熟を育てることを助成する。(⑥-31〜32)
　第三は、教授＝学習の四方法の確認である。
（１）創造的な読みの方法
（２）発見法
（３）探究的方法
（４）説明的（再生産的）方法
の有効性を確認している。そして、クドリャーシェフは四方法を教授＝学習のシステムとして把握し、後になるほど質の高い教授＝学習になっていくと確認している。クドリャーシェフは、いくつかの批判に反論を加えたあと、提案した四方法を再説して「総括」のしめくくりとしている。

　　最初の必要な段階は作品の生きいきした深い感知、芸術的感知の能力の育成、創造的な刺激である。これらを創造的な読みが育てる。次の段階は作品把握の道すじによる感知を深めること、生きいきした印象と作品とを結びつけて深く考えることである。これを各段階において上述の発見的および探究的教授方法が助ける。自分の努力で得た具体的な知識、能力および習熟にもとづいて最初に行われた段階に起因する効果性をふまえ、生徒は教師、教科書、評論、科学的文章が提出したより広い複雑な材料を習得し、再生的な方法の道すじで組織化することができる。
　　四つのすべての教育方法をとおして、主導的な役割は、生徒にとって知識の源泉でもあり学習活動の組織者でもある教師に属している。(⑥-35)
　クドリャーシェフの提案は、学習者の創造的活動を生かすと言っても、

末尾で「主導的な役割は……教師に属している」と言っているところに1970年代のソビエトの文学教育観を代表している側面を持っているのである。

クドリャーシェフは、「総括」の最後に、つぎのような今後の課題を記している。原文には番号はないのであるが、番号を付して列記したい。
（1）教師が教育技術で武装することの必要性
（2）教育方法の分野における科学的な研究法の追求
（3）生徒の人格への文学学習の影響
（4）文学教育方法の心理的な基礎づけ
（5）生徒と教育方法システムおよび方法との関係
（6）教授＝学習の方法の発展、とくに科学的・文学研究的方法と教授学習の方法の相互関係
（7）教育過程における教師の積極的な役割
（8）基礎的な用語の精確化
（9）理論的研究における教授法史のより広い活用
（10）教育方法のより詳細な性格づけとその相互関係 (⑥-35)

文学教育方法の研究において、細かな研究課題が提出されている。これだけ細分化されるほどにロシア・ソビエトの文学教育研究が積み重ねられてきたというわけである。

具体的な教授＝学習の場そのものを研究の対象にしていること、研究方法を研究の対象にしていること、などが特色である。

四　1970年代の文学教育論としての「問題的教授＝学習」論争

「問題的教授＝学習」論争は、ソビエトの1970年代の文学教育論を代表するものであった。それは科学の発展にともなう爆発的な知識量の増大に教育の面で対応しようとした「教育の現代化」の波を受けている。「教育の現代化」の波は教育にとって外圧的なものであったが、クドリャーシェフは、文学教育の内発的な課題、すなわち学習者の自主性を伸ばし創造性を育てようとする課題と結びつけて解決していこうとしたのである。そこ

第四章　社会主義体制確立期の文学教育

から、いくつかの1970年代のソビエト文学教育論の新しい傾向が生まれた。

一つは、生徒の積極性と創造性を育てるために教授＝学習に「問題的状況」をつくろうという考え方が生まれたことである。それは問題的課題によって生徒を知的な当惑状態において思考活動を活発化させようとするものである。提案の意図は多くの人びとに支持されたのであるが、具体的に「問題的課題とは何か」と問うと明解な定義や事例が出されていない。クドリャーシェフも「問題的課題の体系の創造」を今後の課題としている。「問題的な状況を作る」という時も概念はあいまいであった。多くの教師に理解されたとは思えない。1980年代の現在としては、学習者に積極性を目ざめさせようとした意図を高く評価する以外にないであろう。今後の理論的実践的な追求が期待される。

日本においても1960年代と1970年代にかけて「問題意識喚起の文学教育」[11]と「状況認識の文学教育」[12]が文学教育が主題となり実践を大きく進展させた。発想は異なるが、日・ソともに「問題的」と「状況」という用語でそれぞれの文学教育の内質をとらえているところに共通性を見ることができる。日本とソビエトの「問題」と「状況」はどこが相違していてどこが共通しているか、比較文学教育研究の課題を提出している。

二つめは、学ぶ力を育てるために科学の論理を習得させようとしたことである。これは命題の立て方自体に、すでに、科学の論理と子どもの論理とは共通性があるか、という問いをはらんでいた。

クドリャーシェフは、文学教育においては「文学研究の方法の基礎」を学ばせようと提案し、「芸術的感知の法則は子どもにとってもおとなにとっても同じ」としたが、はたして同じであるかどうか、教育実践の場において検証していく必要があろう。かつてベリンスキーも述べていたように、芸術的感知においては子どもに独自なファンタジー性などがあり、おとなとの共通性のみを強調することはできない。このことを否定して、あえてクドリャーシェフが「文学研究の方法の習得」を強調したところに1970年代の特徴があるのである。子どもの独自性をどのように評価し、どのように文学教育に生かしていくか、これは1980年代のソビエト文学教育の課題

であろう。

　三つは、論争を通じて「読み手の創造的な働きかけ」が問題になったことである。クドリャーシェフは、絵画化などの創造的な活動によって作者や作品がより深く感知できるとしたのであり、作家や作品の理解を文学教育の中心的な課題と考えていた。それに対して、作品に読み手が創造的に働きかけるという、読み手の創造性に意義を見いだし、それを育てることを課題にしようとする考え方が出てきた。これは、学習者である生徒たちを主体にした読みの可能性を追求しようとする立場である。作者・作品に中心を置いた授業が望ましいのか、読み手（生徒）に中心を置いた授業が望ましいのか、読み手を中心にした授業はどうあるべきか、などの解釈されるべき課題を提供している。

　これは、作品を解読のためのテキストと見なして、読み手が解読の主体であるという考え方が、20世紀後半になって世界各国に現われたことと深い関係がある。この論争を通じてソビエトの文学教育研究者たちは、「読み手の創造的な働きかけ」を教育実践にどのように位置づけるか、という問題に出会ったのである。これは、80年代以後のソビエト文学教育の課題であり、世界の文学教育の課題であろう。

　四つは、前項ですでに述べたことであるが、文学教育研究の方法自体を問題にするようになったことであり、文学教育研究が教授＝学習の実践を対象にしてより細分化され精細に行われるようになったことである。

　以上、四点を指摘したが、これらの問題を提起したところに「問題的教授＝学習」論争のソビエト70年代文学教育論としての意義があった。

注
①ソビエト教育科学アカデミア会員。『学校における文学』誌編集委員。『学校における文学教育の諸問題』（1961）、『文学の創造的学習のために　Ⅰ，Ⅱ』（1963、1968）、『新プログラムによる文学の授業』（1970）などの著書がある。
②Н. И. Кудряшев, Оъ эффективности запятий по литературе（К вопросу

第四章　社会主義体制確立期の文学教育

　　о методах обучения）「文学の授業の有効性について」、"Литература в школе" 1970. 4.《Просвещение》
③Г. И. Беленький. Родная литература. Учебник-Хрестоматия для 7 класса.「7学年用　文学教科書」1970,《Просвещение》
④（1）В. И. ゾリニコワ「教授＝学習を発展させる方法の理論的根拠づけ」1971. 1
　（2）П. オクサムイトヌイ「文学についての知識を深め強固にするために」1971. 1
　（3）Т. チルコフスカヤ, З. Я. レズ, Н. スタンチェク「現代の授業における理論と実践の結びつき」1971.2
　（4）Т. クルジュモア「文学教育の創造的な方法の探究」1971. 2
　（5）Л. シーガル「教育方法の理論的な基礎を積極的に完成させる」1971. 2
　（6）И. フマルスキー「文学学習法の科学的分類に対して」1971. 3
　（7）Ю. イストラトフ「生徒の個人的な考え、問題的教授＝学習、教師の実践について」1971.3
　（8）Л. マカロワ「教師の実践の一般化」1971. 3
　（9）И. ガラエワ「若い教師の意見」1971. 3
　（10）Л. トドロフ「科学としての文学教育方法の法則性について」1971. 4
　（11）В. ヴァシロフスキー「教授＝学習のシステムにおける生徒の自主的な作業」1971. 4
　（12）Т. アンドレーエワ「学校の科学——探究的研究について」1971. 4
　（13）Л. グリンテルシチク「文学の授業を効果的にするための必要条件」1971. 6
　（14）Т. ブラジェ「生きいきした教育方法理論のために」1972. 1
　（15）М. イッポリトワ「新しさに関して、なぜ新しさについてか」1972. 1
　（16）「（意見集）教授＝学習の方法と文学の問題的教授について」1972. 2
　（17）Н. クドリャーシェフ「論争の総括によせて」1972. 2
　（18）В. マランツマン「文学作品の問題的学習と生徒の考究の別の道すじ」1972. 3
　（19）В. ジリベルマン「文学の授業における問題的課題」1973. 1
⑤4. の（15）に同じ。
⑥4. の（17）に同じ。
⑦З. Я. Рез, Изучение лирики в школе「学校における叙情詩の学習」Л. 1968.《Просвещение》などの著書がある。
⑧4の（3）に同じ。
⑨4. の（10）に同じ。
⑩4. の（19）に同じ。
⑪荒木繁「民族教育としての古典教育——『万葉集』を中心として——」『日本文学』1953. 11、日本文学協会
⑫大河原忠蔵「状況認識と主題」『国語教育』1963. 12、明治図書

結　語

　19世紀ロシアでは主としてギムナジア（中学校）で文学教育がおこなわれた。20世紀のソビエトでは、十年制義務教育学校の中学校・高校段階でおこなわれている。
　文学は人生の教師であり、作家は社会発展の予知者である、という文学観に基づいて、専制政治下においても革命後のソビエトにおいても文学教育は重視されてきた。それゆえに、ロシア・ソビエトの多くのすぐれた文学者や教師や研究者は、文学教育によって生徒たちの世界観の形成をはかろうとして、文学の授業とその研究に情熱を傾けてきた。
　本研究は、ロシア・ソビエトにおける1830年から1980年までの約150年間の文学教育事象を対象に、①教師の社会意識と文学教育、②文学機能観、③目標観、④内容論、⑤教材論、⑥方法論を視点にして、その発展の過程を追求してきた。
　最後に、三つの課題（文学教育重視の論理、特色の生成過程、一貫しているもの）にふれて結びとしたい。
　19世紀後半のロシアの文学教育を導いたのは、ベリンスキーの文学観であった。その一つは1841年に「芸術は真実の直観であり、形象による思考である」と定義したことである。その二つは、文学は「現実の再現である」という写実主義の文学論を展開したことである。文学は人間の真実を描き、社会のしくみの現実を描く、と把握したのであった。人間の真実を語るという文学機能観は文学の社会的価値を高め、人びとは、文学に、人生の真実と社会の真実を求めるようになった。
　その三は、プーシキンについて「感情を育てる」と述べていたことである。文学は感情に働きかけ、感情を豊かにすることによって人間を根底から成長（変革）させていくと考えていたのである。文学教育は、生徒たち

結　語

のこの感情に働きかける仕事なのであるが、ベリンスキーの感情教育論は、文学教育に対して、自然科学や社会科学を教えることとは異なった魅力を当時の教師たちに感じさせた。オストロゴルスキーの美育論は、ベリンスキーの感情教育論の延長線上に位置するものである。

その四は、彼が過去の結果として現在をとらえ、現在の発展として未来をとらえた歴史主義である。この歴史主義はロシアにおいて文学史学習を維持させている根拠となっている。

1917年の社会主義革命後の文学教育を導いたのは、レーニンの文学観であった。その一つは、1905年に「文学の仕事は組織的・計画的・統一的な社会民主々義的党活動の構成部分とならなければならない。」(『党の組織と党の文学』)と、党内外の人びとに呼びかけたことである。この考え方は、革命後にソビエト芸術政策の不変の文学観となった。党活動、すなわち政治に文学を従属させる考え方である。政治は日常生活の集約された活動であるが、いわば、生活のために文学を従属させる文学観である。その二つは、1908年に『ロシア革命の鏡としてのレフ・トルストイ』を著わして、すぐれた文学は社会的諸条件を反映して、「真実の鏡」であると説いた。いわゆる反映理論である。この理論は、文学はあるべき理想社会に照らして社会の現実を批判的に描くという社会主義リアリズムとして発展していった。文学は社会主義リアリズムとなることによって、社会主義建設に有用な構成部分となるというのである。ソビエトの人びとは文学に積極的な面や肯定的な面のみを楽天的に求めていくようになる。文学が党活動に有用な構成部分として位置づけられたことにより、文学教育も公認のものとなった。その三つは、文化遺産を尊重し保存しようとするレーニンの歴史観である。レーニンの、歴史に学ぼうという考え方は、文学教育において文学史を維持する思想を支えている。

人間にとっての有用性が確認されることによって、ロシア・ソビエトにおける文学教育は発展していったのである。

ロシアにおいては、先進的な教師は、人生やあるべき社会について学ばせるための文学教育の教材と方法を探究していった。その時ベリンスキー

の指摘した「形象」の理解のしかたの研究が進められた。まず、ブスラエフの文献学的な文学理解の方法が見直された。ついで、19世紀の60年代にはいって、スタユーニンは「文学的対話」の方法を工夫し、ヴォドヴォーゾフは「課外読書の指導」へと文学読みの指導を広げ、文学をいっそう生活へ近づけた。オストロゴルスキーは「表現読み」の指導を開発し、芸術として文学を読む授業を豊かにした。

　スタユーニンやヴォドヴォーゾフたちの文学教育方法の探求は、文学の機能をとおして生徒の中に人間としての自覚を高め、人間を抑圧している社会に批判的に働きかける世界観を育てようとする意図でなされていた。つまり文学の人間認識と社会認識の機能を非民主的社会を克服するために生かそうとしたのである。より明るい社会を作ろうという帝政批判の怒りが、彼らの実践を意欲的なものにしていた。

　20世紀末になると、文学教育界に「社会派」に対して「唯美派」が生まれたが、それは革命期の混沌の中で十分な影響力をもつに至らなかった。

　1923年以後、新しい社会における新しい教育を求めて、新教育思想に立つ総合的学習としてコンプレックス・システムが実施され、文学科は教科課程から姿を消した。しかしコンプレックス・システムは、社会的混乱の中でその思想の普及が不十分なまま、教師の再教育も遅れ、教育活動の停滞を招き退場せざるをえなかった。1931年の党決定は、科学の体系を教科に細分化して系統的に教える教育課程を採用した。文学教育はふたたび教科課程に位置づけられ、「教授要目」の改定ごとに重視されていった。実際に、文学を教える時間数が増加していったのである。

　共産主義社会の建設をめざす立場からの文学観をルナチャルスキーが芸術性豊かに展開し、クループスカヤが人間理解の文学教育目標論を展開した。ルイブニコワは中学校低学年の「文学読み」の指導内容と指導方法とを確立した。ゴループコフは文学教育研究を体系化し、すぐれた教材解釈を例示した。1940年前後にソビエトの文学教育と文学教育研究は名実ともに確立した。

　スホムリンスキーは、子どもたちが自然にめざめかけた時に、それをあ

結　語

ざやかにひらいてみせる言葉や文学作品を与えた。人間に感情が自覚されるその瞬間に、その感情を自覚させ豊かにさせるのに適切な文学作品を与えた。

　スホムリンスキーは感情に培うみずみずしい文学教育を実践していた。クドリャーシェフの問題的教授＝学習法の提唱は、文学教育に問題解決学習の内容と方法を持ち込もうとするものであった。その後の授業方法の探究に豊かな展開を約束するものであった。

　ロシア・ソビエトにおいて文学教育が重視されたその基底には、文学は人生や社会について学ぶことができ、新しい社会の建設に役立つという有用性の論理があり、生活や政治をよくする手段となるから重要であるという手段の論理があった。帝政ロシアと社会主義ソビエトの両体制をとおして一貫しているものは、この文学有用性の機能論であった。

　また、文学をとおして、人間を感情ぐるみ成長させていくのが文学教育であるという考え方も一貫している。感情を教育することができる、と確信しているところに、ロシア・ソビエトの文学教育の特質がある。

　さらに、文学史の学習をおこなっていることも一貫している。歴史主義とも言うべき世界認識の態度を見ることができる。

　革命前と革命後をとおして異なっているものは、文学教育の果たしている役割である。革命前は、「現実の再現」という写実主義文学論は、人間を抑圧している社会体制への批判と克服の手段として機能した。しかしながら、革命後は、「現実の鏡」としての社会主義リアリズム論は、体制を建設し擁護する手段として機能している。それゆえ、革命後の文学教育は、レーニンの文学論の枠を出られず、方法論にのみ関心が向けられているかに見受けられる。根底からの文学教育の問い直しが許されないためか、1980年前後の文学教育には硬直した傾向が感じられる。クドリャーシェフの「問題的教授＝学習」の提案は、硬直性を融解させるカギとなるかもしれない。

　レーニンは、1905年の『党の組織と党の文学』の後半に「それ（党の文学）は自由な文学となるであろう。……幾百万、幾千万の勤労者に奉仕す

るであろうから」とも述べていた。その自由とはどのような自由であろうか。そのような自由が得られる社会は作り出せるのであろうか。

　ともあれ、ソビエトの文学教育はこれからも「社会的自由と文学の自由」との関係について追求して行くであろう。その理論的探究と実践的追求の歩みを見守っていきたい。

付録

八年制学校と中学校の教授要目抄
1976/77学年度用
文学科

ПРОГРАММЫ ВОСЬМИЛЕТНЕЙ
И СРЕДНЕЙ ШКОЛЫ

ЛИТЕРАТУРА

ソ連邦ロシア共和国教育省

ПРОСВЕЩЕНИЕ 1976

ロシア共和国　教育省

解説

文学教育の課題

　教科としての文学の基礎にあるもの、とくに理想的な意義を持ち、この芸術の形式を貫いている一つのもの——それはことばの芸術である。

　学校の文学課程の内容に、ロシア文学、ソ連邦民族文学および外国文学（その価値が生徒に理解しうる作品）の学習、文学の理論と歴史に関する一連の重要な概念と知識、さらにロシア語の豊かな表現方法の習得がある。

　学校における文学教育の重要な目的は——共産主義的世界観の形成、思想的・政治的・道徳的ならびに美的訓育である。

　「わが国の共産主義建設の道の前進とともにソビエトの人々の世界観・道徳的信念・精神文化の形成における文学と芸術の果たす役割は増大している。」

　党のこの教えは、ソビエトの学校に文学教育のいっそうの完全化を要求しており、そのことによって青年の共産主義的信念の訓育における役割を高めること、彼らに文学作品や芸術作品の評価の正しい思想的—美的基準を正しく育てること、芸術文化の諸現象に対する階級的なアプローチのしかたを育てることを要求している。その際に具体的な教材にもとづいて文学の党派性と民族性に関する諸原則を明らかにすること、わが国のイデオロギー上の敵対者の思想的ならびに美的な概念の根拠のなさを暴露することに向けなければならない。文学課程は、成長中の世代に共産主義的モラルの精神を育てる大きな可能性を持っている。

　学校におけるソビエト文学の学習の意義は第25回共産党中央委員会年次報告でЛ. И. ブレジネフによって述べられた意見「わが国の作家、芸術家の功績は、彼らが人間のよき性質——われわれの共産主義的道徳性の確固たる原理から生まれる、その原則性・誠実さ・感情の深さを強調すること」①にある。

注①ブレジネフ、共産党中央委員会報告　内外政治情勢における党の当面の課題について. M. 1976. c96.

文学の授業は、人間の新しい歴史的共通性——ソビエト人民に提起している、ソビエトの諸民族に共通の徳性の感情、ソビエト的愛国心と社会主義的インターナショナリズム、すべての民族とソ連邦の諸国民の友情と兄弟愛を生徒に育てることを援助しなけれはならない。
　文学の課業において思想的・政治的教育および道徳教育は美育と相互に結びつけられなければならない。生徒は、文学作品の思想的—芸術的な富を意識的にそして深い感受において教えられなければならず、生徒の芸術的趣好が発達させられなければならない。文学は人間の精神的世界と感情とを豊かにする。文学作品の読みと解釈の過程において生徒は、作家の生活と創作について、ことばの芸術としての文学の特質について、社会生活における文学の意義についての知識を得る。
　ソビエト文学の学習にあたっては、すべての社会主義文化とおなじように、それらが新しい社会主義体制によって生み出されたこと、ソビエト作家のすぐれた作品に反映している大きな思想的・芸術的な勢力の勝利であることを、生徒に確信をもって示すことが重要である。ソビエト文学の偉大な功績は、新しい人間の形象——社会の革命的な変革の闘士、社会主義と共産主義の建設者、祖国の英雄的な防衛者、インターナショナリスト——を世界の人々に示したことにある。
　教師の重要な課題は、ソビエト文学を過去の先進的な遺産と結びつけ、古典文学のよき伝統を継承し発展させること、そして、そのことによって人類の芸術的発達を前進させることであり、文学の新しい性格である社会主義リアリズム、ソビエト文学の多様性と美的豊かさ、を解明することである。
　われわれのすべての連邦において、数十の言語と多様な民族的形式で文学と芸術の実り豊かな発展がなされている。生徒の思想的・政治的・愛国心の、そしてインターナショナリズムの教育において彼らにソ連邦諸国の重要な文学作品を知らせることは特別の意義を持っている。
　「ソビエト社会主義文化の民族的な形式の多様性の中に一般的なインターナショナルな特質が表われている。民族的なものは他の同胞諸国民の成

果によって育まれている。これが進歩的な過程である。それは社会主義の精神にふさわしいのであり、わが国のすべての諸国民の利益である。まさに新しい共産主義文化の基礎が築かれているので、民族的な障害もすべての人々の前にある困難と同じもの以上のものも認めがたい。

今日、すでにわれわれは、正しくつぎのように言うことができる—われわれの文化は、内容においてもその発展の主要傾向においても社会主義的であり、その民族的な形式において多様であり、その精神と性格においてインターナショナルであると。それは、たとえば、全諸国民の精神的な価値によって作られた有機的な合金であると言えよう。」②
と同志Л. И. ブレジネフは述べている。

ソビエト文学の成功——それは、新しいタイプの作家の、共産主義勝利のための積極的な闘士の創造的な成果である。

ソビエト文学の達成は芸術文化の領域におけるわが党のレーニン的政策の一貫した実施の結果である。

教師の重要な課題は、В. И. レーニンの作品の根本的な思想と概念を、文学と芸術の諸問題に関する党のドキュメントを、分かりやすく深く説明することにある。В. И. レーニンの理論的遺産を生徒に一貫して理解させながら、それぞれの教師は、作家の創造や具体的な作品の分析に際して文学の諸問題に関するレーニン主義的見解の研究にもしだいに関心を向けるべきであり、それらの作品をマルクス—レーニン主義的思想の基準にもとづいて評価しなければならない。レーニンの労作「党組織と党の文学」の学習が文学の党派性原則の正確な理解で高学年生を武装させること、学校の学習や芸術作品の自主的な読みにおいてこの原則に意識的に従って評価するのを助けるのはとりわけ重要である。

文学と芸術の諸問題に関するレーニンの遺産の学習においては、教師は方法論文献リストが推薦している「一般教育学校8－10学年の文学科におけるレーニンの作品の学習について」を参考すべきである。

注②ブレジネフ、ソビエト社会主義連邦50年について. M. 1972. c 21.

文学と芸術の諸問題に関する党の政策は、党派性と民族性のレーニンの諸原則にもとづいておこなわれていることを生徒に継続して教えなければならない。「文学と芸術に対する党の扱い方は、その創造的な探求を援助するために、芸術インテリゲンチャに対する柔軟な関係と原則性とを結びつけることである。」③

　党は、社会主義リアリズムにもとづいて作られる形式と文体の多様性と豊かさを守るためにある。党は、芸術家の才能、その創作の思想的共産主義的傾向、われわれの前進をさまたげるすべてのものに対する非妥協性を高く評価している。

　ソビエト文学は、反動的ブルジョア文化やモダニズム芸術に反対し、人類の芸術の進歩の前衛をなしており、全世界の進歩的文学に対してますます大きな影響を与えつつある。

　文学教育の多様な課題は、広範な思想的―政治的な用意、共産主義的な確信、芸術文学とその科学についての深い知識、教育学と子供の発達の特質に関する基礎的な知識、創造的な指導性、その教育的力量の段階的な完全性を教師に要求している。

4－7学年の教授課程の内容と構造

　4－7学年の文学の課業の基礎に、ロシア民話、革命前ロシアおよびソビエトの文学、さらには一連の外国作家の作品の学習がある。

　各学年の課程は年代順・テーマの原則にもとづいて構成されている。そのことは生徒の知識の組織化を助ける。そして、文学作品が具体的・歴史的状況と深く結びついていること、生活を反映していること、いろいろな歴史的な時代や時期の人間の形象を描いていることを彼等に理解させる。それと同時に学習される作品の現代に対する意義が明らかにされる。

　4－7学年の生徒は、芸術作品の読みと同時に文学理論に関する一連の

注③ブレジネフ、共産党中央委員会報告と内外政策における党の当面の課題.
　M. 1976. c97.

具体的な知識を習得する。彼らはまた、より多くの一般的な知識──民衆口碑の特質について、描かれている人々や事件と作者との関係について──をも習得する。7学年ではそれまでの学年で習得した文学理論の知識が組織化される。それと同時に生徒はより複雑な概念の領域のもの（芸術的形象・テーマ・思想・内的連関 сюжет・作品の構成など）を学ぶ。

　芸術文学の指導においては、生徒の強い興味を育てることに大きな関心がむけられている。段階的な自覚的な読みは、生徒の感受力育成の主要な方法の一つである。

　文学とロシア語や歴史との本質的な結びつきの他に、文学の教師には生徒が図画、音楽の授業において得た知識と技能を生かすことが求められている。

8－10学年の教授要目の内容と構造

　8－10学年の文学課程の内容に文学史を基礎にした芸術作品の読みと学習がはいっている。それは文学と時代の先進的な思想との結びつきの理解、文化的伝統の継承、社会生活における文学の役割の理解を助ける。

　文学教育は、系統的な読みと比較的短い作品の学習と課外読書の指導とによっておこなわれている。したがって、文学の教師は子ども達が一人で自主的に選んで読んでいるものに無関心ではいられない。教師には、生徒に一人読みのための本を系統的に紹介することが求められている。その際、共産主義教育と建設の重要問題に関心を集中するような現代ソビエト文学のすぐれた作品の読みに注意をむけさせなければならない。自主的に読んだものを集団的に考察するように導くこと、文学の授業で習得した芸術作品の評価の理想的─美的基準を生かすように導くことが必要である。

　教授要目は、さらに課外読書に関する生徒との話し合いに特別の授業時間を配当している。8－10学年ではこの時間に現代ソビエト文学作品の解釈がおこなわれる。このような話し合いを月に一回以上おこなうことが提起されている。

　文学教師は児童図書に強い関心を持つべきであり、児童図書館の蔵書を

知っておくべきである。

　読書の指導において学校は両親に援助をすることができる。両親の集会において本のシステマティックな調査をおこない、家庭において子ども達の自主的な読みをどのように指導すべきか助言をしなければならない。

　思慮深い読みと自主的な考察のみがその文学作品の理解・感受・共体験を可能にし、作者の形象的―情動的世界への参入を可能にし、現実（自然・人間・社会）についてのわれわれのイメージにもたらした新しい何かを明らかにすることを可能にする。このような読みだけが生徒に倫理的―美的な体験を味わわせ、彼等の想像的・形象的ならびに概念的な思考力を発達させる。

　教師の課題は、課外読書の時間、読書会、いろいろな種類の書物の紹介を通して、生徒の読書興味を広げ、読書文化を高めることにある。

　19世紀ロシア文学の課程は、ロシアにおける解放運動のレーニン的時代区分を基礎に芸術文学の発達の独自性を考慮して構成されている。高学年の文学の課程はばらばらのテーマに分解すべきでなく、それぞれの一貫したテーマを既習のものの発展として学習すべきである。

　概観や単一のテーマの学習は、先行の学年で読んだ作品の知識に立脚しておこなわれる。概観のテーマでは広範な材料が指示し、教師はそれを材料として授業において教える。生徒の負担過重を克服するためには概観で教示された作品はあまり詳しく追求するべきでない。

　グリボエードフ、プーシキン、レールモントフ、トルストイ、ゴーリキー、マヤコフスキーその他の作家の創作を性格づける時には、教師はロシア文学と同胞諸民族の文学との具体的な相互関係を解明しなければならない。その場合、その地域、地方と直接的な関係、その民族の文学や文化と直接的な結びつきのある作家の作品に主要な関心を向けるべきである。しかしながら郷土文学の研究を文学の基本的な課程の研究ととり替えるべきではない。

　学校で学ぶ世界文学の作品は生徒のインターナショナルな教育に寄与すべきであり、さらに、外国作家への呼びかけは文学理論の領域における知

識を深め広げるようでありたい。

　文学理論の知識を、生徒は、具体的な観察、理論的—文学的概念を形成するための学習の蓄積に応じて、芸術作品の読みと解釈の過程において習得する。その際には先行する学年において得た知識を深め、広げることが必要である。たとえば、生徒は、5－7学年では5音節韻律の詩を学び、10学年ではマヤコフスキーの詩の学習において強弱アクセントの交替を基調とする詩の概念を得る。文学理論は作品解釈において応用されなければならない。

　8－10学年においてはいっそう複雑な文学理論の概念—典型、思潮、国民性と党派性—が段階的に形成される。

　教授要目では理論的概念の展開のすべての段階を述べることはできない。それらの一つ一つは具体的な作品の学習において形成されたり、別のテーマと関連させて教示されたり、既習事項の蓄積にもとづいて学習される時にある概念の理論的定義が与えられたりする。教授要目はどのような一貫したテーマで概念を展開するかということを教示する。

　教授要目は教師の創造的な指導性の発揮の広範な可能性を提起しつつ、芸術文学と他の芸術への生徒の興味を育て、彼等の積極性と自主性を助成する、体系的な教育へと教師を方向づける。

　課外読書を組織する時には、生活体験や映画・演劇・絵画・音楽の知識を生かして生徒の全文化的および文学的な視野を広げるようにすべきである。その面では、教育映画・映画の脚本・スライド・ラジオ・テレビは文学的感受力をいちじるしく広げ豊かにする。

　文学作品に対して生徒が自主的に働きかける能力と技能を育てることに特別の注意を向けるべきである。

　教授要目では生徒の話し言葉と作文の能力の育成には特別の時間を予定している。生徒の言語表現力の育成は、文学学習の過程において、何よりも文学作品の言語の習得を基盤にして実現される。彼等の文学的な発達、芸術的な感受力の広がりと深まりと結びつけておこなわれる。生徒自身の言葉を徹底して豊かにすることと結びつけて芸術作品の言語を系統的に理

解させること——これが文学の授業における「言語表現力の育成」の領域において教師に課せられている重要な課題の一つである。生徒はそれぞれの具体的な作品をとおしてその形象的詩的な言葉、語の正確さ、豊かさ、多様性、簡潔性を知る。

文学科の学習過程において、文学の理論的な概念と歴史的な知識とを習得しながら、生徒は科学的な語彙と語法とを身につける。これが、生徒の分析的・概念的思考と関係する表現力育成のいま一つの源泉である。生徒は、教科書や評論の学習をし、レーニンの論文の要約をし、口頭発表・報告をし、文学的または社会評論的なテーマの作文を書くのである。

こうして、多くの他教科と同じく文学科の性格に制約されながらも、「言語表現力の育成」の重要な場であり、文学科においてこそより積極的におこなわれなければならない。

授業は、文学に関する広範な課外活動—サークル活動・討論会・文学の夕べ等—と両立させるべきである。

教授要目は、それぞれの概観または単一のテーマの学習におおよその時間配分を示している。しかしながら、教師には、教授要目の構造の原則に反しないかぎり、自己の裁量によって各テーマの学習に時間配当をすることが求められている。

ロシア文学の系統的な課程

八学年（102時間）

導入（2時間）

古代から現代までの国民の生活の芸術的反映としてのロシア文学。ロシア文学史についての概念。文学と社会生活。解放運動との結びつき。ロシア解放運動の段階についてのレーニンの考え方（レーニン「ゲルツェンの思い出」）。文学の階級的性格。社会発展に果たす文学の意義。

文学理論 芸術文学の認識的ならびに訓育的な意義。芸術の言葉の思想性・形象性・情動的本質。芸術作品の内容と形式。

19世紀までのロシア文学の概略

「イーゴリ遠征物語」（4時間）

古代ロシア文化の独自の性格と高い水準。古代ロシア文学の愛国主義。

「遠征物語」――古代ロシア文学の偉大な記念碑。その思想的な内容と意義。「遠征物語」の基本的思想についてのカール・マルクスの論。「遠征物語」の構造、詩的言語。「遠征物語」と口承民衆詩との関係。「遠征物語」とソ連邦の他の諸民族の英雄叙事詩との比較（ルスタベリ。「虎皮の勇士」、ダヴィット・サスンスキー・マナース等）。

ロシア文学発展の歴史的条件と18世紀の文化。ロモノーソフとデルジャービン――その時代のすぐれた詩人。ロモノーソフ――ロシア民衆の才能豊かな息子、ロシア文語の改革者。

ロモノーソフ「エリザヴェータ女帝即位の日に（1747）」（2時間）
祖国、世界、科学および教育の讃美。

デルジャービン「君主と裁判官」、「記念碑」（1時間）
不正な政権の暴露、詩人と詩情についてのデルジャービンの意見。

課外読書のために ロモノーソフ「アナクレオンとの会話」
デルジャービン「フェリーツァ」、「ムルーズの夢」
フォンビジン「未成年」（概観）（2時間）

農奴制地主の風刺的な表現。――無教養と道徳的卑怯さの告発。訓育のテーマ。フォンビジンのヒューマニズム。ロシア・ドラマツルギーにおけるフォンビジンの意義。

文学理論 文学思潮についての理解。古典主義。

外国文学から

モリエール「成り上がり者」（概観）

17世紀――フランスの芸術と文学における古典主義の開花期。

モリエール――古典主義期の偉大な喜劇作家。モリエールについての簡潔な知識。喜劇「成り上がり者」の概観。貴族と教養のないブルジョアへの風刺。喜劇のすじの技法。喜劇における古典主義の特徴。

文学理論 古典主義についての理解を広げる。

課外読書 モリエール「タルチェフ」、ラジーシチェフ「ペテルブルグ

からモスクワへの旅」（「リュバニ」「ペーシュキ」「スパッスカヤ　ポーレスチ」の各章からの抜粋〈教師の選択による〉を読むことによる全体の概観）（2時間）

ラジーシチェフの生きいきした英雄的行為。農奴制と専制に対する作者の怒りに満ちた抵抗、革命教育への呼びかけ、未来の偉大なロシアへの確信。レーニンのラジーシチェフ論（論文「ロシア人の民族的誇り」から）。

ロシア解放運動の第一期の文学
導入（1時間）
19世紀前半ロシアの社会的―政治的状況。解放運動の第一期とその芸術文学への反映（レーニンの論文「ロシアにおける過去の印刷活動」、「ゲルツェンの思い出」）。
ジュコフスキー（1時間）
創作の全体的な特徴と作品（「スヴェートラーナ」、「海」）の読み。
課外読書のために　ジュコフスキー「バラード」
ルイレーエフ（1時間）
ルイレーエフ――デカブリストの詩人。ロシア革命における革命的ロマンチシズムの提唱者の一人。創作の全体的な特徴と作品　「市民」「イワン　スサーニン」「ナリヴァイコ」（部分）の読み。
文学理論　ロマンチシズムの初歩的な概念。
課外読書のために　ルイレーエフ、「成り上がりの寵臣へ」、「ヴァイナロクスキー」、「ドゥーマ詩集」。
グリボエードフ「知恵の悲しみ」（8時間）
グリボエードフの伝記。喜劇「知恵の悲しみ」。喜劇に具象化されている生きいきした葛藤と諸性格の歴史的な独自性。地主貴族社会の反動的な政治的ならびに精神的な基盤に対する19世紀の先進的な人々の抵抗。
喜劇の諸形象の広範な一般的意味、その時代の社会闘争における意義、次に来る時代にとっての意義。
ファムーソフ的な社会の道徳的弾劾と生活的思想。チャーツキーの自由への志向と解放性、その性格の高潔さ。進歩的な社会的―政治的ならびに

道徳的な理想のための農奴制イデオロギーに対する大胆な闘い。

　チャーツキー——ロシア文学におけるデカブリストの形象（ゲルツェンの評価）。チャーツキーの形象の意義。人物の個性の心理的な浮き彫り。性格描写と事件展開のグリボエードフの技量。喜劇の的確な警句的な言語。

　批評　ゴンチャロフ「かぎりない苦悩」（縮約して）。

　文学理論　文学的な性格の概念。芸術作品の思想内容。文学作品における作者の社会的な位置の意義。

　プーシキン「チャダーエフに」、「シベリアにて」、「アリオン」、「アンチャール」、「海へ」、「私はすばらしい瞬間をおぼえておこう…」、「予言者」、「秋」、「グルジアの丘にて」、「わたしはあなたが好きだった……」、「ふたたびわたしは訪れた…」、「わたしは記念碑を自分で建てる。」、「エフゲーニー・オネーギン」（22時間）

　プーシキン——ロシアの才能豊かな民族的な詩人。プーシキンの伝記と創造の過程。

　プーシキンの創造過程の基礎的な段階。詩人としての活動の最初。叙事詩における感激のモチーフ（「自由」、「村」）。

　南方への追放。ロマン的な長詩。長編物語「エフゲーニー・オネーギン」への創作に着手。プーシキンとデカブリスト。

　ミハイロフスキー時代。写実的悲劇「ボリスゴドウノフ」の創造。悲劇における国民と政府の問題。

　1830年ボルディンスカヤの秋。長編物語「エフゲーニー・オネーギン」の完成、「小さな悲劇」、プーシキンの創作におけるその位置と意義。叙情小詩の連作。「ベールキン物語」、「プーシキンのリアリズムの開花」。

　36年代。長詩「青銅の騎士」、その思想的—芸術的完成散文作品（「ドゥブロフスキー」、「スペードの女王」、「大尉の娘」）。

　専制との対立の激化。詩人の決闘と死。

　プーシキン叙情詩の基本的なモチーフ。社会的—政治的ならびに哲学的な叙情詩。詩人と詩情についての詩句。愛の詩、友情の詩。祖国の自然の風景。詩人のヒューマニズムと愛国主義。

詩「エフゲーニー・オネーギン」のロマン―「ロシアの生活の百科事典、最高の国民的作品」（ベリンスキー）。

長編物語の創造の過程。その中へのプーシキンの時代の反映。オネーギンの性格の展開、その歴史的ならびに社会的な被制約制、その典型性。オネーギンの悲劇的な運命（「傷ついたエゴイスト」）。

タチャーナの性格の完全さと高潔な素朴さ、彼女の精神的な志向の必然性と美しさ。

長編物語「エフゲーニー・オネーギン」における生活、幸福、義務の意味の道徳的ならびに社会的―政治的な問題性。道徳的理想の基盤の国民への近似性。

長編物語の構成、叙情的な逸脱。作者の形象、長編物語におけるその構成的ならびに思想的な役割。言語と詩句、「オネーギン」の連。長編物語「エフゲーニー・オネーギン」のリアリズム。

ロシア文章語の民族的な発達におけるプーシキンの意義。プーシキンの言語の表現手段としての完全性と多様性。

ロシア国民の解放闘争における、またロシア文学史におけるプーシキンの創作の意義。プーシキン――「すべてのはじまりのはじまり」（ゴーリキー）。

ロシア民衆の歴史、文化、創造へのプーシキンの関心。プーシキン作品のソ連邦諸民族の言語への翻訳。

その他の芸術でのプーシキンの作品。（ムソルグスキーのオペラ「ボリスゴドゥノフ」、チャイコフスキー「エフゲーニー・オネーギン」、「スペードの女王」、プーシキンのテキストによる古典音楽家の叙情的歌曲）。

プーシキンと現代ソビエト文学。

批評　ベリンスキー「プーシキンの作品」（8章と9章）。

文学理論　リアリズムの初歩的な理解。典型の初歩的な理解。叙情詩の理解の発展。

課外読書のために　プーシキン、叙情詩（生徒の選択による8〜10編、南方時代の詩から1編。「ボリス・ゴドゥノフ」、「小さな悲劇」、「青銅の騎士」）。

外国文学から　バイロン、「巡礼者チャイルド・ハロルド」（1、2節）「ケファロニーにおける日記から」、「心はわたしの暗い……」（3時間）。

　伝記の知識。バイロンの貴族社会との衝突、イタリーとギリシャにおける解放運動への参加。19世紀の最初の十年間における西欧文学の重要な文学思潮としてのロマン主義。

　詩人のロマン主義的な創作への時代の思潮の反映。バイロンの作品に見られる否定の情熱、政治的抵抗との闘いの思想。

　「巡礼者チャイルド・ハロルド」（1、2節）。失望と孤独のテーマ——ブルジョア的貴族的な社会への挑戦。バイロン的な人物についての理解。詩の中の解放闘争の状況。

　文学理論　ロマン主義、ロマン主義的人物、ロマン主義の詩についての理解の深化。

　課外読書のために　バイロン「シリオンスキーの囚人」。レールモントフ「詩人の死」「詩人」「思い」「いかにしばしばいろいろな群衆にかこまれたか……」「秘密のつめたい半仮面の下から……」「わたしひとりが道に出ていく……」、「祖国」、「現代の英雄」（14時間）

　レールモントフの伝記

　叙情詩。孤独の意志と誇りのモチーフ、否定と抵抗の情熱。祖国への愛、正義のための、人間的な権利のための積極的な戦い。人間の高潔さのテーマ。詩と詩人のテーマ。レールモントフの叙情における形象、詩的形式の豊かさ。

　「現代の英雄」。長編物語の構成の特質。ペチョーリン、その矛盾。反動的な社会状況における有能で天才的な個性の悲劇の展開。ペチョーリンとグルシュニツキー、ペチョーリンとマクシム・マクシムイチの比較の意味。長編物語「現代の英雄」における女性の形象。長編物語の道徳問題。長編物語における自然の風景。作品の心理主義、芸術的完全性。レールモントフの散文の言語。

　レールモントフ——プーシキンの詩的伝統の相続人であり継承者。レールモントフの創作の独自性。レールモントフの創作の今日的意義。

批評 ベリンスキー「現代の英雄」。レールモントフの詩（縮約して）。
文学理論 文学作品の構成についての理解を発展させる。
課外読書のために レールモントフ。詩「悪魔」と生徒の選択による8－10編の小詩。

ゴーゴリ「外套」、「死せる魂」（第一巻）（12時間）

ゴーゴリの伝記

小説「外套」。ロシア文学におけるその役割と位置。作品のヒューマニスティックな情熱。「死せる魂」。作品の意味、第一巻の構造。地主のタイプ（マニーロフ、コロボーチカ、ノズドレフ、ソバケーヴィッチ、プリューシキン）。「月並な人の俗悪さ」の暴露、地主の形象の一般的な意味。

もうけ主義者チチコフ、その冒険主義とご都合主義。チチコフ型の概念。

著者の形象。ゴーゴリ的「涙をとおしての笑い」。叙情的な逸脱。「死せる魂」における国民と国土。ゴーゴリの肯定的な理想。

ゴーゴリとプーシキン。ゴーゴリの創作におけるロシアリアリズムの展開。ロシアの文学と社会思想の歴史におけるゴーゴリ。

文学理論 文学的タイプについての理解のまとめ。リアリズムについての理解を広げる。批判的リアリズム。

課外読書のために ゴーゴリ「クルゴロード」「肖像」。

ベリンスキー文学批評活動（概観）（3時間）

ベリンスキーの個性。プーシキン、レールモントフ、ゴーゴリについての評論。

ベリンスキー——革命的・民主主義的美学の創始者であり、すぐれた文学批評家である。文学作品の思想的・芸術的内容の解明の名手。文学の社会生活との結びつきに関するベリンスキーの論（最初の論文「1847年のロシア文学概観」——「ゴーゴリへの手紙」）。ロシア文学におけるリアリズムの主張と、その発展におけるベリンスキーの役割。レーニンのベリンスキー論（レーニンの論文「ロシアの労働者出版の過去から」）。

文学理論 文学批評についての理解。

課外読書のために ベリンスキー「ロシアの中編小説とゴーゴリの中編

小説」
　ゲルツェン「過去と思索」（第一巻1、3、4、25章）（概観）（3時間）
　「過去と思索」におけるロシアの現実の情景。進歩的社会運動の描写。作者の形象。共産主義の本質と言語。レーニンのゲルツェン論。
　文学理論　芸術文学のジャンルについての理解を広げる。芸術的回想録についての理解。
　課外読書のために　ゲルツェン「どろぼうカササギ」「だれの罪か」。
　暗誦のために
（教師の指示によって、または生徒の選択によって）
　グリボエードフ「知恵の悲しみ」（ファムーソフの独白の一つ「ペトルーシュカ、また肘のところに……」「ほら、すぐそれだ、おまえたちは気位が高くていかん！……」「趣味といい、りっぱな習慣といい……」。チャーツキーの独白の一つ、「みんな、とはだれです？……」、「あなたの部屋へ……」、「どうもはっきりしない……」）。
　プーシキン「チャダーエフに」「シベリアにて」「秋」「わたしは記念碑を自分で建てる」、「エフゲーニー・オネーギン」（あまり長くない二つの部分を）。
　ゴーゴリ「死せる魂」（抜粋から一つ、「どこだって、この馬車がロシアを嫌うだろうか」、「不思議な、魅惑的な、素敵なことば、旅！」）。
　ソビエト文学に関する対話のために
　プリレジャーエワ「すばらしい年」、「三週間の静けさ」
　コジェブニコフ「朝焼け、むかえに」
　ブイコフ「アルプスのバラード」
　シチパチェフ「詩集選」
　ネドゴノフ「村ソビエトの上の旗」
　アイトマートフ「最初の教師、ドジャミーラ」
　スムール「氷の本」
　ゴンチャール「人間と武器」
　ドゥンバゼ「私は太陽」

アレクシン「しかし、時によって…」
チトフ「すべての死によって」
ドゥディン、ルコーニン、オルロフの選詩集。
計作品の学習　84時間
言語表現力の育成　10時間
ソビエト文学に関する話し合い　8時間

九学年（136時間）
ロシア解放運動第二期の文学
導入（4時間）
ロシア解放運動の第二期
ロシア19世紀60－70年代の社会的・政治的闘争とその文学、演劇、絵画、音楽への反映。

革命的民主主義者（チェルヌイシェフスキー、ドブロリューボフ、ネクラーソフ）の、唯物的な美学と文学の高度な思想性を守るための「純粋芸術」論に対する論争。

雑誌「現代人」――革命的民主主義者の戦闘的な組織。政治的風刺。「イスクラ（火花）」派の詩人、クーロチキン、ミハイローフ、ミナーエフ等。

同胞諸民族の文学（シェフチェンコ、ツェレテーリ、ヘタグーロフ）における革命的民主主義の思想。

オストロフスキー「雷雨」（8時間）
オストロフスキーの文学活動。生活基盤と彼の戯曲の諸形象の典型性。
オストロフスキーの戯曲に見られる「熱い心」と「闇の王国」のテーマ。
ロシア社会の自覚の成長の反映としての戯曲「雷雨」。カテリーナと「闇の王国」との矛盾の非妥協性と悲劇的な尖鋭化。彼女の性格の非凡さ。搾取する所有者の世界の非人間性を表現している社会的―心理的現象としての頑迷固ろうさの非難。

戯曲「雷雨」に見られる、葛藤の現実性、性格と行動の発展の特質、言

葉による性格づけの鮮明さと独自性。ロシア演劇史におけるオストロフスキーの意義。

　批評　ドブロリューボフ「闇の王国における一すじの光」

　文学理論　演劇的な葛藤についての理解。

　課外読書のために　オストロフスキー、「寿」「おおかみと羊」「持参金のない娘」「天才と崇拝者」（生徒の選択によって戯曲の一つを）。

　ツルゲーネフ「父と子」（12時間）

　ツルゲーネフの伝記。

　「猟人日記」の思想的意味。ツルゲーネフの長編小説。「余計者」の問題、「ツルゲーネフ的な女性」（ナターリャ、リーザ、エレーナ）、「敷居」の少女。ドブロリューボフのツルゲーネフ論。

　長編小説「父と子」に見られる時代の社会的―政治的闘争の反映。長編小説の表題の広範な一般的な意味。バザーロフ――闘士であり思想家、バザーロフの意見（哲学者、社会科学者、美学者）。彼の民主主義。

　キルサーノフ。バザーロフの思想的反対者としてのパーベルとキルサーノフ。アルカージー・キルサーノフ――バザーロフの時代的同伴者。

　葛藤の鋭さ、物語の簡潔さ、独白の技量、長編小説の言葉の豊かさ。長編小説「父と子」をめぐる戦いと論争。

　ロマン主義者ツルゲーネフの独自性。言語の美、表現性、豊かさ。社会生活に生じる新しい現象（過程と典型）への作家の鋭敏な理解。ロシア文学史におけるツルゲーネフの位置と意義。

　レーニンのツルゲーネフ論。

　批評　ピーサレフ「バザーロフ論」

　文学理論　叙事的な文学の基本的な種類。長編小説。作家の意図と芸術作品の客観的な意味。

　課外読書のために　ツルゲーネフ「ルージン」「貴族の巣」「その前夜」「アナーシャ」「春の水」（生徒の選択によって）。

　チェルヌイシェフスキー「何をなすべきか」（8時間）

　チェルヌイシェフスキーの自己犠牲的な生活。チェルヌイシェフスキー

——革命的民主主義の指導者、すぐれた文学評論家、社会・政治評論家、作家。同胞諸民族の文学者とのチェルヌイシェフスキーの結びつき（チェルヌイシェフスキーとシェフチェンコ）。

　長編小説「何をなすべきか」の形象と問題の社会的意義。長編小説の社会評論的性格。作品に見られるロシア革命的民主主義者の社会主義的ならびに美学的な理想。

　母国の社会主義的未来についての作者と登場人物の想像。「新しい人々」。ラフメートフ「特別な人」。

　レーニンのチェルヌイシェフスキー論。

　チェルヌイシェフスキーの美学と批評におけるベリンスキーの伝統の形象と発展。チェルヌイシェフスキー——革命的民主主義者の美学の古典。チェルヌイシェフスキーの美学理論とリアリズムの文学・演劇・絵画・音楽との結びつき。

　文学理論　個性の展開と芸術家の活動とにおける先進的な思想の意義。文学作品における理想。生活における美しいものと芸術。美しいものの表象の社会的制約性。芸術の社会的な役割。

　ネクラーソフ「詩人と市民」（部分）、「ドブロリューボフの思い出」、「悲歌」（「変わりやすい流行について語るのを許せ……」）、「だれにロシアは住みよいか」(12時間)

　ネクラーソフの伝記。

　ネクラーソフの創作の意義に関するレーニンの論。ネクラーソフの叙情詩の市民性と国民性、その革新的な性格（テーマ、形象、ジャンル、詩語）。革命闘争へのアッピール。ネクラーソフの叙情詩に見られる革命戦士の理想。

　詩人と詩の使命についてのネクラーソフの論。

　詩「だれにロシアは住みよいか」。作者の意図と詩の構成。時代の基本的な社会的葛藤とその詩への反映。

　地主の風刺的な像。多様な農民像。農奴の形象における従順さと奴隷根性の批判。農民——正義探求の戦士。グリゴーリー・ドーブロスクローノク

――民衆の擁護者。詩に現われた道徳問題（幸福、義務、罪の理解）。民衆の生活の描写に見られるネクラーソフの技量（集団の場面、雑多な騒音、ことばによる性格づくり、生活習慣の細部など）。

詩にあらわれた民衆詩の伝統。詩の文体。

文学理論　国民文学の概念。詩についての理解を広げる。作家の文体。

課外読書のために　ネクラーソフ。「道にて」、「祖国」、「夜に歩む」、「ゴーゴリの死んだ日に」、「エレムーシカの歌」、「時の勇士」、「舞踊」、「労働の歌」（「飼われている熊」から）、「予言者」。

サルチコフ・シチェドリーン。「ゴロブレーフ旦那」（「家族の裁判」、「親族風に」の章）。（「賢者かます」、「野蛮な地主」）（8時間）

サルチコフ・シチェドリーン。――ロシア文学における強力な風刺家。その風刺作品とフォンビジンおよびゴーゴリの風刺との関係。社会の社会主義的ならびに道徳的な欠点の告発における作者の革命的民主主義的位置。専制と農奴性、卑屈さと所有欲――これがサルチコフ＝シチェドリーンの風刺の対象。

「ゴロブレーフ旦那」内容の概観。小説の思想的傾向。イウドゥーシカ・ゴンブレフ。

童話「賢者かます」「野蛮な地主」。寓意的な素材の使用と民話的な形象。

レーニンの作品にあらわれたサルチコフ＝シチェドリーンの形象。

文学理論　芸術における制約性。グロテスクの概念と「イソップ風の言葉」。

課外読書のために　サルチコフ・シチェドリーン。「ゴロブレフ旦那」

ドストエフスキー「罪と罰」（10時間）

複雑な矛盾した作品。ブルジョア社会批判の警句、その社会的ならびに道徳的な言葉。人物の精神世界における洞察の深さ。社会的ならびに道徳的な問題の解明におけるドストエフスキーの力と弱さ。彼のまわりの思想に対するイデオロギー上の闘い。

ドストエフスキーの世界的な意義。

長編小説「罪と罰」。大司教の生活、その権力の全能性に対する社会的

な抵抗。搾取と圧迫の世界における「小さな人間」の果てしない繰り返しと孤独の苦い真実。ブルジョア社会の非人間性に対するラスコーリニコフの個人主義的な反抗と、その抵抗の深い矛盾。長編小説の社会的・心理的ならびに哲学的な性格。

文学理論 作者の世界観と創作との矛盾の問題。

課外読書のために ドストエフスキー「貧しい人々」(生徒の選択で)。

トルストイ「戦争と平和」(22時間)

トルストイの生涯と創造の過程。中編小説「幼年時代」「少年時代」「青年時代」。

「セバストポーリ物語」戦争、ロシア兵士の英雄主義と愛国心の写実的な描写（短い概念）。

トルストイの思想的な探究。彼の創作における農民のテーマ。

長編小説「戦争と平和」　長編小説における「国民性の思想」。ロシアの生活の描写の広く深い真実性。1805－1807年の戦争場面と1812年の祖国戦争の場面。

長編小説の社会的・政治的問題。国の運命に関する、大きな決定的な歴史的事件における国民の役割についての問題設定の強さと深さ。トルストイの理解における国民と個人。ロシア国民の愛国心とヒロイズム。国民的司令官クトゥゾフ。専制と個人主義（ナポレオン）の批判。上流社会と官僚社会の批判的描写。長編小説の中心人物（ピエール・ベズーホフ、アンドレイ・ボルコンスキー、ナターシャ）、彼等の人生探求。個人と社会、国民生活との融合─トルストイの道徳的理想。

長編小説における心理分析の深さ（精神の弁証法）。歴史的事件の広範な描写と登場人物の性格と個人の運命とを統一した描写。世紀の長編小説の道徳的独自性。その構成。

「アンナカレーニナ」。長編小説における革命前ロシアの描写。長編小説の道徳の問題設定。家父長制的農奴制からの移行前夜のトルストイの見解と志向の反映（教師の短い説明による）。

「復活」。地主・ブルジョア支配と教会への仮借ない批判。長編小説にお

いて「あらゆる仮面を引きはいでいること」（教師の短い説明で）。

トルストイの思想的位置の矛盾。ロシアと世界の文学史におけるトルストイの創作に関するレーニンの論（「ロシア革命の鏡としてのレフ・トルストイ」、「レフ・トルストイと現代労働運動」、「レフ・トルストイとその時代」）。

トルストイの言語の生きいきしていること、内容の豊かさ、的確さ、精密さ、および国民性。

文学理論 芸術作品とそれへの時代の社会的矛盾の反映の独自性。芸術作品の具体的・歴史的ならびに全人間的な意義。叙事詩的なジャンルについての理解を広げる。叙事的長編小説の概念。

課外読書のために トルストイ「アンナ・カレーニナ」、「復活」（生徒の選択で）。

チェーホフ「イォーヌイチ」、「桜の園」（11時間）

チェーホフの伝記。偽善、俗悪、小市民性、保守性、反動性のあらゆる現象に対する作者の非妥協的な態度。

人間的な感情の美しさと自然さについての想像、正しく誠実な生活の基盤としての創造的労働についての想像。チェーホフの散文の詩情。人間の感情の表現のデリケートさと優美さ。レーニンの作品におけるチェーホフの諸形象。

戯曲「桜の園」。戯曲の基本的テーマと思想的傾向。ラネーフスカヤ、ガーエフ、ロパーヒン。若い世代。ドラマツルギーにおけるチェーホフの革新。場面展開の特質（内面的な場面と外面的な場面。心理的な行間、叙情性、ユーモア）。

チェーホフと劇場。ロシア文学史と演劇史におけるチェーホフ。

文学理論 演劇ジャンルについての理解を豊かにする。

課外読書のために チェーホフ。「退屈な話」「跳びはねる人」「6号室」「文学教師」「中二階の家」「箱の中の家」「すぐり」「愛について」「美女」「犬をつれた婦人」「花嫁」「バーニャおじさん」「三人姉妹」（生徒の選択で）。

ロシア文学の世界的意義（2時間）

ロシア文学の世界的意義についてのレーニンの論。その特質と独自性、

解放運動との結びつき、きびしい社会問題の設定。ロシア文学における愛国心、ヒューマニズムおよび国民性。世界文化のすぐれた達成としてのロシア古典文学のリアリズムの創造的獲得。

偉大なロシア文学者のロシア諸民族の作家たちへの影響、世界のリアリズムの運命への影響。ロシア文学の芸術的な豊かさ。ロシア古典文学の言語の偉大さと力強さ。民族語の発達における意義。

世界の文学の発展におけるロシア文学の位置。

外国文学から

シェークスピア「ハムレット」概観（5時間）

ルネッサンス時代の特色の短い説明。その文化の反封建的性格。ルネッサンス期のヒューマニズムの独自性。ルネッサンス期の文学の巨匠たち。

シェークスピアの作品について説明。シェークスピアの悲劇、彼の矛盾の反映「ハムレット」。ハムレット、クロウディア、ポローニアスの形象。ハムレットの形象におけるヒューマニズムの重要な思想の表現。ハムレットとオフェーリアの愛の悲劇的な性格。シェークスピア悲劇のリアリズム。

文学理論 悲劇と悲劇性、とくにルネッサンスのリアリズムについての理解。

課外読書のために シェークスピア、「リア王」「ロメオトジュリエット」、「ソネット66、130」

ゲーテ「ファウスト」（「天上のプロローグ」第2幕「街の門」、3幕と4幕「ファウストの実験室」、12幕「庭」、19幕「夜、グレートヘンの家の前の通り」、25幕「牢獄」、第二部からファウストの最後のモノローグ）（概観）（4時間）

ヨーロッパ文学における啓蒙期の特色についての短い説明。

ゲーテ、生涯と創作についての短い解説。哲学的悲劇「ファウスト」——時代の先進的な啓蒙思想の表現。人間の本分についての議論。

旧習とスコラ性に対する抵抗、人間の偉大な理想と創造の大胆さの主張。ファウストとワグナー、ファウストとメフィストフェレス。ファウストの探求におけるメフィストフェレスの役割。悲劇のリアリズムの特質、象徴性と幻想の役割。

文学理論　世界文学の「永遠の形象」。文学における象徴性の理解を広げる。

課外読書のために　ゲーテ、「五月の歌」、「出会いと別れ」。

バルザック「ゴブセーク」（概観）（3時間）

フランスにおける19世紀の批判的リアリズムの発達の特色。バルザック——偉大なフランスのリアリズム作家。

バルザックの「人間喜劇」——フランス社会の半世紀の物語。エンゲルスの「バルザック・リアリズム論」。「ゴブセック」。人間の中のすべての人間的なものを殺してしまう金の威力の描写。高利貸しゴブセックじいさんの形象。

課外読書のために　バルザック「ゴリオじいさん」、「ユージェニー・グランデ」、「やぎ皮」。スタンダール「ヴァニナ・ヴァニニ」、「赤と黒」。

暗誦のために　（教師の指示または生徒の選択によって）

オストロフスキー「雷雨」（モノローグから一つ、クリギンのモノローグ、カテリーナのモノローグ）。

ネクラーソフ「だれにロシアは住みよいか」（二つの部分、「プロローグ」の初め、グリーシャの歌）、「詩人と市民（部分）」「ドブロリューボフの思い出」。

トルストイ「戦争と平和」（いくつかの部分の一つ、「おじさんのところで」、「アウステルリッツの空」「春の森の古いかし」）。

ソビエト文学に関する話し合い。

シーモノフ「生者と死者」フェージン「最初の喜び、特別の夏」アウエゾフ「アバイ」、アイベク「聖者の皿」ケルババーエフ「決定的な一歩」ラチス「新しい岸へ」

ロジェストベンスキー「レクイエム、30世紀への手紙」、バシリエフ「日は輝き、ここは静かだ」、アダモビッチ「パルチザン」、コプチェロフ「大きな発端」「炎燃える」、スボッチン「戦争はどのように終わるか」、ルゴフスカヤ「世紀の半ば」

計
作品の学習——109時間
言語表現力の育成（ロシア語学習の時間から12時間）—24時間
ソビエト文学に関する話し合い—15時間

少し長い「あとがき」
――比較国語教育史研究の歩み――

　比較国語教育研究を進めようとすると、どうしてもそれぞれの国の母（国）語教育の歴史を知りたくなる。歴史が分からなければ現在おこなわれている母語教育の意味が見えてこない。本書のテーマは、「ロシア・ソビエトの文学教育史」であるが、ここでは範囲を「母語教育の歴史」に広げて、諸外国の母語教育についての研究史をたどっておきたい。私の研究が先行研究とどのように関わっているか、その位置を確かめておきたいからである。

Ⅰ　母語教育思想成立過程の研究

一　垣内松三著『国語教育論史』　1934年11月18日　文学社

　本書は、世界を視野におさめた国語教育論史である。古代ギリシャから説き起こして、20世紀初頭のフッサールまでの国語教育理論を考察している。

　垣内松三は、明治33年以前を「国語教育科学」の「前史」と考え、「現代の国語教育科学的思惟に照し、その解明に須要なる前史としてわれわれの国語教育科学思惟を明確にすることを、国語教育論史の主要な目的とする。」として、人文主義者・実学主義者・古典的教育学者等の国語教育との関係を、次の順序で論及している。

　　序　説　国語教育論史の問題
　　第一章　言語教育論の勃興
　　　一　言語教育論の淵源
　　　二　人文主義と言語教育論
　　　三　宗教改革と言語教育論

　　　　四　過渡時代の言語教育論
　　　　五　実験主義と言語教育論
　第二章　新人文主義と言語教育論
　　　　一　ルソー及び汎愛派の言語教育論
　　　　二　新人文主義と言語教育論
　　　　三　言語研究の進展と言語教育論
　第三章　古典的教育学と国語教育論
　　　　一　ペスタロッチ及びその派の国語教育論
　　　　　　カントとその派の国語教育論
　　　　　　　　カントの国語教育論　カント派の国語教育論
　　　　　　ペスタロッチの国語教育論
　　　　　　　　ペスタロッチの国語教育論　児童の心意の発想　心意発達の手段
　　　　　　言語教授の方法
　　　　　　フレーベルの国語教育論
　　　　　　　　フレーベルの国語教育論　人間の力と傾向　言語発達の段階
　　　　二　国民教育の主張と国語教育論
　　　　　　フィヒテの国語教育論
　　　　　　　　国民教育の主張　言語の民族形成力　言語の教育的価値
　　　　　　　　国語教授の方法　国語と国家
　　　　　　ヘーゲル及びシュライエルマッヘルの国語教育論
　　　　　　　　シュライエルマッヘルの国語教育論　ヘーゲルの国語教育論
　　　　三　教育学の体系と国語教育論
　　　　　　　　ヘルバルトの国語教育論　ベネケ、その他の国語教育論
　第四章　精神科学的教育学と国語教育論
　　　　一　精神科学的思潮と国語教育論
　　　　　　　　ディルタイと国語教育論　シュプランガーと国語教育論
　　　　二　現象学的思潮と国語教育論
　　　　　　　　フッセルと国語教育論　シェーラーと国語教育論
　　　　三　人間学的思潮と国語教育論

少し長い「あとがき」

　　　　　人間学と国語教育論　性格学と国語教育論
　結　語　国語教育科学の動向
　　　　　　　　国語教育論と国語教育　国語解釈学と国語教育　国語表現学と国
　　　　　語教育　性格学思潮と国語教育　国語教育科学の動向

　本書は、垣内が構築しようとした「国語教育科学」の一領域をなすものである。第一・二章（細目次、省略—引用者）が「言語教育論」となっていて、第三・四章が「国語教育論」となっているのは興味深い。つまり、近代国民国家形成の時期に国語教育が意識され、「国語教育」という概念が生まれたのである。

　本書の内容は、世界思想史の趣を呈しており、広く深い。これからの国語教育史を構想するにあたって、絶えず振り返ってみたい「理論史」である。

二　長尾十三二「母国語教育思想の成立」（『教育学全集5　言語と思考』）
　　1968年3月10日　小学館

　長尾十三二は、19世紀前半の母国語教育思想の内実は、「母国語による共通の生活感情（国民感情）の陶冶を目ざすとともに、他方において母国語による認識と思考の能力の啓培を求め」ていた、とする。フィヒテ・ウシンスキー・ペスタロッチー・ディーステルベークの努力も同じであった、という考えのもとに、以下の構成で論述している。

　1　ヒューマニストたちの母国語教育論
　　　簇生する教育論――ラテン語の優位――国語の普及――情勢の推移――イギリスの場合――フランスの場合
　2　近代思想の形成と母国語教育論
　　　ベーコン――デカルト――新しい学校――ロック――フランス――ドイツ
　3　国民教育における母国語教育の問題
　　　国民教育の思想――母国語の教育――学問を民衆の手に――母国語教育の新しい様相――植民地・従属国における母国語の教育

　19世紀の最後の四半期にヨーロッパの先進諸国において母国語教育が成立した。長尾十三二は、しかしそれは市民の求めた「真理に近づく方法」

の学習ではなかった、とする。

　母語を、あるいは母語で、学ぶとはいっても、そこで教えられることは母語で述べられた内容を信ずる（覚えこむ）ことではあっても、母語でもって考えることではない。子どもの学習権は、この場合、実質的には否定されているといってもよい。

　さらに、この反面にあったものは、植民地・従属国に対する、あるいは、新附の領土に対する自国語の強制であって、強制される側からすれば、母国語の喪失という現象であった。

と、先進諸国における母国語教育の成立は、同時に他国への母国語教育抑圧に無反応な市民を育てたことにもふれている。

Ⅱ　各国の母国語教育史についての研究

一　ドイツ国語教育史の研究

1　寺田光雄著『民衆啓蒙の世界像―ドイツ民衆学校読本の展開―』 1990年2月10日　ミネルヴァ書房

　本書は、東北ドイツの一貴族フリードリッヒ・ロホウが領民の教育のために出版した『子どもの友　農村学校用読本』（1776年刊）を素材に、次のような構成で「普通の人びとが『文明』意識や『民族（国民）』意識を形成していった過程を観察」した論著である。

第一章　『子どもの友』の登場
　　第二章　農民の読み書き能力の実態
　　第三章　教養層子弟と農民子弟に開かれた視界の違い
　　第四章　『子どもの友』の思想
　　第五章　『子どもの友』の普及と継承（その1）―書誌的考察―
　　第六章　『子どもの友』の普及と継承（その2）
　　　　　―授業方法の改革をとおして―
　　第七章　近代化の進展と民衆学校読本の展開（その1）
　　　　　―『子どもの友』最終版を例に―

第八章　近代化の進展と民衆学校読本の展開（その2）
　　　　　―ヴィルムゼンの読本―
　第九章　生成期読本が描く世界像・ヨーロッパ像・ドイツ像
　終　章　生成期読本の歴史的位置

『子どもの友』の第37番目のテキスト「読み書きできることの有用性について」において、金の貸し借りの際に文字が読めないために不利な「契約書」に同意させられている事例を挙げていることについて、著者の寺田氏は、次のように述べている。

　　この話は、利殖めあての金の貸し借りがかなり日常化していることを示し、18世紀後半のドイツ東北部のロホウの領地にも市場経済がかなり浸透し、その浸透の度合いが、すでに伝統的家計体制を越えていることを反映している。それゆえ、この物語は、子どもたち（農民）が読み書き能力なしにはこの社会を安心してわたっていけないことを説いている。

本書のテーマは、民衆の「世界像」・「国家像」の形成過程の分析にあるのであるが、このような社会経済史的な観点からの読本分析が随所に見られる。飢饉のあとで多くの病人が死んでいく原因には悪徳医者の処方箋が読めない農民や、迷信を信じて祈祷師にすがる農民にも原因があったため、「読本」による教育が必要であったのである。しかし、ロホウの「読本」と民衆啓蒙の心の内には、病気や借金に苦しむ農民救出には納税者としての領民の減少を防ぐ意図もあった、とする説も紹介している。ロホウの「読本」作成の動機は、単なる福祉政策・教育政策ではなかったのかもしれない。

このような考察は、これまでの教育学者・国語教育者がして来なかった独特の指摘である。異分野からの研究に学ぶことは多い。

2　『大槻和夫著作集　第八巻　ドイツ国語教育の考究』　2005年6月10日
　溪水社

本書は、日独国語教育交渉史研究の成果である。次のような構成で、ドイツの国語科の成立過程とその発展の軌跡がつぶさに考察されている。

Ⅰ　ドイツ国語教育移入史の考察
　　Ⅱ　近代ドイツ国語教育の成立
　　　一　近代ドイツ国語教育の成立・展開に関する一考察
　　　　　　　　――ギムナジウムの教則を中心に――
　　　二　近代ドイツ国語教育論の一源流
　　　　　　　　――ヒルデブラントの国語教育論――
　　　三　マティアスの『ドイツ語教授史』について
　　　　　　　　――ドイツ国語教育史研究――
　　　四　ヒルデブラントについての一考察
　　　　　　　　――東独におけるその評価――
　　　五　ラースの国語教育論
　　　　　　　　――近代ドイツ国語教育史研究――
　　　六　十九世紀末のドイツの作文教育論
　　　　　　　　――中等学校作文教育を中心に――
　　　七　十九世紀末のドイツの読み方教育論
　　　　　　　　――中等学校読み方教育を中心に――
　　　八　十九世紀末のドイツにおける文法教育論の展開
　　　　　　　　――中等学校文法教育論を中心に――
　　　九　十九世紀ドイツの国語教育
　　　　　　　　――古ドイツ語の教授――
　　　十　ドイツにおける小学読本の歴史的展開
　　　十一　一九七〇年代以降のドイツにおける国語教育改革
　　　　　　　　――プロジェクト法的ブロック授業を中心に――
　　Ⅲ　ドイツ民主共和国の国語教育
　　　一　『補習教育要項』
　　　二　文学の授業の原理
　　　　　……中略……
　　　二十四　ドイツの方言指導
　本書に紹介されている、マティアスの『ドイツ語教授史』(1907) とビ

ュンガー『小学読本発達史』(1898) を見ると、ドイツ国語教育史の概要が把握できる。

本書では、ロホウの読本について、「まさに啓蒙期の掉尾を飾るにふさわしい読本の典型をここに見ることができる」と述べている。

東西ドイツの国語教育に大きな影響をもたらしたヒルデブラント（1824～94）については、ヒルデブラントが、①母国語に「民族の全経験・全精神が内包されている」という言語観を持つとともに、②「思考・伝達」に働く、印象を組織し、総括し、保持し、伝達できるようにする言語の力を認めていたことを指摘している。

「Ⅲ　ドイツ民主共和国の国語教育」で論じられていることは、同じく社会主義国家であった「ソビエト」との共通性が高い。わたくしが考察した『ロシア・ソビエトの文学教育史』と比較しながら読むと、崩壊した国の「国語教育」・「文学教育」について、さまざまな思考を促すであろう。

二　ロシア国語教育史の研究

藤原和好著『近代初等国語科教育成立の条件ロシアの場合』　1999年12月1日　三重大学出版会

ロシア語の「リエーチ」には、強いて訳せば「ことば・生きてはたらく言葉・生活語・日常の言葉」としたいほどの豊かな意味内容が包摂されている。ロシアにおける「近代初等国語科の成立過程」は、「ラズビーチエ・リエーチ（言語能力育成）」の概念形成およびその実践とカリキュラム化の過程であった。藤原氏は、次のような構成の本書において、(1) 1840年代から1910年代までの「言語能力育成」概念の成立過程、(2) 世界の近代的な「国語科」の成立要因、(3) 日本とロシアの国語科教育の比較、という三つの問題を考察している。

　　序　章　研究の課題と方法
　　第Ⅰ章　近代以前の国語教育
　　第Ⅱ章　言語能力育成理念の芽生え（1840年代～1860年代）
　　第Ⅲ章　言語能力育成理念の開発（1860年代～1880年代）

第Ⅳ章　言語能力育成理念の確立（1980年代〜1910年代）
終　章　比較研究の試み

　帝政期（1762〜1917）の民衆は農奴（ナロード）とも呼ばれ、無権利な状態におかれていた。初等教育は主として教区学校でおこなわれ、授業の大部分は、宗教的な講話、生活のための言葉ではない教会スラブ語の読み方、教会用唱歌などであった。教区学校における教育を克服しようとして、言語能力育成（ラズビーチエ・リエーチ）の理念と内容および指導方法の探求がなされた。生活のための「国語科教育」を創造しようとする実践的試行であった。

　言語能力育成理念は、1840〜60年代にブスラーエフ、ベリンスキーらの言語教育思想に芽生え（第Ⅱ章）、1860〜80年代にトルストイ、ウシンスキーらによって開発された（第Ⅲ章）。1880〜1910年代にソコローフらの努力によって確立された（第Ⅳ章）。つまり、この時期に「初等国語科」が成立したのである。

　内容は〈初歩的読み書き〉、〈説明読み〉、〈文法〉、〈正字法〉、〈表現読み〉の六分野である。〈説明読み〉は、テキストの内容を読みとり、自分の言葉でまとめさせる。文章表現指導は、縮約と敷衍をさせる「叙述」によってなされる。〈表現読み〉は、文学作品を美的に音声表現する活動であり、理解と表現を一体として深め、美的感情と倫理的感情とを育てる。

　藤原氏は、序章で、前近代の無意図的な「ことばの教育」が近代的初等国語科教育に発展するための条件として、

①母国語教育必要性の自覚
②母国語（話し言葉・文字・正書法）の確立と科学的研究
③近代的人間観・子ども観
④母国語の文学の整理
⑤教育理論・発達理論
⑥国語科教育の統合原理の確立

を挙げている。氏の研究の念頭にはこの観点があった。本書の書名を『近代初等国語科教育成立の条件』としたのは、「ラズビーチエ・リエーチを成

立させる諸条件は、ロシア共和国に特有のものではなく、ある程度の普遍性を持っているのではないかと思いいたったからである」と述べている。この観点をふまえて読むと、世界の国々における近代化過程と国語科教育成立の相関関係が見えてくるであろう。ヨーロッパ後発国の独・米・露の国において1910年前後に「初等国語科」が成立したことは注目しておきたい。

　藤原氏はロシア・ソビエトの初等国語科教育の成立過程を研究対象とし、私は中等学校文学教育の成立過程を研究対象としている。併せて読まれると理解が早いかもしれない。

三　アメリカ国語教育史の研究

1　森田信義編著『アメリカの国語教育』　1992年4月　溪水社

　本書は、1930〜1980年代の約50年にわたるアメリカ国語教育全般を概観しつつ、1992年現在の現状を報告している。本書の構成と分担は次のとおりである。

　　序　章　「アメリカの国語教育の展開」（森田信義著）
　　第1章　「国語の教育課程」（森田信義）
　　第2章　「物語・小説の教育」（堀泰樹）
　　第3章　「読むことの教育」（森田信義）
　　第4章　「書くことの教育」（堀江祐爾）
　　第5章　「話しことばの教育」（西本喜久子）

2　西本喜久子著『アメリカの話し言葉教育』　2005年11月23日　溪水社

　西本氏は、次のような構成の本書において、1935年に成立した報告書『国語の経験カリキュラム』を中核に据えて、その前史と1960年頃までの影響史を考察している。

　　第1部　アメリカの話し言葉教育概観
　　第2部　アメリカの話し言葉教育の現状
　　第3部　アメリカの国語教育の歴史的研究
　　　　Ⅵ　19世紀における話し言葉教育の形成過程

Ⅶ　経験主義国語教育における話し言葉教育　その１
　　　──『国語の経験カリキュラム』（1935）を中心に──
　Ⅷ　経験主義国語教育における話し言葉教育　その２
　Ⅸ　アメリカにおける国語教育改革の試み　その１
　　　──『国語の経験カリキュラム』（1935）と『初等教育に関する15人委員会報告書』（1895）の比較考察を通して──
　Ⅹ　アメリカにおける国語教育改革の試み　その２

　1935年前後は、農村社会が分解し、少数の資本家と多数の労働者が生まれていた時代である。1929年にニューヨーク株式の暴落を起点として世界経済の大恐慌が起こった。アメリカではニューディール政策が採用され自由主義経済から一種の計画経済へと移行した。ばらばらなカリキュラムが実施されていた教育においても、何らかの観点から「統合」する必要に迫られていた。藤原和好氏の言う、無意図的な「ことばの教育」が近代的初等国語科教育に発展するための条件としての「⑥国語科教育の統合原理の確立」に迫られていたのである。

　西本氏は、Ⅸ章において、報告書『国語の経験カリキュラム』の史的意義について、３点を指摘している。①幼稚園から大学の一部まで一貫した教育原理に基づいた国語カリキュラムの開発が行われたこと、②アメリカの初等・中等国語教育は、一貫した教育原理に支えられた実践を展開する可能性を示唆すると共に、以後の国語カリキュラムの開発を方向づけたこと、③国語経験の内容と目的という新たな基準で、国語科の領域を「文学、読むこと、創造的表現、コミュニケーション」の４本柱にしたこと。それは、ばらばらな「多様性」から「共通性（平等）」への移行であった。アメリカにおける近代国語教育観の確立である。

四　フランス国語教育史の研究
　中西一弘著『フランスの国語教育1960年代の初等国語科教育素描』
　　1997年３月１日　溪水社

少し長い「あとがき」

　本書は、フランス1960年代の初等国語科教育の実際を文献と実際の観察に基づいて、次のような構成によって記述している。留学による観察と体験を記録して「歴史」にしている。
　　Ⅰ－1　国語（母語としてのフランス語）科教育の構造
　　Ⅱ－2　読み方（la lecture）教育
　　　－3　暗唱（la lecitation）教育
　　Ⅲ－4　語彙（le　vocabulaire）教育
　　　－5　文法（la grammaire）教育
　　Ⅳ－6　話し方（l'elocution）教育
　　　－7　作文（la redaction）教育
　　Ⅴ－8　国語（フランス語）教室の実際――授業参観をとおして――
　フランス初等国語教育の教科構造は、学習指導要領に示されたとおり、
　　(1)　読み方・暗唱、
　　(2)　語彙・文法・活用・綴字法・書取、
　　(3)　話し方・文の構成（作文）
という三大領域でおこなわれている。
　「理解から表現へ」というのが、フランス国語教育の構造をなりたたせている原理である。「理解から表現へ」という原理は、読み方（理解）から語彙・文法・活用（分析的学習）を経て話し方・作文（表現）へ至る構造的連関性をもって実践に生かされている。
　読み方の指導は、朗読の表現読みに達することを目標とし、暗唱は、すぐれた朗読法の習得まで求め、文法・語彙は、それらの文表現の活用をめざして、それぞれが学習されている。国語科は全体として、作文に結集するように構成されている。

五　中国国語教育史の研究

南本義一著『中国の国語教育』 1995年6月1日　渓水社

　本書は、文化大革命（1966～1976年）終結後の中華人民共和国の国語科教育の実際を、中学校を中心に次のような構成で考察したものである。

一　八十年代の国語科教育研究──『中学語文教学法』を中心に──
　　1　『中学語文教学法』の成立と特質
　　2　国語科教育学の構想──「緒論」を中心に──
二　国語教科書について──中学のばあいを中心に──
　　1　その歴史　　概観
　　2　現行国語教科書の概況
　　3　編成について
　　4　事例──『初級中学課本　語文』第三冊のばあい──
三　読むことの教育
四　書くことの教育
五　指導の実際
六　補説
　　1　朱紹禹著『中学語文教育概説』「緒言」
　　2　「全日制中学　語文教学大綱」

　二では、いわゆる50年代教材、60年代教材、80年代教材について考察している。
　50年代教材とは、1956年制定の「漢語教学大綱」「文学教学大綱」に基づいて編集された教科書である。ソビエトの国語教育の影響などから、それまでの雑纂方式を改めて「漢語」（いわゆる言語篇）と「文学」（古典も含めて広義の文芸を中心とするもの）の両種に分けて教科書を作った。分冊教科書時代である。発刊直後からすでにほとんど毎年毎期、あるいは省・市・区などの単位ごとに手直しを加えつつ、次期教科書を模索する試用教科書が出版されていた。
　60年代教材とは、1963年改訂『中学　語文教学大綱』に基づく教科書である。この時期から、国語科は語・文を総合した「語文科」と呼ばれるようになった。劉国正氏（当時の人民教育出版社副編集長）によれば、「読・写・聴・話能力の育成をめざす総合教科書」であった由である。
　80年代教材は、原則として60年代教科書編纂方針が継承された総合教科

少し長い「あとがき」

書である。

　「漢語」・「文学」が統合された時に、「漢語」科とならなくて「語文」科となったのはなぜであろうか。また、なぜ・どのようにして分冊教科書が「総合教科書」へ移行したのか、四領域の語文科構造は経験主義国語教育思想を反映しているのかどうか、など考察したい問題を提起している。

　さらには、独・米・仏の西欧諸国が言語教育と文学教育を分化させており、日本と中国のアジア諸国が総合的国語科構造を採用している点に注目すると、アルファベット文化と漢字文化の違いに想到することもできよう。ＩＴ産業がもたらす言語環境の構造的変化に着目すると、メディアリテラシーは各国の母（国）語教育を共通化していくことも想定される。

　2008年3月3日

早稲田大学教育学部の研究室にて
浜　本　純　逸

初出誌一覧

1．ロシア文学教育史におけるベリンスキー文学論の位置 ―19世紀ロシア文学教育史研究（5）― 『神戸大学教育学部研究集録』第72集　神戸大学教育学部　1984年2月

2．19世紀におけるロシヤの文学教育 ―スタユーニンを中心として― 『日本の教育史学』第9集　教育史学会　1966年9月

3．ブナコーフとヴォドヴォーゾフ ―闇の時代に光をかかげた「教師の教師」― 『現代に生きる教育思想6―ロシア・ソビエト―』ぎょうせい　1981年12月

4．オストロゴルスキーの文学教育論 ―19世紀ロシア文学教育史研究（4）― 『神戸大学教育学部研究集録』第68集　神戸大学教育学部　1982年3月

5．クループスカヤの文学教育論 ―ソビエト文学教育史研究（2）― 『神戸大学教育学部研究集録』第70集　神戸大学教育学部　1983年2月

6．ルイブニコワの文学教育論 ―ソビエト文学教育史研究（1）― 『神戸大学教育学部研究集録』第69集　神戸大学教育学部　1982年7月

7．ソビエト文学教育史研究（3）　―革命後70年間の文学教育― 『神戸大学教育学部研究集録』第71集　神戸大学教育学部　1983年8月

8．一九七〇年代のソビエトの文学教育 『国語科教育』第31号　全国大学国語教育学会　1984年3月

9．ソビエトにおける学び方学習の動向 『現代教育科学』第202号　明治図書　1974年8月

参考文献

1．В. Смирнов, "Реформа начальной и средней школы. в 60-х годах XIX в.", Академии Педагогических Наук. РСФСР,. М, 1954

2．ソビエト教育学研究会 編訳『ソビエト教育科学辞典』 1963年11月3日 明治図書

3．А.Абакумов, "Народное Образование в СССР" Педагогика,. М, 1974

4．柴田義松・川野辺敏 編『資料ソビエト教育学―理論と制度』 1976年4月20日 新読書社

5．スホムリンスキー著／十枝修・浜本純逸・森重義彰 訳『少年期の教育：市民誕生』 1981年10月 明治図書

6．竹田正直 編『教育改革と子どもの全面発達』 1987年2月25日 ナウカ

7．田中陽兒・倉持俊一・和田春樹 編『世界歴史大系 ロシア史2―18～19世紀―』 1994年10月10日 山川出版社

8．田中陽兒・倉持俊一・和田春樹 編『世界歴史大系 ロシア史3―20世紀―』 1997年4月10日 山川出版社

9．佐々木弘明『帝政ロシア教育史研究』 1995年2月 亜紀書房

10．Jeanne Sutherland, *Schooling in the new Russia : innovation and change,*

1984-95, Macmillan, London, 1999.

11．橋本伸也『エカテリーナの夢 ソフィアの旅―帝政期ロシア女子教育の社会史―』 2004年5月20日　ミネルヴァ書房

12．塩川伸明『民族と言語―多民族国家ソ連の興亡Ⅰ』 2004年7月29日　岩波書店

13．諸外国の教科書に関する調査研究委員会 委員長 藤村和男『ロシアの教育課程と教科書』（平成16年度 文部科学省調査研究委嘱「教科書改善のための調査研究」）2005年3月21日　教科書研究センター

14．松戸清裕『歴史のなかのソ連』 2005年12月25日　山川出版社

15．遠藤忠・川野辺敏 他著『ロシアの教科書制度と特色ある教科の教科書』 2006年3月31日　教科書研究センター

事項索引

【あ】
暗誦 102,242
印象の組織化 238
おとぎ話 260
オボレンスカヤ私立ギムナジア 184

【か】
解明読み 121,127
　　　　―の論 119
課外読書 8,96
　　　　―の指導 76,198,200,287
学習課題 207
革命的民主主義者 31
学校死滅論 175
感情教育論 286
感情を育てる 285
感動の仕方 267
戯曲教材 102
基本的な指導事項 239
ギムナジア（中等学校） 49,54,114
　　　　―教科プラン（1871年） 60
教育人民委員部 148
教育プラン（1920/21教育年度） 148
教科課程（プラン）（1934年） 181
教化的―訓育的読み 16
教授＝学習過程 277
教授要目（1927年） 170
教授要目（1929年） 177
教授要目（1980年） 6
教授要目規定（1833年） 51
共体験 173,235,263
教養豊かな人間 50
近代的市民 63,69
クライマックス 227
クリミア戦争 54
経験学習 170
形式陶冶論 82
芸術的―美的読み 16
芸術的感知 279,282
芸術的創造 272

形象 20,74,87,91,97,122,160,173,177,197,211,235,237,260,285,287
　　　　―性 190,235
　　　　―的な認識 267
　　　　―的認識 260
　　　　―表現 190,267
　　　　―の与える力 65
啓蒙的合理主義 69
言語
　　　　―と文学 148
　　　　―の富 35
　　　　―の分析 253
言語主義の教授法 42,46
言語表現力の育成 5,103
梗概 90
後期中等学校 5
口承文芸 237
構成 211
語句のリズム 47
国民的自覚 48
国民文化の継承 175
古典ギムナジア 55
　　　　―教科プラン 57
古典語 52,81
　　　　―教育 76,80
言葉（ことば）
　　　　―の教育 256
　　　　―の芸術 125
　　　　―の力の育成 103
コンプレックス
　　　　―教授要目 162,176
　　　　―システム
　　　　　　165,169,171,179,210,287

【さ】
再現的な想像 272
再生的な方法 280
再創造 211
作者の意図 91

333

作品
　　―の構造　214
　　―の思想　33
　　―の読み方の指導　205
作品解釈　64
　　―の方法　87
　　―法　76
作品分析　177
　　―分析の視点　67
　　―分析法　66
作文　94,103,109,157,220
作文教育　159,190,196
　　―の方法　197
作文力（言語創造力）　215
詩作の夕べ　257
七年制都市学校の教科課程(1927年)　170
実科学校　59
　　―規定（1872年）　59
実科ギムナジア　55,58
社会主義リアリズム文学　7
社会認識　172,176,287
社会のインタレスト　25
社会の先導者　160
社会派　141,287
十月革命　11
十月社会主義革命　143
習熟　242
終末部　227
小学校　5
状況認識の文学教育　282
情動性　235
叙述　248,253
　　―学習　251,254
初等学校　115
初等普通教育　117,118
推薦図書目録　199
すじ（シュジェート）　248
すじ（シュジェート）・内的連関　222
スモーリヌィ女子学院　75
スモレンスク夜間・日曜学校　185
性格づけ　243,245,248
青年同盟の任務（レーニン）　136
成分　248
世界観

　　―形成　175,285
　　―の学校　208
世界文学の教材化　8
説明（再生）的方法　275
説明的方法（再生的―創造的方法）　270
前期中等学校　5
全面的に発達した人間　186
創作　197,264
創造的
　　―想像力　235,273
　　―な読み　274,280
ソビエト政権　143

【た】
第一回ロシア教育大会（1918年）　160
第一回ロシア語・文学教師ロシア大会（1916年12月）　138
第一回ロシア語・文学教師ロシア大会全国代表者会議（1923年）　172
大学管下の諸教育機関に関する規定（1804年）　49
対話法　109
単一労働学校令（1918年）　145
探究的方法　270,275
直観教授　80
導入部（エクスポジチア）　226
討論　194
読書小屋の運動　198
読書指導　97,200,261

【な】
内的連関　225
人間研究（ゴループコフ）　235
人間認識　186,188,287
人間の全面的発達　161
人間の魂の技師　208
人間理解　235
農奴解放令　54,59

【は】
発見法（ヒューリスティック）　269
話しかえ　214
パブルイシュ中学校　261
場面分け　252

事項索引

班活動　194
美　262,265,267
美育　99,155
　　　―論　286
比較文学教育研究　282
美的
　　　―感覚　167
　　　―感受性　102
　　　―感情　123
　　　―評価　65
批判的
　　　―対話の方法　70
　　　―リアリズム　21
表現読み　8,98,104,109,264,287
　　　―と暗誦　103
表出語句　251
ファンタジー　29,158
フォルマリスト　177,209,210
複製型の学校制度　145
プラン作り　214,243,252
文学科　179,180
　　　―教授要目（1921年）　149
　　　―教授要目（1933年）　180
　　　―教授要目（1939年）　214
　　　―独立論　188
文学課程　167
文学機能　285
文学教育
　　　―の目的　189,190,258
　　　―方法学　233
文学教師論　173
文学作品の読み方　237
文学史　8,187,191
　　　―学習　286
　　　―教育　203
文学的
　　　―創作　167
　　　―対話　111,287
　　　―な感受力　259
　　　―な認識力　259
　　　―な話しあい　73
文学認識の論理　279
文学の機能　25,238
文学の教育方法　216

文学の毒　10
文学の領域における党の政策について
　　　（1928年）　159
文学批評　111
文学有用性　288
文学読み　150,209,210,236,287
　　　―の授業　217
文学理論　8,103,181,207,212,214,227
　　　―の学習　83
　　　―の教育　208
文化史観　137
文献学　35,47
　　　―的な解釈　37
文章語　174
文章表現力　197
分析主義　41
文体　211
発端　227

【ま】
マルクス主義的方法　176
民衆教育　115
モスクワ大学　49
物語の構造　207
模範的解釈　52
問題意識喚起の文学教育　282
問題的教授＝学習　268,288

【や】
唯美派　141,287
読み書き学校　118
読み書き能力　116
読み手　273
　　　―の創造的な働きかけ　273,283

【ら】
リアリズム　158
歴史主義　27,137,286,288
　　　―認識　186
労働教育論　154
朗読　264
論理的―文体論的読み　16

335

人名索引

【あ】
アイヘンワリド　141
アルセニエフ　9
ウシンスキー　56,75,115,120,238
ヴォドヴォーゾフ　115
オストロゴルスキー　71,115

【か】
片上伸　138
クドリャーシェフ　268
クラスノウーソフ　150
グリボエードフ　27
クルイローフ　27
クループスカヤ　163,173
ゴーゴリ　93,122
ゴーリキー　9,185,195
コトリャレフスキー　141
ゴループコフ　15,149,177,181,203,233

【さ】
サクーリン　141,149
シクロフスキー　209
シュリギン　177
スタユーニン　12,63,94
スホムリンスキー　255

【た】
チェルヌイシェフスキー　56,63,184
チュコフスキー　30

ツルゲーネフ　111
ディッケンズ　24
トドロフ　276
ドブロリューボフ　56,63
トルストイ　122,184

【な】
ネクラーソフ　184

【は】
パナーエフ　53
ピロゴフ　55
プーシキン　24
ブスラエフ　12,32
二葉亭四迷　20
ブナコーフ　114
ベリンスキー　19,184,285
ポリヴァノフ　16

【ま】
マヤコフスキー　195
マルシャーク　30,60

【ら】
ルイブニコワ　149,203
ルナチャルスキー　137,152,174
レーニン　7,128,134
ロトコビッチ　15
ロモノーソフ　27

書名（作者・筆者）索引

【あ】
アーズブカ（文字）と読みの授業（ブナコーフ）　117
秋（プーシキン）　217,240
秋のはじめ（チュッチェフ）　218
イーゴリ遠征物語　35,43,46
生き生きとしたことば（オストロゴルスキー）　101
イワン・イワーノヴィッチとイワン・ニキフォローヴィッチの喧嘩（ゴーゴリ）　192
エフゲーニー・オネーギン（プーシキン）　60,205

【か】
学校における文学＝語学教師の仕事（ルイブニコワ論文）　214
学校の仕事（ブナコーフ）　116,121
共産主義教育と文学（クループスカヤ講演）　172
教師のための本（ヴォドヴォーゾフ）　79
寓話（クルイロフ）　30
芸術家としてのゴーリキー（ルナチャルスキー）　160
ゲルツェンの追憶（レーニン）　134
検察官（ゴーゴリ）　225
公教育一般組織に関する報告（コンドルセ、1792年）　51
ゴーゴリへの手紙（ベリンスキー）　22
国史（カラムジン）　36,43
国民学校における初めての読みの本（ヴォドヴォーゾフ）　76
子どもの授業と国民の読みのためのロシア作家たち（オストロゴルスキー）　101
子どもの世界（ウシンスキー）　76
小役人の死（チェーホフ）　222

【さ】
三年制学校の教科としてのロシア語（ブナコーフ）　120
死せる魂（ゴーゴリ）　122
小説総論（二葉亭四迷）　20
新年の贈り物（ベリンスキー）　28
すずめ（ツルゲーネフ）　105
1947年のロシア文学概論（ベリンスキー）　21
祖国の言語の教授について（ブスラエフ）　33

【た】
大尉の娘（プーシキン）　269
第二階梯学校の文学学習（ルイブニコワ）　210
知恵の悲しみ論（ベリンスキー）　19
父と子（ツルゲーネフ）　277

ドゥブロフスキー（プーシキン）　250

【な】
何をなすべきか（チェルヌイシェフスキー）　129

【は】
母（ゴーリキー）　227
復活（トルストイ）　122
文学教育について（クループスカヤ論文）　191
文学教育についての対話（オストロゴルスキー）　99,104
文学教育の目的（ルイブニコワ論文）　205
文学教育方法（ゴループコフ）　233,243
文学の授業の有効性について（クドリャーシェフ）　269
文学読みの教授法概説（ルイブニコワ）　208,230
文学理論（トマ.シェフスキー）　209
文芸教育論（片上伸）　138
ベージンの草野（ツルゲーネフ）　67,94,244
母語（ウシンスキー）　76,124

【ま】
昔かたぎの地主たち（ゴーゴリ）　88,96

【ら】
漁師と魚の物語（プーシキン）　30,38
レーニンの思い出（クループスカヤ）　129
ロシア革命の鏡としてのレフ・トルストイ（レーニン）　132,286
ロシア文学の教授について（スタユーニン）　63
ロシア文学の訓育的意義（ヴォドヴォーゾフ論文）　83
ろばと鶯（クルイロフ）　85

著者　浜本　純逸（はまもと　じゅんいつ）

1937年　愛媛県に生まれる
1950年　広島大学教育学部高校教育課程国語科卒業
1967年　広島大学大学院教育学研究科教育学専攻博士課程単位修得退学
1969年　福岡教育大学講師
1971年　　同上　　助教授
1979年　神戸大学教育学部助教授
1984年　教育学博士（広島大学）
1986年　神戸大学教育学部教授
2001年　鳥取大学教育地域科学部教授
2003年　早稲田大学教育・総合科学学術院教授
2008年　　同上　　退任

著　書　『戦後文学教育方法論史』（1978、明治図書）
　　　　『国語科教育論』（1996、渓水社）
　　　　『国語科新単元学習論』（1997、明治図書）
　　　　『文学教育の歩みと理論』（2001、東洋館出版社）
　　　　『本居宣長の国語教育』（2004、渓水社）
編著書　『認識力を育てる作文教育』（1975、明治図書）
　　　　『作品別文学教育実践史事典』（1983、明治図書）
　　　　『語彙指導の活性化（小・中）』（1990、明治図書）
　　　　『現代若者方言詩集』（2005、大修館書店）

ロシア・ソビエト文学教育史研究

2008年3月25日　発　行

著　者　浜本純逸
発行所　株式会社　渓水社
　　　　広島市中区小町1-4（〒730-0041）
　　　　電話　(082) 246-7909
　　　　FAX　(082) 246-7876
　　　　E-mail：info@keisui.co.jp

ISBN978-4-86327-017-6　C3037